한민족과 홍산문화

한민족과 홍산문화

홍산문화 옥기에서 찾은 한민족의 기원

구본진 지음

선

홍산옥기에서 한민족의 숨결을 느끼다

그동안 중국학자들은, 중국 문명의 시초는 황하문명으로서 섬서성陝西省과 하남성河南省을 중심으로 한 중원 지역에서 발전해서 주변 지역으로 퍼져 나갔다고 주장해 왔다. 하지만 이제는 그보다 북쪽과 남쪽에 더 빠르고 발전된 문명이 있었다는 사실에 의심을 가진 사람은 없다. 중국의 '동북' 지역은 역사적으로 '중부' 지역과 끊임없이 분리되어 있었고 그 결과 독특한 문화를 발전시켜 왔다. 만리장성 외곽에서 발견된 홍산문화를 비롯한 요하문명은 황하문명과는 전혀 이질적인데 시기적으로 훨씬 앞서는데다가 문화적으로도 더 발전된 형태를 띠고 있다. 홍산문화의 시기에 대해서는 여러 견해가 있지만 대략 기원전 4,500년경-기원전 3,000년경으로 본다. 홍산문화는 대규모의 돌무덤, 다양하고 독특한 토기, 수준 높은 옥기로 널리 알려져 있다.

20년 동안 독립운동가 친필을 수집하다가 신채호·박은식·정인보 등이 심혈을 기울였던 한국 고대사에 관심을 가지게 되었다. 글씨 분석을 통해 한민족이란 누구이고 어디에서 왔는가를 추적한 결과물이 『어린아이 한국인』(**김영사, 2015**)이다. 연구 과정에서 알게 된 홍산문화는 중국뿐만 아니라 대한민국 학계의 주요 주제이다. 1980년대 이후 일부 대한민국의 학자들은 홍산문화가 고조선의 영역과 지역적으로 같은 점, 고조선의 무덤 구조가 홍산문화의 양식을 계승하고 있는 점, 단군신화에서 등장하는 곰이 홍산문화 당시 토템의 대상이었다는 점 등을 근거로 고조선이 홍산문화를 계승했다고 주장해 왔다. 하지만 아직까지 구체적인 증거는 제시하지 못하고 있다. 홍산문화에서 문자를 사용한 흔적을 볼 수 없고 후대의 신뢰할만한 문헌자료에서도 홍산문화와 관련된 기록을 찾을 수 없다. 남은 희망은 고고자료뿐이다. 하지만 고고자료는 아무 말도 하지 않는, 사물의 편린에 불과하다. 여기에 과학적이고 체계적인 분석과 올바른 역사 인식을 불어넣어야 사실을 찾을 수 있다.

홍산문화에서 특징적인 유물은 옥기, 채색토기, "Z"무늬의 토기, 흙으로 빚어진 인간상 등이다. 그 중에서도 무덤 껴묻거리로 사용된 옥기는 홍산문화의 핵심 중 핵심이다. 옥은 왕과 귀족에 의해 높게 평가받아 오다가 사망 후에는 그들의 무덤에 묻혔을 것이다. 홍산옥기는 제단과 무덤에서 발굴되었거나 채집되었다. 홍산문화 시기는 인류사에서 옥기를 본격적으로 제작한 초기 단계이다. 홍산문화 사람들은 크기와 외형의 화려함을 중요시하지 않고 가치 중심적이고 정신적인 철학에 초점을 맞췄다. 홍산옥기는 정교하다기보다 단순하고 자연스러우며 현대 디자인이 따라올 수 없는, 숭고하고 심오한 예술성을 가지고 있다. 사용된 옥의 종류는 다양하며 조각의 수준은 놀랍도록 훌륭하다. 독창적이고 강렬한 힘이 있으며 활기가 넘치고 품격이 있으며 아름답다. 신석기시대에 만들어졌다는 사실을 믿기 어려울 정도이다. 홍산문화 사람들은 뛰어난 미술가들이었을 것이다.

이 책에서 홍산옥기의 거의 유일한 무늬인 사격자무늬가 신석기시대의 빗살무늬토기를 거쳐 고조선, 신라, 가야, 고구려, 백제, 통일신라까지 전승되었다는 사실을 밝혔다. 사격자무늬는 '곰족'을 상징하는 종족 표시로서 고대 한민족과 깊은 관련이 있다. 이로써 최인호가 『왕도의 비밀』에서 그토록 찾고자 했던 '#'무늬의 비밀을 풀었다. 또, 용은 고대 한국의 토템 대상이었던 곰의 형태를, 봉황은 고대 한국의 긴꼬리닭을 모델로 만들었다는 사실도 확인했다. 용과 봉황은 화하족이 만든 것이 아니라 고대 한민족과 깊은 관련이 있는, 요하문명의 주인공들이 만들었다. 홍산옥기 중 결상이식, 비상옥기, 옥관과 유사한 유물들이 한반도의 신석기시대 유적에서 발견되고 그 재질, 조각기법이 유사하다는 사실도 확인했다. 또, 자연과 인간의 조화를 따른 홍산옥기의 미감은 고대 한민족과 통한다는 사실을 밝혔다. 홍산문화 시기에 사람은 신만큼 또는 보다 더 존중되었으며, 여성은 남성보다 우위였다는 사실도 확인했다. 이러한 사실들은 단순한 지적 호기심을 만족시키는 데 그치지 않고 우리의 현실을 이해하고 삶의 좌표를 설정할 수 있는 중요한 단서이다.

논의가 사상누각이 되지 않기 위해서 이 책에 제시하는 유물들에 대해서는 "방망이질 한 번에 방망이 자국 하나, 귀싸대기 한 번에 피 한 줌"이라는 말처럼 철저하고 세심하게 검증했다. 캐나다 출신의 고고학자 브루스 트리거Bruce Trigger가 말하듯이 대부분의 고고학적 전통은 그 지향점이 민족주의적일지도 모른다. 미셸 푸코는 고고학적 연구란 언제나 복수적인 것을 지향하는 것이라고 주장한다. 복수성 속에서 실행되고 빈틈들과 간극들을 가로지르며, 그 안에서 통일성들이 병치되고, 서로 분리되고, 자신들의 뼈대를 고정시키고, 서로 대항하고, 서로 간에 하얀 공간을 그리는 그곳에 그의 영역을 가진다고 한다. 그만큼 고고학은 민족주의와 깊은 관련이 있고 권력에 편승하고 왜곡이 생길 수 있다. 도덕적, 정치적 영향을 받는 상황에서 고고학 지식과 정치적 또는 도덕적 판단 사이에 깔끔한 이분법이 유지되기는 어렵지만 '도덕적' 모델이 아닌 '과학적' 모델이 되도록 노력했다. 사실에 근거하지 않은 민족주의적 해석은 윤리적으로도 비판받아 마땅하다. 주관성을 최대한 배제하고 합리적이며 객관적인 해석을 하려고 고민을 거듭했다. 민족적 희구를 말하지 않고 사실을 그대로 규명하려고 했다. 역사에서 필요한 것은 견해가 아니라 사실이다. 실물 사진의 역할은 문자 텍스트를 효과적으로 읽게 해 주는 부속품이 아니라 그 자체로서 중요한 증거이다.

이 책의 출간은 홍산문화 옥기와 토기 수집에 평생을 바친 한국요하문명연구소 박문원 고문님의 전폭적인 자료와 정보 제공 때문에 가능했다. 경기대학교 장석 교수님은 옥 재료와 공예 기법에 대해 자문해 주셨다. 한류문화인진흥재단 홍보대사 김경상 작가님은 귀중한 사진을 아낌없이 제공해 주셨다. 이 책의 원고를 완성할 무렵인 2019년 12월 나를 끔찍이 아껴주던 어머니가 돌아가셨다. 어머니는 현명하고 세련되었으며 무쇠처럼 강인한 분이셨다. 나의 어머니 신정자 님에게 이 책을 바친다.

2020년 5월 우본진

동아시아에서 용과 봉황의 기원

제1부

홍산옥기

독창적이고 강력하며 활기 넘치는 홍산옥기

독창적이고 강력하며 활기 넘치는 홍산옥기

1. 홍산문화

홍산옥기는 홍산문화紅山文化 시기에 옥을 사용하여 만든 기물을 말한다. 홍산문화는 한국 및 중국 문명의 기원과 관련하여 주목되는 신석기 또는 동석병용시대이다. '홍산문화'라는 이름은 중국의 역사학자이자 고고학자인 윤달尹達이 붙였다. 좁은 의미의 홍산문화는 내몽고와 요녕성의 접경 지역인 적봉赤峰, 조양朝陽, 능원陵源, 객좌喀左, 건평建平 등을 중심으로 분포된, 기원전 4,500년에서 기원전 3,000년 전 문화집합체로서 요하문명 중 하나이다. 요하문명은 요하 일대의 신석기문화를 문화의 단계를 넘어 세계의 새로운 문명으로, 우하량牛河梁 유적의 발굴을 지휘한 곽대순郭大順에 의해 1995년 이름이 붙여졌다. 홍산문화 이외에도 소하서小河西문화(**기원전 7,000-기원전 6,500년**), 흥륭와興隆窪문화(**기원전 6,200-기원전 5,200년**), 사해査海문화(**기원전 5,600-기원전 5,000년**), 부하富河문화(**기원전 5,200년-기원전 5,000년**), 조보구趙寶溝문화(**기원전 5,000년-기원전 4,400년**), 소하연小河沿문화(**기원전 3,000년-기원전 2,000년**), 하가점하층夏家店下

層문화(**기원전 2,000-기원전 1,500년**) 등이 여기에 속한다. 사해문화를 흥륭와문화의 한 유형으로 보아 별도로 구분하지 않는 학자들도 있지만 여기서는 논의의 편의상 별도로 구분한다. 요하문명은 화하족華夏族이 창조한 중원의 황하문명보다 더 오래되었고 이집트나 메소포타미아, 인더스문명보다 편년이 더 올라간다.

홍산문화는 1906년 일본의 인류학자 도리이 류조鳥居龍藏가 처음 발견하였지만 1980년대에 들어서 동산취東山嘴, 우하량 등지에서 본격적인 발굴이 이루어지면서 주목받게 되었다. 우하량, 동산취 등지에서 발견된 여신묘와 제단 유적들은 적어도 기원전 3,500년 무렵에 공동의 제사 행위를 통해 광범위한 지역의 수장들을 통합한 단위 정치체가 복수로 존재했으며 그 제사를 등급화함으로써 다시 이런 정치체 여럿을 통합하여 성립한 상급의 정치체가 존재했을 가능성을 강력히 알려주고 있다.[01] 현재까지 확인된 유적지가 1,200곳을 넘는다. 현재까지의 발굴 성과와 추이 등을 감안하면 홍산문화의 시기, 분포 범위, 유물 등이 지금까지 알려진 것보다 훨씬 확대될 가능성이 높다. 우실하도 요동반도 합극유적, 좌가산유적 등에서 발굴된 유물을 근거로 들어 같은 주장을 하고 있다.[02] 홍산문화는 화하족이 창조한 황하문명과는 상당히 다르다. 출토된 빗살무늬토기나 적석총은 중원에서는 발견되지 않는다.

2. 의의

고고학적 발굴에 의하면 원시적이고 불완전한 형태의 깬 옥기는 구석기시대 말에 이미 나타나기 시작했다. 그러다가 신석기시대에 이르러서야 비로소 견고하고 색채가 아름다

01 서의식, 「고조선사의 실증적 연구를 위한 각서」, 한창균 엮음, 『요하문명과 고조선』, 지식산업사, 2015, 32-33쪽.

02 우실하, 『고조선 문명의 기원과 요하문명』, 지식산업사, 2018, 407쪽.

우며 기술적으로도 충분히 연마한 옥기가 제작되었다.[03] 진정한 의미로 옥재를 가공하여 기물로 사용하기 시작한 것은 장신문화가 발달한 신석기시대이다. 고고학적 발굴 성과에 따르면 가장 이른 시기의 옥기는 흥륭와문화 단계에 출현한 것으로 생각된다.[04] 홍산문화의 옥기는 장신적 요소가 쇠퇴하고 의례적인 기능이 발달한다.[05] 곽대순 등 홍산문화 연구자들은 입을 모아 홍산문화의 핵심이 옥기에 있다고 말한다.[06] 우실하가 적절하게 지적하고 있듯이, 요하문명, 홍산문화에 대한 연구는 고대 옥기에 대한 전문적인 지식이 없이는 접근하기 어렵다. 12년 동안 중화문명탐원공정을 이끌었고 중국사회과학원 고고연구소 소장 겸 중국고고학회 이사장인 왕외王巍가 세계적인 옥기전문가라는 사실은 동북아 고대문명사 연구에서 옥기가 얼마나 중요한지를 상징적으로 보여 준다.[07]

홍산옥기는 홍산문화의 이데올로기, 종교, 미학적 취향과 지혜의 결합체이다. 옥기는 장신구와 제사용의 도구로써 고대 동아시아 문명 기원에서 중요한 위치를 차지한다. 홍산문화의 대형 제단, 여신묘와 적석총의 결합, 옥기 부장의 예禮 등은 예제가 5,000년 전의 요하 지역에서 이미 비교적 완비된 체제로 형성되었다는 것을 보여 준다.[08] 요서 지역에서 옥기가 처음 나타난 것은 흥륭와문화 시기이지만 꽃을 피운 것은 홍산문화 시기이다. 옥은 당시 최고로 귀한 물건이었다. 옥기는 석기와 달리 생산력 발전에는 직접적인 영향을 끼치지 않는다. 사용자들의 의식 형태와 사회, 정치, 생활에 중요한 위치를 차지하는 제기祭器 또는 예기禮器로서 석기에 비해 제작에 훨씬 정교한 기술과 노동력을 필요로 한다. 일반적으로 옥재의 선별, 설계, 개료(**開料 : 원석에서 불순물을 떼어내는 것**), 누공(**鏤空 : 원석을 조형화하는 것**), 연마 등의 공정이 필요하다. 홍산옥기들은 모두 그와 같

---

03 신대현, 『옥기공예』, 혜안, 2007, 112쪽.

04 복천박물관, 『옥의 세계』, 2003, 13쪽.

05 위의 책, 17쪽.

06 곽대순 주편, 이종숙 옮김, 『홍산문화』, 동북아역사재단, 2007, 165쪽.

07 우실하, 『요하문명과 한반도』, 살림출판사, 2019, 63, 157쪽.

08 郭大順, 『龍出遼河源』, 百花文藝出版社, 2006, 3쪽.

은 공정을 제대로 거쳐 만든 것으로 보인다. 이것은 곧 당시에 이미 옥기를 전문적으로 제작하는 장인이 있었음을 암시하는 것이다.[09] 따라서 옥기의 출현은 원시 씨족사회에서 문명이 싹트는 국가로의 이행과정에서 나타나는 빼놓을 수 없는 중요한 현상이다. 당시 신분의 분화가 이뤄졌다는 사실은 무덤마다 크기, 매장 방식, 매장된 유물의 차이가 난다는 것을 보아도 알 수 있다.

홍산문화 무덤에는 옥기 이외의 유물은 부장되지 않았다. 옥기만을 부장했던 이유에 대해서는 다음과 같은 것을 생각해 볼 수 있다. 첫째, 물질보다 정신을 우선시 했을 가능성이다. 옥은 장식으로서의 예술적 가치 이외에 신분과 지위의 상징이기 때문에 정치적인 의의가 있을 뿐 아니라 그것을 매장함으로써 영생을 기원하는 종교적인 의미도 갖고 있다. 둘째, 변하지 않는 성질을 가진 옥을 갖게 됨으로써 영생불멸한다는 생각과 당시 고대사회의 등급과 권력에 대한 관념이 있었다고 여겨진다. 이것이 바로 예의 원형이다.[10] 옥기만을 부장한 것은 옥기가 최초의 예기였음을 증명한다. 신과 통하는 도구로써 옥이 독점적인 지위를 가진 것으로 볼 수 있다. 곽대순은 홍산옥기를 사람과 신이 소통하는 도구로 이해했다.[11] 옥기로 제작된 모티프들은 토템을 상징하거나 태양 또는 하늘과 소통하는 매개체, 아니면 물과 관련이 있는 상징을 표현했을 것이다.[12] 셋째, 옥기가 가지는 뛰어난 장식적 효과를 들 수 있다.

---

09 신대현, 위의 책, 113-114쪽.

10 이형구, 『발해연안에서 찾은 한국 고대문화의 비밀』, 김영사, 2004, 122쪽.

11 복기대, 『홍산문화의 이해』, 우리역사연구재단, 2019, 68쪽.

12 위의 책, 183쪽.

3. 분류

홍산옥기는 다양한 여러 가지 주제를 직설적으로 표현했다. 사실적이지만 구체적이지 않고 일부가 생략되기도 해서 무엇을 표현했는지 정확히 알 수 없는 것들도 있다. 홍산옥기의 용도는 문헌이 존재하지 않기 때문에 형태, 출토 위치, 후대 유물들과의 관계 등을 종합적으로 검토해서 추측하는 방법밖에 없다. 홍산문화에 대한 이해나 해석에 따라 홍산옥기의 명칭은 물론, 분류가 다를 수밖에 없고 실제로 학자들마다 명칭이나 분류가 다르다. 이 책에서는 크게 사람, 신, 곰토템, 새토템, 용과 봉황, 동물, 장신구, 도구로 분류하였다. 사람에는 얼굴상, 전신상, 여성상, 제사장 등이 속하고, 신에는 사람 얼굴의 신상神像, 반인반수상, 동물신이 속한다. 곰토템에는 C형곰, Y형곰, 곰 얼굴 조각 원통형 옥기 등이 속한다. 새토템에는 독수리, 부엉이, 비둘기 등이 속한다. 용과 봉황에는 C형용, 용 형태 장신구, 용옥패, 봉황, 용과 봉황 옥패 등이, 동물에는 거북, 매미, 물고기, 호랑이, 돼지, 사마귀, 소똥구리 등이 속한다. 장신구에는 결상이식玦狀耳飾, 귀걸이, 옥벽, 팔찌, 관옥管玉, 비상옥기匕狀玉器, 칼 모양 장식, 장식형 옥패, 사구통형斜口筒形옥기 등이 있고, 도구에는 제사 용구, 도끼 등이 속한다. 이러한 명칭과 분류의 이유에 대해서는 해당 부분에서 자세하게 설명한다.

4. 재료

옥은 『설문해자說文解字』에서 말하는 '아름다운 돌'의 총칭이다. 홍산옥기에 사용된 옥은 다양하다. 대체로 연한 재질이 많으며 최고의 경도를 가진 옥은 잘 보이지 않는다. 지금은 찾아보기 어려운 옥도 있다. 디자인이 멋지고 귀해 보이는 옥기들에 사용된 옥은 재질과 색상이 고급인 경우가 많다. 많은 재료는 요녕성 수암岫岩에서 수입했다는 것이 주류

학설이다.[13] 수암옥은 신강의 화전옥和田玉, 하남의 독산옥獨山玉, 호북의 녹송석綠松石과 함께 중국의 4대 옥석이라고 불린다. 수암옥은 섬석옥閃石玉, 軟玉과 사문석옥蛇紋石玉, 岫玉으로 나누어진다.[14] 홍산문화 지역과 수암은 450킬로미터 정도의 거리가 있어서 당시 빈번한 교류가 있었고 교통로가 발달했음을 알 수 있다. 그 이외에 녹송석, 마노, 파림석 등이 사용되었다.[15] 그와 다른 견해도 있는데 곽대순은 홍산문화 옥기 색조가 바이칼호 부근에서 나오는 옥과 비슷하고 홍산문화 분포 범위가 그간 알려져 온 것보다 북쪽으로 더 확장되어 있다는 사실을 들어 바이칼호 부근에서 옥 원석을 가져왔을 것이라고 주장했다.[16] 곽대순의 주장은 검증이 더 필요하다.

녹색 계통이 많지만 그 이외에도 다양한 색상이 있다. 흰색, 노란색, 파랑색, 주홍색, 붉은색, 갈색, 검정색 등이 있고 같은 색이라도 조금씩 다르다. 원래 옥은 시간이 꽤 오래 지나도 색상이 잘 변하지 않는다. 하지만 홍산옥기는 5,000년 이상 땅속에 묻혀 있었기 때문에 색상에 크고 작은 변화가 있다. 주로 강한 옥이 색상의 변화가 적고 무른 옥은 변화가 많다. 쌍으로 된 옥기가 같은 장소에서 발견된 경우에도 색상에서 서로 큰 차이가 나기도 한다. 오랜 시간에 따른 미묘한 색의 변화가 그 어떤 예술품에서도 볼 수 없는 아름다움과 신비감을 느끼게 한다.

5. 형태

홍산옥기 형태의 특징은 다음과 같다. 첫째, 주로 원이나 사각형의 형태를 가지고 있다.

13 王時麒 外, 『中國岫岩玉』, 科學出版社, 2007, 131-139쪽.

14 위의 책, 2쪽, 張廣文, 「紅山文化玉器的玉材, 玉色及舊色」, 田廣林·劉國祥 編, 『紅山文化 論著粹編 玉器研究券』, 遙寧師範大學出版社, 2015, 294쪽.

15 朱宇迅, 『紅山文化 玉器研究』, 中國書店出版社, 2012, 174-177쪽.

16 郭大順, 『紅山文化』, 文物出版社, 2005, 137쪽 ; 복기대, 앞의 책, 197쪽에서 재인용.

고대의 천문 개념에 따르면 원은 하늘, 사각형은 지구를 의미했다. 따라서 원과 사각형의 형태는 홍산옥기가 제사 용도로 사용되었다는 주장을 뒷받침한다. 둘째, C형곰(**원**), Y형곰(**평면**), 곰 얼굴 조각 원통형 옥기(**원통**) 등에서 동일한 얼굴 형태가 발견되는 것처럼 재료에 맞추어 제작되었다. 셋째, 용옥패에서 정면과 측면이 함께 조각되는 등 시각이 다원적이다. 넷째, 대부분 한 개 이상의 구멍이 있다. 따라서 홍산옥기는 옷에 부착하거나 몸에 매다는 용도로 사용되었을 가능성이 높다. 다섯째, 크든 작든 균형이 잡혀있고 디자인이나 제작기법이 뛰어나다. 아무리 큰 옥기라도 균형이 안 잡힌 것이 없고 아무리 작은 옥기라도 허투루 만들어진 것이 없다. 여섯째, 뒷면이나 끝마무리가 잘 되어 있지 않다. 신석기시대 옥기들이 주로 그런 특징이 있지만 홍산옥기의 뛰어난 디자인, 기술을 감안하면 이례적이다. 일곱째, 일부분이 생략된 경우가 많다. 동물의 예를 들면 눈, 코, 입, 다리, 더듬이 등이 생략되거나 축소된 경우가 많다. 여덟째, 두 개 이상이 한 조組로 된 것이 자주 보인다. 두 개가 한 조를 이루는 것에는 남성상과 여성상, 사람 얼굴의 신상과 반인반수상, 반인반수상, 동물신, 봉황, C형용, C형곰, 곰 얼굴 조각 원통, 거북, 용옥패, 용과 봉황 옥패, 칼 형태의 장식, 결상이식, 귀걸이, 옥벽, 반지, 팔찌, 옥관, 도끼가 있다. 세 개 이상이 한 조를 이루는 것에는 비상옥기가 있다. 한 조라고 해도 각각의 크기나 모양이 조금씩 다르다.

6. 크기

홍산옥기는 대부분 작다. 거의 대부분 20센티미터 이하이며 30센티미터를 넘는 경우는 드물다. 현대에도 20센티미터가 넘는 옥기는 대작大作으로 분류할 정도로 큰 조각을 만들 만한 옥석이 적다. 더구나 홍산문화 시기의 옥세공 기술로는 큰 옥기를 제작하기 어려웠을 것이다. 홍산옥기의 크기와 두께는 다양하다. 너비 34.45센티미터인 용옥패(**한국요하문명연구소 소장, 도판 102**)가 있는가 하면, 1센티미터가 안 되는 C형곰(**한국홍산

문화학술원 소장)도 있다. 두께 5.44센티미터의 C형곰(**한국요하문명연구소 소장, 도판 43**)도 있지만 두께 0.3센티미터 미만의 용옥패나 팔찌(**한국홍산문화학술원 소장**)도 있다. 중요한 옥기일수록 더 크거나 품질이 좋은 옥을 사용한 경우가 많다. 어떤 크기의 홍산옥기라도 품격이 있다.

7. 무늬

무늬는 생활에 대한 주관적 의식의 반영이며 삶을 통한 문화 활동의 소산인 동시에 또한 창조적 문명의 산물이다. 무늬는 언어나 문자와 마찬가지로 그 민족이 살아온 환경에 따라 고유한 형태를 지니게 마련이며, 나름대로의 독특한 성격을 나타내고 있기에 이를 전통무늬라 일컫는다.[17] 무늬는 그것을 향유하는 집단 사이에서 약속된 부호와 같은 성격을 지닌다.[18] 무늬가 베풀어진 대상과 표현방법은 지역문화권과 시대적 특성을 반영하지만 같은 문화권에 속해 있다고 하여도 그 민족 나름대로의 고유 생활문화는 은연중 민족 전통양식을 낳게 마련이다.[19] 무늬는 본래 한 민족의 미의식, 생활의 여건과 감정, 정신적인 가치를 아울러 반영하는 것이기 때문에 시대와 민족에 따른 특징적인 양상을 보인다. 언어나 문자와 마찬가지로 사용 주체인 민족과 그 민족이 처한 역사적 배경에 따라 고유한 형태로 나타난다.

홍산문화 옥기는 직설적인 표현을 하는 경향이 있어서 형태의 특징을 조각하는 데 그칠 뿐이고 무늬가 있는 경우는 드물다. 홍산옥기의 무늬는 옆으로 누인 듯한 마름모 형태의 격자 형태가 대부분이다. 통상 '사격자斜格子무늬', '사선격자문', '그물망무늬', '망격

17 임영주, 『한국의 전통문양』, 대원사, 2004, 19쪽.

18 허균, 『전통문양』, 대원사, 1995, 15쪽.

19 임영주, 앞의 책, 22쪽.

문網格紋' 등으로 불린다. 사격자무늬는 홍산옥기에 음각으로 새겨져 있고 다른 무늬와 함께 있는 경우는 거의 없다. 사격자무늬가 있는 홍산옥기는 전체의 5퍼센트 정도이다. 사격자무늬는 다양한 형태의 홍산옥기에서 광범위하게 발견된다. 현재까지 확인된 것은 얼굴상, 전신상, 여성상, 제사장, 반인반수상, 동물신, C형용, 용옥패, 봉황, 매미, 박쥐, 새, 물고기, 돼지, 머리핀, 제사 용구, 도끼이다. 동물신에서는 100퍼센트 발견되고, 반대로 C형곰, Y형곰, 곰 얼굴 조각 원통형 옥기 등 곰 조각에서는 발견되지 않는다. 사격자무늬가 새겨진 홍산옥기는 크거나 옥질이 우수하거나 조형이 아름다운 것이 많다. 사격자무늬는 '곰' 또는 '곰족'과 관련이 있는 것으로 보인다.

8. 미감

홍산옥기의 디자인은 자연과 인간의 조화를 따랐다. 홍산문화 사람들은 크기와 외모의 화려함을 중요시하지 않고 가치 중심적이고 정신적인 철학에 초점을 맞췄다. 홍산문화의 옥기 가공은 정교하다기보다는 직설적이고 단순하며 자연스럽다. 그들은 현대 디자인이 따라올 수 없는, 숭고하고 심오한 예술성을 가지고 있다. 사용된 옥의 종류는 다양하며 조각의 수준은 놀랍도록 훌륭하다. 대부분의 옥기는 독창적이고 강력하며, 활기가 넘치고 아름답다. 신석기시대에 만들어졌다는 사실이 믿기지 않을 정도이다.

홍산옥기는 중국 화하족의 미학, 신앙, 종교에서 완전히 벗어났다. 양저문화(**良渚文化, 기원전 3,400년경-기원전 2,250년경**), 서주시대, 춘추시대, 전국시대 옥기에서 보듯이 중국 고대 옥기는 복잡하고 섬세한 것이 특징이다. 그런데 홍산옥기는 자연스럽고 단순하며 직설적이고 순수하며 활달하다. 이러한 미감은 고대 한민족과 통한다. 김원룡은 한민족 미술사에 있어서의 미의 성격은 시대나 분야에 따라서 당연히 변화가 있고 차이가 인정되지만 한민족 고미술의 시간을 초월한 기본적 성격을 자연성이라고 지적하고 있다.[20] 그에 의하면 다나카 토요타로田中豊太郞의 '만들어진 것이 아니라 태어난 것', '자연에 맡겨져서 미망이나 주저가 없음', 콤퍼츠의 '세부보다는 전체적인 조화와 효과', 제켈D. Seckel의 '생명력과 즉흥성' 등의 성격파악도 모두 결국 자연성의 강조나 말을 바꾼 표현이라는 것이다.[21] 안휘준은 김원룡의 자연주의에 대해 서양미술사에서 '자연현상을 있는 그대로 묘사하려는 경향'을 뜻하는 naturalism과는 현저한 차이가 있고 '자연과 자연스러움에의 경도'로 이해해야 한다고 주장한다.[22] 한민족 미술의 특색, 한민족의 미의 특질을 파악하려고 노력했던 야나기 무네요시柳宗悅는 조선의 미를 자연의 미, 자연의 예술이라고 규정하였다.[23] 존 카터 코벨Jon Carter Covell은 한국 예술에서 자연과 인간은 서로 협력하는 것으로 다뤄질 뿐 중국예술처럼 서로 싸우거나 경쟁하려 들지 않으며, 일본의 예술이나 정원처럼 극도의 추상성으로 자연과의 친화성을 나타내지 않는다고 설명한다.[24] 고대 한민족의 글씨를 분석하면 직선보다 곡선 형태가 많고 모서리가 부드러우며 크기나 기울기 등에서 불규칙성, 부정형이 두드러지고 속도가 빠르다. 품성이 착하고 부드러우며 성격이 급하고 활력이 넘치며 자유분방했음을 알 수 있다. 이러한 미감이 홍산옥기에도 동일하게 나타난다. 중국의 고대미술은 곱고 화려하며 매끈하고 자로 잰 듯하지만 한국의 고대미술은 자연스럽고 자유분방하며 단순하다.

9. 수량

홍산옥기들은 무덤 또는 제단에서 발굴되거나 채집된다. 무덤에서 보통 3-5점 정도가 발굴되고 현재까지 가장 많이 발굴된 것이 20점이다. 제단에서는 그보다 적게 발굴된다

20 김원룡, 『한국미의 탐구』, 개정판, 열화당, 1996, 47-48쪽.

21 김원룡·안휘준, 『한국미술사』, 서울대학교출판부, 1993, 4쪽.

22 안휘준, 『한국의 미술과 문화』, 시공사, 2000, 28-29쪽.

23 김원룡·안휘준, 앞의 책, 4쪽.

24 존 카터 코벨, 김유경 옮김, 『한국문화의 뿌리를 찾아서 : 무속에서 통일신라 불교가 꽃피기까지』, 학고재, 1999, 10쪽.

고 알려져 있다. 우하량유적은 50제곱킬로미터에 걸쳐 산꼭대기에 흩어져 있는 대형 매장지이다. 우하량유적에서 발굴된 무덤은 61기인데 그 중 부장품이 있는 무덤은 31기이며 그 가운데 옥기를 수장한 것이 26기이다.[25] 발굴보고서에 따르면 이곳에서 발굴된 옥기는 183점이다. 1점의 옥기도 발견되지 않은 무덤이나 제단도 많다. 중국의 국립고궁박물원, 진단예술박물관, 파림우기박물관, 적봉박물관, 오한기박물관, 요녕성박물관은 물론, 미국의 메트로폴리탄미술관, 클리블랜드미술관, 영국의 대영박물관, 피츠윌리엄박물관, 프랑스의 기메박물관, 스웨덴의 동아시아박물관, 대만의 고궁박물원 등에 소장되어 있다. 여군呂軍의 「홍산문화옥기연구」에 나오는 출토지별 홍산문화옥기 일람표를 보면 전세품을 포함해서 341점이다.[26] 그후 여러 차례 추가 발굴된 것으로 알려져 있고 2015년에는 대규모 도굴단을 체포하여 상당수의 홍산옥기를 압수했다는 언론보도[27]가 있는 것으로 보아 그보다 많이 늘었을 것이다. 분명한 것은 홍산옥기의 수량이 많지 않고 따라서 전 세계에 널리 퍼져있는 홍산옥기들 중 상당수가 모조품이라는 사실이다. 심지어 기존의 책에 실린 홍산옥기들 중에도 모조품이 많고, 일부는 홍산문화 후대에 만들어진 것이다.

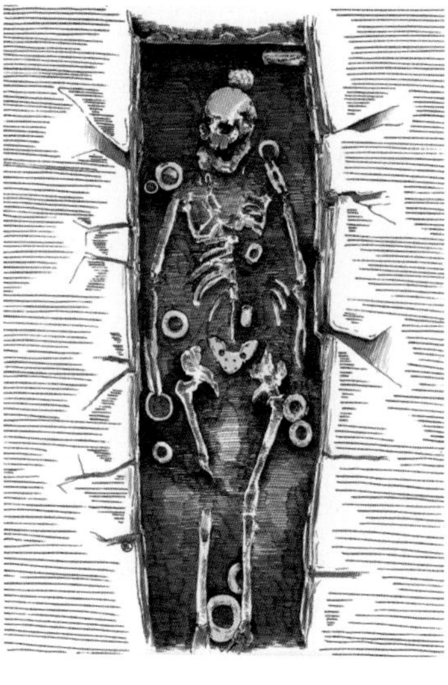

도판 1 : 우하량유적 2지역 1호총 21호 무덤의 발굴 모습. 홍산문화에서 유일하게 무덤에 부장된 유물은 옥기이다.

---

25 김선주, 『홍산문화』, 상생출판, 2011, 70쪽.

26 呂軍, 「紅山文化玉器研究」, 田廣林·劉國祥 編, 앞의 책, 131-135쪽.

27 2015년 5월 27일자 『京華時報』.

모조품들은 통상 다른 종류의 돌로 만들지만 옥으로 만드는 경우도 있다. 주로 알려진 옥기를 흉내내서 만들지만 새로운 유형을 만들어내기도 한다.

10. 조각기법

홍산옥기 조각기법의 특징은 다음과 같다. 첫째, 중간 부위가 두껍고 가장자리로 갈수록 얇아진다. 둘째, 평행하는 이중선을 그린 다음, 그후 이중선의 외부의 면을 제거하는 방식, 즉 '숨겨진 돌출기법'이 사용되었다. 높이가 낮기 때문에 모양이 모호한 경우도 있다. 셋째, 구멍은 바깥쪽에서 안쪽으로 뚫었기 때문에 바깥쪽이 넓고 안쪽이 좁다. 넷째, 재료의 절단, 천공, 조각, 연마 등 여러 공정에서 상당한 수준에 있었다.

홍산문화에서 옥기의 발달은 세석기문화와 직접 관련이 있다.[28] 세석기의 사용은 홍산문화의 주요 특징 중 하나로 꼽힌다.[29] 세석기는 황하문명에서는 거의 발견되지 않고 시베리아 남부, 만주, 한반도로 이어지는 북방문화와 관련이 있다. 신석기시대에는 수많은 석기들이 만들어졌다. 원시적인 돌도구의 제조는 기본적인 생존을 위한 것으로서 인류 지식의 일부이다. 따라서 그들의 돌에 대한 인식의 수준은 현대인과는 거리가 멀다. 세석기들은 마노, 옥수, 자갈, 수정, 그리고 다른 단단한 소재로 만들어졌다. 이것들은 삼각형, 사다리꼴, 불규칙한 타원형 등 다양한 모양으로 만들어졌다. 모양은 그들이 수행해야 했던 기능에 의해 결정되었을 것이다. 세석기들은 주로 홍산문화 주거지로 추정되는 곳에서 채집된다.

---

28 郭大順,「玉器的起源與漁獵文化」, 田廣林·劉國祥 編, 앞의 책, 42쪽.

29 李恭篤,「論遼河宇地區幾個新石器時代文化類型的關係」, 遙寧省博物館 編,『遙寧省博物館 學術論文集』, 第1輯(1949-1984), 遙寧省博物館, 1985, 117쪽.

도판 2	도판 3
도판 4	도판 5

도판 6

도판 2 : 세석기, 가로 길이 1.11-4.69센티미터, 너비 0.61-1.29센티미터, 두께 0.17-0.46센티미터, 홍산문화, 한국요하문명연구소 소장. 홍산옥기의 발달은 세석기문화와 긴밀한 관련이 있다. 세석기는 황하문명이 아닌 북방문화에서 주로 사용되었다.

도판 3 : 세석기, 가로 길이 0.83-2.56센티미터, 너비 0.71-1.44센티미터, 두께 0.16-0.37센티미터, 홍산문화, 한국요하문명연구소 소장.

도판 4 : 세석기, 가로 길이 0.62-3.30센티미터, 너비 0.60-1.32센티미터, 두께 0.13-0.39센티미터, 홍산문화, 한국요하문명연구소 소장.

도판 5 : 세석기, 가로 길이 1.46-2.55센티미터, 너비 0.88-1.57센티미터, 두께 0.21-0.89센티미터, 홍산문화, 한국요하문명연구소 소장.

도판 6 : 세석기, 가로 길이 1.43-2.67센티미터, 너비 0.78-1.94센티미터, 두께 0.25-0.58센티미터, 홍산문화, 한국요하문명연구소 소장.

11. 후대에의 영향

홍산옥기는 후대의 중국 옥기 등에 영향을 주었다. 특히 하가점하층문화의 팔찌, 도끼, 칼 형태의 장식, 옥벽, 사구통형옥기 등은 형태가 거의 같다. 용과 봉황은 요하문명 이외에도 후대 중국에 많은 영향을 주었다. 용산문화(**龍山文化, 기원전 3,000년경-기원전 2,000년경**), 상나라, 주나라 등의 옥기 중에는 홍산옥기의 동물, 용, 봉황 등의 조각과 닮은 것들이 종종 발견된다. 반면 반인반수상, 동물신과 같이 후대에는 찾아보기 어려운 것들도 있다. 요하문명을 제외한 후대의 중국 고대 옥기들은 형태가 반듯하고 가공이 정교하며 날이 예리하고 직선 변과 둥근 변 모두 단단하고 힘이 있다. 홍산옥기는 그 후대의 것들과 비교해서 단순하고 자연스러우며 인간과 자연의 관계를 중요시한다.

홍산옥기 중 결상이식, 비상옥기, 옥관과 유사한 유물들이 한반도의 신석기시대 유적에서 발견된다. 홍산옥기의 거의 유일한 무늬인 사격자무늬는 중국 중원 지역에서는 찾기 어렵고 한반도 신석기시대의 빗살무늬토기, 고조선, 부여, 진국, 신라, 가야, 고구려, 백제, 통일신라의 토기, 기와 등에 빈번하고 광범위하며 끊임없이 나타난다. 사격자무늬가 있는 유물은 형태나 조각이 뛰어난 경우가 많다. 이는 홍산문화가 고대 한민족과 깊은 관련이 있다는 중요한 증거이다. 제2부의 「홍산옥기의 사격자무늬와 한반도」에서 자세하게 다룬다.

사람

사람은 어느 시대에나 가장 중요한 존재이다. 고대미술에서도 사람은 가장 중요했다. 미술은 당시 사회나 관습을 보여 주는 데 그치지 않고 종교나 정치적 믿음도 반영한다. 사람 형태의 조각들은 당시 사회와 사람들의 미의식을 반영한다. 이것들을 보면 당시 사람들의 모습과 그들이 생각한 이상형을 알 수 있다. 고대 조상들에 의해 새겨진 초상화와 사람의 얼굴에는 신과 영혼이 붙어 있다고 믿었다. 홍산옥기에 새겨진 사람들은 왕, 사제, 조상, 또는 신이었을 것이다. 큰 인물 소조상, 비교적 큰 옥기 인물상들은 조상숭배의 수단이었던 것으로 보인다. 작은 옥기들은 마술사가 착용하고 주술행위에 사용했을 가능성이 있다. 구석기시대에는 얼굴을 정확히 표현하지 못했지만 홍산문화에서는 얼굴과 몸을 섬세하게 표현했다.

홍산옥기를 분석해 보면 신과 사람이 같다는 신인일체神人一體의 관념 또는 최소한 사람을 중시하는 사상이 있었던 것으로 보인다. 그 근거는 다음과 같다. 첫째, 홍산문화 유물에는 다른 시대에 비해 인물상이 눈에 띄게 많이 등장한다. 그 재료로는 돌, 흙도 있지만 옥이 많다. 당시 옥은 최고로 귀한 물질이었다. 옥기가 무덤의 유일한 부장품이었음을 감안하면 당시 가장 중요한 의미를 갖는 모티프를 선택했을 것이다.[30] 둘째, 지금까지 확인된 홍산문화 옥기 중에서 가장 무거운 것은 도판 21-1의 여성상으로서 무게 5,866그램, 높이 26.10센티미터, 너비 18.80센티미터, 두께 11.02센티미터이다. 홍산옥기 중에서 가장 무겁고 큰 조각상이 신상이 아닌 인물상인 것이다. 지금까지 발견된 가장 크고 무거운 홍산옥기 신상은 사람의 얼굴에 뿔이 달린 조각상(**도판 38**)으로서 무게 3,026그램, 높이 27.80센티미터, 너비 10.97센티미터, 두께 8.50센티미터이다. 이 신상도 매우 크고 무거운 편이지만 도판 21-1 조각상의 약 절반의 무게에 불과하다. 신상보다 훨씬 무겁고 큰 인물상을 만들었다는 사실로 미루어 사람을 신과 동격 또는 우위로 여기는 사상이 있었다는 것을 알 수 있다. 셋째, 도판 38, 도판 39-1, 도판 39-2의 조각상과 같이 사람의 얼굴을 가진 신상을 만들었다는 사실은 사람을 중시했다는 중요한 증거이다. 이런 사람 중시 사상은 고조선의 널리 인간을 이롭게 한다는 홍익인간 사상과 연결 지을 수 있다. 고조선의 건국신화인 단군신화에서, 하늘에서 내려온 사람들이 나라를 세웠다고 하는 것으로 미루어 고대 한민족은 신과 사람이 동일한 모습이라고 인식했음을 보여 준다.[31]

---

30 복기대, 앞의 책, 182쪽.

31 위의 책, 210쪽.

도판 7 : 석인상, 높이 38센티미터, 너비 22센티미터, 두께 20센티미터, 홍산문화, 1970년대 적봉시 수집, 적봉박물관 소장. 사진 刘冰 主編, 『赤峰博物館文物典藏』, 2007, 12쪽. 홍산문화 유물 중에 인물상이 자주 발견되는 것을 보면 '사람'을 중요하게 생각했음을 알 수 있다.

도판 8 : 석인상, 높이 19센티미터, 너비 6.2센티미터, 두께 5센티미터, 홍산문화, 내몽고 파림우기(巴林右旗) 파언한향(巴彥漢鄉) 나사대(那斯臺) 유적 발굴, 파림우기박물관 소장. 사진 石陽 主編, 『文物載千秋 : 巴林右旗博物館文物精品荟萃』, 內蒙古人民出版社, 2012, 77쪽.

도판 9 : 석인상, 높이 35.5센티미터, 너비 13센티미터, 두께 11.4센티미터, 홍산문화, 내몽고 파림우기 파언한향 나사대 유적 발굴, 파림우기박물관 소장. 사진 石陽 主編, 앞의 책, 78-79쪽. 그 이전 시기에 비해 홍산문화에서는 얼굴을 정확하게 조각했는데 주로 편안하고 인자한 모습을 하고 있다.

1. 얼굴상

홍산옥기의 인물상 중에는 얼굴상이 가장 많다. 눈, 코, 입의 모양이나 크기가 서로 다르고 웃는 모습도 있고 굳은 표정도 있으며 모자를 쓰고 있기도 하다. 도판 10은 둥근 얼굴 형태로서 연한 초록색의 옥이 변색되어 하얀 반점들이 보인다. 눈은 크고 둥글며, 코는 긴 사다리꼴이고, 큰 입을 벌리고 있다. 새겨진 선들이 모두 굵고 깨끗하다. 홍산옥기 중에서 매우 크고 옥질이 뛰어나며 조각 수준이 높은 것으로 미루어 새겨진 사람은 왕과 같이 특별한 사람, 조상 또는 신이었을 것이다. 1983년 11월 2일 우하량유적의 제단에서 발견된 '홍산 여신상'(**도판 11**)과 크기가 비슷하다. 홍산 여신상은 중요한 홍산문화 유물 중 하나로서 널리 알려져 있다. 중국 고고학의 원로인 소병기蘇秉琦는 "여신은 5,500년 전의 홍산인이 진인眞人을 모방하여 조성한 신상이고, 후대인이 상상으로 창조한 신이 아니다. '여신'은 홍산인의 여자 조상女組으로, 중화민족의 공동 조상이기도 하다."라고 하여 여신묘의 제사 대상을 조상신으로 규정하였다.[32]

도판 10 : 얼굴, 높이 23.40센티미터, 너비 17.70센티미터, 두께 3.13센티미터, 홍산문화, 한국요하문명연구소 소장. 홍산옥기 얼굴상 중에서 꽤 큰 편이고 조각의 수준이나 옥의 재질이 뛰어나다.

---

32 郭大順,「牛河梁等紅山文化遺址所見'祖先崇拜'的若干綫索」,『郭大順考古文集 上』, 遙寧人民出版社, 2017, 81쪽.

도판 10

도판 11 : 홍산 여신상, 현재 높이 24센티미터, 너비 23.56센티미터, 홍산문화, 우하량유적 1지점 여신묘 발굴, 요녕성박물관 소장. 사진 遙寧省文物考古研究所, 『遙寧省文物考古研究所藏 文物精華』, 科學出版社, 2012, 12쪽. 눈에 보석이 박혀 있다. 홍산문화에서 가장 중요하고 널리 알려진 유물 중 하나이다.

도판 12 : 얼굴, 높이 15.92센티미터, 너비 12.37센티미터, 두께 1.42센티미터, 홍산문화, 한국요하문명연구소 소장. 계란형의 얼굴로서 눈은 길고 살짝 올라갔고 코는 삼각형으로 길며 입은 상대적으로 작다. 머리카락은 27개의 굵고 깨끗하며 불규칙한 선으로 표현되었다. 연두색의 옥이 부분적으로 흰색으로 변했다. 옥색이 특별히 아름답고 반투명이어서 신비로운 느낌을 준다. 맨 윗부분에 구멍이 있다.

도판 12

도판 13

도판 14

도판 15

도판 16

도판 13 : 얼굴, 높이 11.77센티미터, 너비 10.08센티미터, 두께 2.66센티미터, 홍산문화, 한국요하문명연구소 소장. 홍산문화의 얼굴상은 이처럼 심각한 표정이 대부분이다.

도판 14 : 얼굴, 높이 9.18센티미터, 너비 6.13센티미터, 두께 1.84센티미터, 홍산문화, 한국요하문명연구소 소장. 눈을 감고 근엄한 표정을 짓고 있으며 턱선이 강조되어 있다. 뒷면은 평평하다.

도판 15 : 얼굴, 높이 5.08센티미터, 너비 4.71센티미터, 두께 0.84센티미터, 홍산문화, 한국요하문명연구소 소장. 둥근 모자를 쓰고 있다. 작은 인물상이지만 표정이 예사롭지 않다.

도판 16 : 얼굴, 높이 4.51센티미터, 너비 4.23센티미터, 두께 1.55센티미터, 홍산문화, 한국요하문명연구소 소장. 홍산옥기 인물상들은 모자를 쓰고 있는 경우가 많은데 그 모양이 서로 다르다. 이 조각은 뿔 달린 모자를 쓰고 있는 것으로 보인다.

2. 전신상

사람의 몸 전체를 표현한 조각들이 홍산옥기에서도 발견된다. 도판 17은 손을 모으고 경건하게 서 있는 사람 형태의 길고 얇은 조각이다. 이마와 머리가 명확하게 구분되어 있고 이목구비가 뚜렷하다. 눈을 감고 있고 어깨가 좁으며 가슴 가운데가 솟아올라 있다. 홍산문화 시기에는 신뿐만이 아니라 조상과 같은 사람도 숭배의 대상이었고 이 조각은 조상을 표현한 것으로 보인다. 노란색 계통의 옥이 부분적으로 변색되었고 반투명이다. 구멍이 뚫려 있어서 하늘과 소통하는 사람이 제사를 지낼 때 목에 매달았을 것으로 보인다. 같은 형태를 가진 길이 18.6센티미터의 옥기가 우하량유적 16지점 4호 무덤의 피장자 왼쪽 가랑이 아래에서 발견되었다. 이 무덤은 길이 3.9미터, 폭 3.1미터, 깊이 5미터에 이르러서 우하량유적에서 가장 크고 긴 무덤 중 하나이다. 이 무덤에서 길이 19.5센티미터의 대형 봉황 옥기, 사구통형옥기가 함께 발견되었다. 곽대순은 이 옥인상이 양손을 가슴에 모아 기운을 모으는 형상이고 주검의 허리 부분에 있던 것으로 보아 주검의 제사 때 사용하던 기구로 볼 수 있다고 했다. 따라서 이 조각을 무당이 굿할 때나 점을 칠 때 사용하는 도구로 파악하고 무덤 주인을 샤먼이었다고 주장했다.[33] 무덤의 규모, 함께 나온 옥기의 수준, 희소성으로 보아 중요한 옥기이다.

도판 19, 도판 20 및 도판 22중 여성상에는 머리에 사격자무늬가 있다. 무늬는 언어나 문자와 마찬가지로 사용 주체인 민족과 그 민족이 처한 역사적 배경에 따라 고유한 형태로 나타난다. 고대에서 무늬는 부적 또는 종족의 표시 등의 용도로 사용되었다. 사격자무늬는 '곰' 또는 '곰족'을 나타내는 것으로서 곰토템을 반영하는 것이다. 이 사격자무늬는 중국 고대 중원의 옥기는 물론 다른 유물에서 찾기 어렵다. 반면 한반도에서는 신석기시대의 빗살무늬토기를 거쳐 고조선, 부여, 진국, 신라, 가야, 고구려, 백제, 통일신라

33 郭大順, 「紅山文化與中國文明起源的道路與特點」, 赤峰學院紅山文化國際研究中心 編, 『紅山文化研究:2004年紅山文化國際學術討論論文集』, 文物出版社, 2006 ; 복기대, 앞의 책, 67-68쪽에서 재인용.

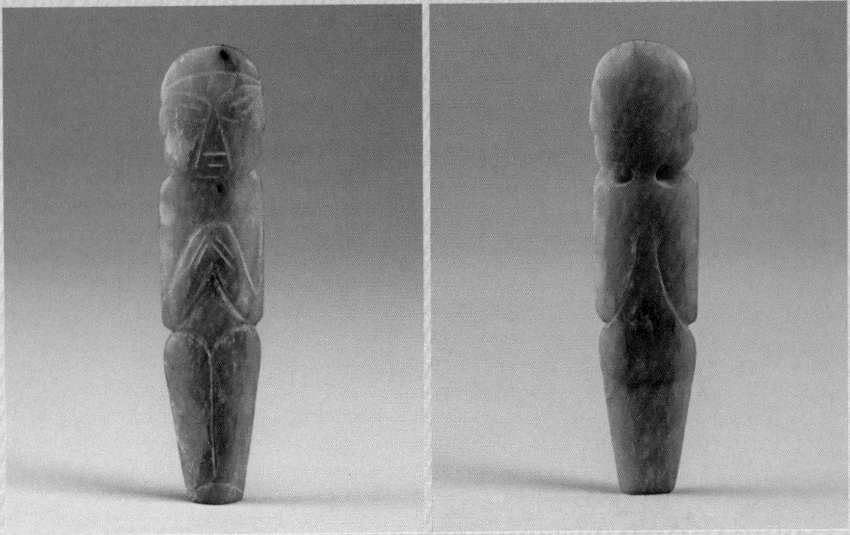

도판 17 : 사람, 높이 15.15센티미터, 너비 3.59센티미터, 두께 1.20센티미터, 홍산문화, 한국요하문명연구소 소장. 같은 형태의 옥기가 우하량유적 16지점 4호 무덤에서 발굴되었는데 곽대순 등 중국학자들은 높은 가치를 부여한다.

도판 18 : 사람, 높이 10.14센티미터, 너비 3.02센티미터, 두께 1.93센티미터, 홍산문화, 한국요하문명연구소 소장. 손을 모으고 눈을 감고 근엄한 자세를 하고 있다. 양쪽 겨드랑이 밑에 두 개의 구멍이 뚫려 있다. 연두색 옥에 변화가 생겨서 언뜻 보면 상아처럼 보인다.

도판 17

도판 18

도판 19

도판 20

도판 19 : 사람, 높이 11.38센티미터, 너비 4.85센티미터, 두께 2.34센티미터, 홍산문화, 한국요하문명연구소 소장. 머리에 있는 사격자무늬는 홍산문화와 고대 한민족의 관련성을 입증할 중요한 증거이다. 사격자무늬는 일정한 위치에 새겨지는 경우가 많은데 전신상 또는 동물신에서는 주로 머리 부분에 있다.

도판 20 : 사람, 높이 8.79센티미터, 너비 3.49센티미터, 두께 2.35센티미터, 홍산문화, 한국요하문명연구소 소장. 돌하르방을 연상시키는 조각의 머리 부분에 사격자무늬가 있다. 오른쪽 끝부분은 왼쪽 아래를 향한 선은 뚜렷한데 반해 오른쪽 아래를 향한 선은 뚜렷하지 않다. 홍산옥기에서 발견되는 사격자무늬는 이처럼 자연스럽고 정교하지 않다. 홍산문화의 이러한 미감은 고대 한민족의 미감과 통한다.

의 토기와 기와 등에서 지속적이고 광범위하며 반복적으로 발견된다. 홍산옥기의 거의 유일한 무늬가 고대 한민족의 여러 유물에 지속적이고도 반복적으로 나타난다는 사실은 홍산문화와 고대 한민족의 관련성을 인정할 수 있는 중요한 증거이다. 제2부의 「홍산옥기의 사격자무늬와 한반도」에서 자세하게 설명한다.

3. 여성상

홍산옥기는 당시 여성의 위상과 역할에 대한 중요한 정보를 제공한다. 도판 21-1의 여성상은 빌렌도르프의 비너스와 유사하게 커다랗고 늘어진 유방, 불룩 나온 배를 가져서 다산과 풍요를 상징하는 의미로 보인다. 이 여성상은 눈, 코, 귀, 눈썹이 모두 매우 크고 입은 굳게 다물고 있다. 지금까지 확인된 홍산문화 옥기 중에서 가장 무겁고(**5,866그램**) 크기도 최상급(**높이 26.10센티미터, 너비 18.80센티미터, 두께 11.02센티미터**)인데다가 위풍당당한 모습을 하고 있다. 이 조각상은 그 존재 자체만으로도 당시 여성들의 위상이나 역할을 웅변적으로 말해준다.

홍산문화는 여성 우위의 사회였을 것이다. 여성이 중요한 역할을 수행한 모계사회였을 가능성이 높다.[34] 첫째, 도판 21-1의 여성상은 위풍당당해서 당시 여성들의 권력, 역할, 위상을 알 수 있다. 눈, 코, 귀, 눈썹이 모두 크고 입은 굳게 다물었다. 지금까지 확인된 홍산문화 옥기 중에서 가장 무겁고 크기도 최상급이다. 남성상 중에서 가장 큰 것으로 보이는 우하량유적 발굴 유물(**길이 18.6센티미터**)과 크기를 비교하기 어려울 정도이다. 이렇게 크고 위풍당당한 여성상을 조각했다는 사실은 여성이 큰 권력을 가졌다는 사실을 말해준다. 둘째, 우하량유적 여신묘에서 눈에 청록색 보석이 박힌 소조 여신상(**도판 11**), 사람 3배 크기의 소조 여신상 등이 나왔다. 셋째, 인물상 한 쌍 중에서 여성

34 문안식, 『요하문명과 예맥』, 혜안, 2012, 54쪽.

도판 21-1

도판 21-2

도판 21-1 : 여성상, 높이 26.10센티미터, 너비 18.80센티미터, 두께 11.02센티미터, 무게 5,866그램, 홍산문화, 한국요하문명연구소 소장. 지금까지 확인된 홍산문화 옥기 중에서 가장 무겁다. 당시 여성의 권력, 역할, 지위를 짐작할 수 있는 조각상이다.

도판 21-2 : 여성상, 높이 8.52센티미터, 너비 4.83센티미터, 두께 3.09센티미터, 홍산문화, 한국요하문명연구소 소장. 눈을 감고 손을 잡고 있는 모습은 홍산문화 인물 조각에서 자주 나타난다. 홍산문화 시기에 여성들은 이처럼 위풍당당했을 것이다.

상이 남성상보다 높이, 너비, 두께가 모두 크다. 우하량유적에서 출토된 남성 뼈 31구, 여성 뼈 27구 등을 대상으로 한 인골 데이터에 따르면 평균 키는 남성 165.40센티미터, 여성 161.93센티미터이고 두개골 용적은 남성 1,631.03세제곱센티미터, 여성 1,479.51세제곱센티미터이다.[35] 그럼에도 불구하고 홍산옥기에서 여성상의 키나 체격을 모두 남성상보다 더 크게 했던 것은 특별한 의미가 있을 것이다. 1971년 서안시西安市 미앙구未央區 대명궁공사大明宮公社 연지촌聯志村에서 출토된 진秦나라 남녀옥인의 경우에도 남성상이 여성상보다 높이, 너비, 두께가 모두 크다.[36] 넷째, 도판 22에서 보듯이 남성상과 여성상을 한 쌍으로 조각하면서 여성상의 머리만 사격자무늬로 장식했다. 봉황 한 쌍(**도판 116**)의 경우에도 암컷에 해당하는 '황凰'에만 사격자무늬가 있다. 사격자무늬는 홍산옥기에서 발견되는 거의 유일한 무늬이다. 고대에서 무늬는 부적 또는 종족의 표시 등의 용도로 사용되었다. 사격자무늬는 '곰' 또는 '곰족'을 나타내는 것으로서 곰토템을 반영하는 것이

35 위의 책, 343-344쪽.

36 시안시문물보호고고학연구소, 중국문물전문번역팀 옮김, 『옥기』, 한국학술정보, 2016, 64쪽, 도판번호 31.

도판 22 : 남성상과 여성상 한 쌍, 높이 7.05센티미터, 너비 3.37센티미터, 두께 2.19센티미터(왼쪽, 남성상), 높이 7.13센티미터, 너비 3.73센티미터, 두께 2.35센티미터(오른쪽, 여성상), 홍산문화, 한국요하문명연구소 소장. 여성상이 남성상보다 높이, 너비, 두께가 모두 크고 여성상의 머리에만 사격자무늬가 장식된 점을 주목해야 한다. 홍산문화 시기에 여성이 남성보다 우위였다는 중요한 증거이기 때문이다.

다. 사격자무늬는 당시 특별한 의미를 가지고 있었고 소중한 옥기에만 새겼다. 따라서 여성상에만 사격자무늬를 새긴 것은 중요한 의미를 가진다.

4. 제사장

도판 23의 조각은 부드러운 눈썹, 감은 눈, 경건한 표정을 한 인물이 거북으로 보이는 동물을 타고 막대기를 잡고 있다. 구름 모양의 관冠, 거북, 막대, 경건한 모습 등으로 보아 제사장일 것이다. 아름다운 진녹색 옥의 경도가 강해서 색의 변화가 적다. 게다가 섬세한 조각 전면에 광택이 있어서 귀한 옥기임을 알 수 있다. 이 옥기의 앞과 뒤에는 사격자무늬가 있다. 이 유물에는 옷깃도 표현되어 있어서 당시 어떤 옷을 입었는지 알 수 있다. 홍산문화 지역은 더운 날보다 추운 날이 많은 곳이다. 홍산문화 시기에도 보온을 위해서 옷을 입었으며 식물과 짐승 털로 된 실을 자아 옷감을 짜서 옷을 만드는 기술이 보편적으로 활용된 듯하다. 질그릇 밑바닥에 직조한 헝겊을 찍어 편직무늬를 만든 흔적들이 남아 있다. 뿐만 아니라 출토된 옥기에 썩은 헝겊이 남아 있는 것으로 보아 주검에 옷을 입혀 묻었음을 알 수 있다. 이 증거들로 미루어 당시 이미 편직기를 만들어서 사용했음을 알 수 있다.[37]

북경 국립고궁박물원에도 이와 유사한 형태의 홍산옥기(**도판 188**)가 소장되어 있다. 높이 27.7센티미터, 너비 11.7센티미터, 두께 1.5-2.5센티미터이다. 1960년 초에 동북 지방 사람이 천진에 이 유물을 가지고 왔을 때 전문가들은 보물급이라는 것은 알았지만 제작 시기를 알지 못했다. 북경 상인이 이를 입수했고 1963년 국립고궁박물원에 3,000위안에 팔았다. 제작 시기에 대해서는 의견이 갈렸는데 처음에는 요나라로 알고 "청옥무인편靑玉武人片"이라고 불렀지만 1996년 『고궁박물진품전집 옥기』에는 홍산문화 옥기라고 기재했다. 손수도는 1982년 전대유傳大卣가 가진 이 옥기의 탁본을 보고 연구한 결과

37 복기대, 앞의 책, 341-342쪽.

도판 23

도판 24

도판 25

도판 23 : 제사장, 높이 20.96센티미터, 너비 9.27센티미터, 두께 0.86센티미터, 홍산문화, 한국요하문명연구소 소장. 이와 유사한 형태를 가진 옥기가 북경 국립고궁박물원에 소장되어 있는데 중국의 서림은 인류사의 걸작이라고 평가했다.

도판 24 : 제사장, 높이 15.82센티미터, 너비 9.72센티미터, 두께 6.01센티미터, 홍산문화, 한국요하문명연구소 소장. 홍산옥기 중에서 매우 정교하고 화려한 유물이다. 화려한 관을 쓰고 경건한 모습을 하고 있어서 제사장으로 보인다.

도판 25 : 제사장, 높이 16.75센티미터, 너비 5.63센티미터, 두께 1.81센티미터, 홍산문화, 한국요하문명연구소 소장. 관을 쓰고 손을 모으고 눈을 감고 입을 굳게 다물고 있어서 경건함이 느껴진다. 뿔이 네 개 달린 반인반수상(도판 33, 도판 34)과 같이 엉덩이가 반쯤 앉아 있다.

1988년 홍산문화 유물로서 높은 가치가 있다는 논문을 발표했다.[38] 서림徐琳은 이 옥기를 옥인수신상玉人獸神像이라고 부르면서 인류사의 걸작으로 기원전에 만든 옥기가 틀림없다고 한다.[39] 앞면과 뒷면에 사격자무늬가 있다. 중국의 진일민陳逸民, 진앵陳鶯이 쓴 『홍산옥기도감』 179, 180쪽에는 개인 소장의 유사한 유물을 소개하고 있다. 크기는 알 수 없지만 같은 부분에 사격자무늬가 있다.

도판 24는 화려하고 아름다운 관을 쓰고 눈을 감고 손을 모으고 경건한 표정을 짓고 있어서 제사장으로 보인다. 홍산옥기가 일반적으로 단순하고 자연스러운 데 비해 이 조각은 정교하고 화려하다. 이러한 유물 형태가 아직 발견된 적은 없지만 크게 보면 그동안 발견된 홍산옥기들과 형태, 조각 기법, 미감에 있어서 같은 범주에 있고 옥 색상의 변화 등으로 보아 홍산문화 유물이 분명하다.

38 孫守道, 「紅山文化 '玉祖神' 考」, 『孫守道考古文集』, 遙寧人民出版社, 2017, 238-240쪽 ; 孫守道, 「紅山玉祖神之衣冠, 乘蹻玉産地尋索」, 『孫守道考古文集』, 260-261쪽.

39 徐琳, 「故宮博物院藏紅山文化動物形玉及人形玉硏究(下)」, 田廣林·劉國祥 編, 앞의 책, 281-285쪽.

신

유네스코는 우하량유적을 인류 문명의 초기인 '신성한 제단'의 두드러진 예라고 기록하고 있다. 우하량유적은 신성한 장소와 정치적 중심지의 등장인물들로 가득 차 있다. 이 지역은 신성한 제단, 돌무지무덤, 지하실 등 여러 가지 범주로 나뉘어 있다. 우하량유적의 주목할 만한 기념물 중 하나는 제단으로서 그곳에서 보석으로 된 눈을 가진 여신 소조상 머리 조각(**도판 11**)이 발견되었다. 그 제단은 땅, 나무 구조물, 방으로 이루어진 지하 종교 장소였고 벽화, 사람의 3배 크기의 소조상이 있었다. 이 거대한 수치로 보아 신으로 추측되는데 다른 중국문화권에서 발견된 것과 차이가 있다. 고대에 땅의 여신은 풍요, 생명력, 집단 연속성의 상징으로 여겨졌다. 제단에서 발견된 거대한 여신상의 모습은 여신 숭배가 홍산문화에서 주도적인 역할을 했음을 증명한다. 홍산옥기 중에서 신으로 보이는 것으로는 사람 얼굴의 신상, 반인반수상, 동물신 조각이 있다. 그 중에서도 특별히 크고 아름다우며 멋진 반인반수상에는 사격자무늬가 새겨진 경우가 많다. 동물신 조각들에서 빠짐없이 사격자무늬가 발견되는데 이는 다른 유형에서는 찾아볼 수 없는 특별한 현상이다.

1. 반인반수상

몸은 사람이지만 머리는 동물의 모습을 한 조각은 C형용, C형곰, 용옥패와 함께 홍산문화를 대표하는 옥기이다. 반인반수상은 고대 메소포타미아, 이집트, 인도 등에서도 있었는데 신을 의미하는 것으로 평가된다. 반인반수상은 옥신인수상玉神人獸像, 옥신상玉神像, 태양신太陽神, 우신상牛神像 등으로도 불린다. '옥신인수상' '옥신상'은 옥기의 특징을 말해주지 않고, '태양신'이라고 부르기에는 태양이 종교적 숭배와 신앙의 대상으로 신격화되었다는 증거가 없다. 머리는 소(**도판 26, 28 내지 34**)가 대부분이지만 양(**도판 36**), 염소(**도판 37**)의 모습도 있어서 '반인반수상'이라고 부르는 것이 정확하다.

소의 머리를 한 반인반수상은 북경의 국립고궁박물원(**높이 14.6센티미터, 너비 6센티미터, 두께 4.7센티미터, 1983년 내몽고에서 수집**),[40] 상해의 진단예술박물관(**높이 15.5센티미터, 너비 6.5센티미터, 두께 3.2센티미터, 도판 190**),[41] 미국의 클리블랜드미술관(**높이 13.2센티미터, 너비 5.3센티미터, 도판 191**),[42] 영국의 피츠윌리엄박물관(**높이 12.2센티미터, 너비 5.6센티미터**),[43] 스웨덴의 동아시아박물관(**높이 10.5센티미터**)[44] 등에 소장되어 있다. 1996년 북경 한해翰海경매에 전충모傳忠謨 집의 소장품인 반인반수상(**높이 7.7센티미터, 너비 4.4센티미터**)[45]이 나왔다. 반인반수상은 우하량유적에서는 발굴되지 않았고 주로 내몽고에서 발굴되었다.

소의 머리를 한 반인반수상은 위쪽을 향한 뿔, 타원형의 귀, 차돌고래 모양의 눈, 콧구멍이 드러난 코 등으로 보아 반추동물의 머리임을 알 수 있다. 반면 손이 무릎 위에 놓

40 郭大順·洪殿旭, 『紅山文化玉器鑑賞』, 文物出版社, 2014, 169쪽. 朱宇迅, 앞의 책, 66쪽.

41 震旦藝術博物館, 『紅山玉器』, 2007, 87쪽, 도판번호 36.

42 郭大順·洪殿旭, 앞의 책, 207쪽, 朱宇迅, 앞의 책, 68쪽.

43 郭大順·洪殿旭, 앞의 책, 206쪽, 朱宇迅, 앞의 책, 67쪽.

44 郭大順·洪殿旭, 앞의 책, 207쪽.

45 朱宇迅, 앞의 책, 69쪽.

이고 앉은 자세를 보면 몸은 사람이다. 뿔이 머리 위에 우뚝 솟아 있는데 주로 두 개 또는 네 개 있다. 뿔이 두 개인 반인반수상들은 주로 스스로 설 수 있지만 네 개인 반인반수상은 반대이다. 역사다리꼴 얼굴은 눈과 입술로 양각되어 있다. 고구려 오회분 벽화에 나오는 반인반수상(**도판 27**)은 오른손에 벼이삭을 쥐고 왼손에 풀이나 약초를 쥐고 있

도판 26 : 반인반수상, 높이 23.80센티미터, 너비 7.63센티미터, 두께 4.95센티미터, 홍산문화, 한국요하문명연구소 소장. 이처럼 크고 정교한 반인반수상에는 사격자무늬가 새겨져 있는 경우가 많다.

도판 27 : 오회분 벽화, 고구려, 중국 길림성 집안시 소재. 사진 김경상. 오른손에 벼이삭을 쥐고 왼손에 풀이나 약초를 쥐고 있어서 농업신인 염제라고 불린다. 소의 머리와 사람의 몸을 가지고 있어서 홍산옥기 반인반수상과 유사하다.

도판 26

도판 28

도판 29

도판 30

도판 31

도판 32

도판 33

도판 34

도판 28 : 반인반수상, 높이 14.46센티미터, 너비 4.85센티미터, 두께 3.40센티미터, 홍산문화, 한국요하문명연구소 소장. 진녹색의 강한 옥이 사용되었다. 소의 머리를 가지고 뿔이 두 개인 반인반수상은 주로 스스로 설 수 있다.

도판 29 : 반인반수상, 높이 8.85센티미터, 너비 5.32센티미터, 두께 2.94센티미터, 홍산문화, 한국요하문명연구소 소장. 짙은 녹색의 옥이 사용되었지만 표면이 전체적으로 어두운 갈색으로 변했다. 높이에 비해 너비가 넓어서 안정감이 있다.

도판 30 : 반인반수상, 높이 6.92센티미터, 너비 3.19센티미터, 두께 1.92센티미터, 홍산문화, 한국요하문명연구소 소장. 노란색 계통의 옥을 사용했는데 오랜 세월의 흔적으로 일부가 갈색으로 바뀌었다. 작지만 균형이 잘 잡혀 있다.

도판 31 : 반인반수상, 높이 6.21센티미터, 너비 3.97센티미터, 두께 2.48센티미터, 홍산문화, 한국요하문명연구소 소장. 원래 청옥을 사용했을 것으로 보이는데 보기 드물게 커피색으로 변했다. 작지만 몸통이 꽤 두껍고 균형이 잡혀 있어서 아우라가 느껴진다.

도판 32 : 반인반수상, 높이 9.98센티미터, 너비 3.94센티미터, 두께 3.71센티미터, 홍산문화, 한국요하문명연구소 소장. 소의 머리를 한 반인반수상 중에서 보기 드물게 귀가 90도가 아닌 45도 각도로 섰으며 뿔이 이어져 있다.

도판 33 : 반인반수상, 높이 18.19센티미터, 너비 7.07센티미터, 두께 4.52센티미터, 홍산문화, 한국요하문명연구소 소장. 뿔이 네 개이고 엉덩이는 반쯤 앉고 손은 무릎 위에 놓이고, 머리는 앞쪽으로, 코는 손 가까이 있다. 진단예술박물관, 스웨덴 동아시아박물관의 반인반수상과 같은 형태로서 스스로 서지 못한다. 수직으로 선 귀들의 높이가 서로 다르다. 앞면의 이마와 뿔, 뒷면의 3곳 등 5곳에서 사격자무늬가 발견된다. 홍산옥기 중에서 사격자무늬가 가장 많은 곳에 새겨진 유물이다.

도판 34 : 반인반수상, 높이 10.79센티미터, 너비 4.80센티미터, 두께 2.99센티미터, 홍산문화, 한국요하문명연구소 소장. 이마와 뒷면에 사격자무늬가 있다. 홍산문화의 반인반수상들은 무섭거나 권위적이지 않고 친근한 모습을 하고 있다.

도판 35 : 돌짐승, 높이 30센티미터, 길이 47센티미터, 너비 22센티미터, 6세기 초, 백제, 무령왕릉 출토, 국보 제162호, 국립공주박물관 소장. 무덤을 지키는 동물이지만 통통하고 귀여우며 친근한 모습이다. 홍산문화의 반인반수상들도 이와 같은 미감을 가진 경우가 많다.

도판 36

도판 37

도판 36 : 반인반수상, 높이 7.98센티미터, 너비 4.12센티미터, 두께 3.18센티미터, 홍산문화, 한국요하문명연구소 소장. 얼굴이 길쭉하고 갸름하며, 뿔이 높지 않고 줄이 있으며 마지막 부분이 둥글게 휘어진 것으로 보아 양의 머리가 분명하다.

도판 37 : 반인반수상, 높이 6.13센티미터, 너비 2.95센티미터, 두께 2.36센티미터, 홍산문화, 한국요하문명연구소 소장. 손을 모으고 무릎을 꿇고 앉아 있어서 몸은 사람이다. 뿔이 짧고 두꺼우며 가로줄이 있어서 염소의 머리로 보인다.

어서 농업신인 염제라고 불린다. 소의 머리와 사람의 몸을 가지고 있다는 점에서 홍산옥기 반인반수상과 유사하다. 도판 26은 소머리에 뿔이 두 개인 반인반수상으로서 크고 정교하다. 원래 청옥이 사용되었는데 오랜 시간 때문에 칼슘화 현상이 생겨서 전체적으로 흰색으로 보인다. 칼슘화 현상은 탄산칼슘이 어떤 원인에 의해 고체 상태로 석출되어 흰색으로 보이는 현상이다. 칼슘화 현상은 흥륭와옥기, 홍산옥기에서 많이 발견되며 한반도의 사천리 선진리유적, 제주 용담동유적에서 나온 결상이식에서도 보인다.[46] 귀의 끝이 몸통에 붙어 있고 이마와 뿔 부분에 사격자무늬가 있다. 뛰어난 반인반수상에서 사격자무늬가 발견되는 것은 사격자무늬의 의미와 중요성을 추측할 수 있는 중요한 단서이다.

2. 사람 얼굴의 신상

도판 38의 조각은 사람의 몸에 사람의 얼굴과 긴 뿔을 가지고 있다. 이 조각은 신으로 보이는데 그 이유는 다음과 같다. 첫째, 동일한 형태의 조각상들이 도판 39-1, 도판 39-2와 같이 반인반수상(**신상**)과 한 쌍을 이룬다. 홍산옥기에서 발견되는 한 쌍의 조각은 모두 같은 종류이다. 예를 들어, 동물신, 봉황, C형용, C형곰, 용옥패, 용과 봉황 옥패, 거북, 옥관, 팔찌, 도끼와 같다. 즉, 신상과 한 쌍을 이루는 조각은 신상으로 보는 것이 합리적이다. 둘째, 높이 27.80센티미터, 너비 10.97센티미터, 두께 8.50센티미터, 무게 3,026그램에 달해서 매우 크고 무거우며 좋은 옥을 사용했다. 매우 중요한 대상을 조각한 것이 분명하다. 셋째, 사람의 얼굴에 높은 뿔과 큰 눈을 가졌는데 실재하지 않는 형상이다. 넷째, 사람의 얼굴에 뿔을 가진 신이 그리스 신화 등에도 나온다. 사람의 얼굴을 가진 신상을 만들었다는 사실은 신인일체의 사상을 가졌거나 또는 최소한 사람을 중시하는 사상이 있었음을 알려준다.

46 우실하, 『고조선 문명의 기원과 요하문명』, 232-233쪽.

도판 38

도판 38 : 사람 얼굴의 신상, 높이 27.80센티미터, 너비 10.97센티미터, 두께 8.50센티미터, 무게 3,026그램, 홍산문화, 한국요하문명연구소 소장. 사람의 얼굴을 가진 신상을 만들었다는 사실은 신인일체의 사상을 가졌거나 또는 최소한 사람을 중시하는 사상이 있었음을 알려준다.

도판 39-1, 도판 39-2는 작지만 중요한 유물이다. 하나는 사람의 얼굴을 가진 신상이고 나머지 하나는 전형적인 반인반수상이다. 사람의 얼굴을 가진 신상이 동물의 얼굴을 가진 신상(**반인반수상**)보다 높이, 너비, 두께가 모두 크다.

도판 39-1 : 사람 얼굴의 신상과 반인반수상 한 쌍, 높이 7.27센티미터, 너비 3.77센티미터, 두께 2.28센티미터(왼쪽), 높이 6.66센티미터, 너비 3.70센티미터, 두께 2.22센티미터(오른쪽), 홍산문화, 한국요하문명연구소 소장. 왼쪽은 사람의 얼굴에 큰 뿔이 있고 오른쪽은 소의 머리를 하고 있다. 두 조각상 모두 신을 의미하는 것으로 보인다. 왼쪽 조각상은 스스로 서는데 오른쪽 조각상은 그렇지 못하다.

도판 39-2 : 사람 얼굴의 신상과 반인반수상 한 쌍, 높이 7.10센티미터, 너비 3.73센티미터, 두께 2.28센티미터(왼쪽), 높이 5.98센티미터, 너비 3.58센티미터, 두께 2.02센티미터(오른쪽), 홍산문화, 한국요하문명연구소 소장. 사람의 얼굴을 가진 신상이 동물의 얼굴을 가진 신상보다 높이, 너비, 두께가 모두 크다. 두 조각상 모두 스스로 설 수 있다.

3. 동물신

도판 40, 도판 41은 일반적으로 '옥수신玉獸神'이라고 불리는 조각이다. 목에 장식이 되어 있고 다리와 발 부분에 과장된 장식이 있으며 크고 조각이 화려해서 단순한 동물이 아닌 신격화된 동물을 표현한 것으로 보인다. 동물신 조각은 토테미즘을 반영한다. 과학기술이 발달하지 못한 고대에는 동물이 경외의 대상이었다. 홍산문화의 동물신 옥기는 도판 40과 같은 유형, 도판 41과 같은 유형 등 크게 두 가지이다. 동물신 옥기는 곰을 그대로 형상화한 것은 아니지만 곰을 염두에 두고 만들었다. 그 근거는 다음과 같다. 첫째, 호랑이 등도 서서 포효하지만 발바닥 전체를 붙이고 서는 동물은 곰과 유인원밖에 없다. 그런데 유인원은 동물신 조각의 형태와 거리가 멀다. 둘째, 당시 동북아시아에 널리 곰토템이 있었다. 홍산문화 사람들이 가장 숭배하는 동물은 곰일 수밖에 없다. 셋째, 우하량 유적 여신묘에서 곰 아래턱뼈와 곰 소조상이 발견되었다. 이 소조상에 대해서는 곰이 아니라는 주장이 있지만 학자들은 여러 특징을 비교하여 분명한 곰으로 판단하고 있다.[47]

도판 40-1 : 동물신 한 쌍, 높이 14.78센티미터, 너비 10.11센티미터, 두께 4.51센티미터, 홍산문화, 한국요하문명연구소 소장. 진한 녹색의 옥이 사용되었는데 표면 일부가 갈색으로 변했다. 서서 포효하는 동물의 모습을 하고 있는데 이런 형태로 포효하는 동물은 곰밖에 없다. 눈은 튀어 나오고 머리 윗부분에 사격자무늬가 있다. 유사한 동물신 조각이 진단예술박물관에 소장되어 있다.

47 우실하, 『고조선 문명의 기원과 요하문명』, 448쪽.

도판 40-1

도판 40-2

도판 41

도판 40-2 : 높이 15.85센티미터, 너비 11.11센티미터, 두께 3.65센티미터, 진한 녹색의 옥이 사용되었는데 표면 대부분이 갈색으로 변했다. 머리 윗부분에 사격자무늬가 있다.

도판 41 : 동물신, 높이 8.19센티미터, 너비 4.96센티미터, 두께 3.08센티미터, 홍산문화, 한국요하문명연구소 소장. 배의 앞뒤와 등에 사격자무늬가 있다. 얼굴은 개구리를 닮았다. 동물신 조각에는 빠짐없이 사격자무늬가 새겨져 있다.

우하량유적 전체에서 여러 동물들의 뼈가 출토되었지만 여신묘 아래에 있는 제사 구덩이에서 출토된 것은 곰의 뼈밖에 없다. 곰을 토템의 대상으로 했다는 증거이다. 넷째, 홍산옥기 동물상 중에서 C형곰, Y형곰, 곰 얼굴 조각 원통형 옥기 등 곰 조각의 수량이 많고 크고 품질이 좋은 옥이 사용되었다. 곰을 다른 동물보다 훨씬 중요하게 여겼다는 증거이다. 현재까지 알려진 홍산옥기 동물신 조각으로는 진단예술박물관 소장 1점(**도판 195**),[48] 한국요하문명연구소 소장 3점을 포함해서 6점으로서 모두 사격자무늬가 있다. 다른 유형의 홍산옥기(5% **내외**)에 비해서 크게 높은 비율이다. 동물신에 사격자무늬를 새긴 것은 동물신의 동물이 '곰'이라는 것을 강조하는 의미라고 보인다.

48 震旦藝術博物館, 앞의 책, 88-89쪽, 도판번호 37.

곰토템

곰 신화와 제의는 광범위한 지역에 걸쳐 나타난다. 주로 북유럽, 시베리아, 동북아, 북아메리카의 아한대 지역에 분포되어 있다.[49]

우하량유적 여신묘에서 곰의 아래턱 뼈, 곰 머리와 곰 발톱 소조상이 발견되어 홍산문화 시기에 곰토템이 있었음이 확인된다. 토테미즘은 사람과 자연 사이의 관계에 대한 믿음이다. 홍산문화 옥기 중에서 곰 조각의 수량이 많고 이 조각들은 크고 두꺼우며 품질이 좋은 옥을 사용한 경우가 많다. 크기와 옥질에서 다른 동물 조각과는 차이가 많다. 또, 도판 40, 도판 41과 같은 동물신 옥기는 곰을 염두에 두고 만든 것이다. 따라서 곰은 홍산문화에서 가장 숭배되는 동물이었음이 분명하다.

도판 42 : 곰 발 소조, 현재 길이 14.5센티미터, 홍산문화, 우하량유적 제1지점 여신묘 출토, 요녕성박물관 소장. 사진 遙寧省文物考古硏究所,『遙寧省文物考古硏究所藏 文物精華』, 14쪽.

---

49 김일겸, 「곰 신화와 제의의 기원과 변화」, 이평래 외, 『동북아 곰 신화와 중화주의 신화론 비판』, 동북아역사재단, 2009, 19쪽.

일반적으로 북반구에서 나타나는 곰 신화의 기본 모티프 중 하나는 인간과 곰의 결합이다. 한국의 곰 관련 설화는 이러한 인간과 곰의 결합이라는 곰 신화 일반의 모티프를 잘 보여 준다.[50] 한국의 최초 국가인 고조선의 건국신화인 단군신화는 곰이 사람으로 변해서 아들을 낳았고 그가 고조선을 건국했다는 내용이다. 또 고구려 각저총 벽화 등으로 미루어 고대 한국에 곰토템이 있었다는 사실은 명백하다. 중국의 신화학자 엽서헌葉舒憲은 『곰토템 : 중화조선신화탐원雄圖騰 : 中華祖先神話探源』에서 중국의 전설 속의 황제를 곰토템 집단으로 보는 등 중국에 곰토템이 있었다고 주장한다. 하지만 중국의 곰 관련 이야기는 곰을 자신들의 보호신이라고 생각하거나 곰과 혈연관계가 있다는 관념이 없다. 따라서 중국에 곰토템이 있었다고 보기 어렵다.

1. C형곰

홍산옥기 중에서 C형태의 몸체에 몸통이 두껍고 귀가 있으며 동물의 머리를 가진 옥기는 우하량유적 2지점 1호총 4호 무덤, 16지점 14호 무덤 등지에서 여러 차례 발굴되었고 북경 국립고궁박물원, 오한기박물관,[51] 파림우기박물관, 요녕성박물관, 진단예술박물관, 기메박물관 등 여러 박물관에 소장되어 있다. 곽대순은 이 옥기를 대표적인 홍산옥기로 꼽는다.[52] 일반적으로 '옥저룡玉猪龍', '옥웅룡玉熊龍', '옥낭용玉狼龍', '옥룡玉龍', '옥조룡玉雕龍', '옥수형결玉獸形玦'이라고 불린다. '돼지용', '곰용', '이리용', '용', '동물'이라는 뜻이다.

이 옥기의 성격을 규명하는 것은 홍산문화를 이해하는 데 중요하다. 결론부터 말하면 이 조각은 '용'이 아니다. 머리도 '돼지'나 '이리'가 아닌 '곰'이다. 따라서 이 유물에 대한

---

50 이용범, 「한국 곰 신화의 유형과 특징」, 위의 책, 62쪽.

51 敖漢文物精華 編輯委員會, 『敖漢文物精華』, 2004, 66-67쪽.

52 郭大順, 「猪龍與熊龍」, 『郭大順考古文集 上』, 275쪽.

도판 43

도판 43 : C형곰, 높이 21.9센티미터, 너비 16.3센티미터, 안지름 4.23센티미터, 두께 5.44센티미터, 무게 2,726그램, 홍산문화, 한국요하문명연구소 소장. 지금까지 알려진 C형곰 중에서 가장 크고 무겁다. 진한 녹색의 옥을 사용했는데 부분적으로 갈색, 노란색, 검정색으로 변했다. 머리 부분과 끝부분이 아주 조금 연결되어 있다.

도판 44 : C형곰, 높이 10.82센티미터, 너비 7.49센티미터, 안지름 1.57센티미터, 두께 2.58센티미터, 홍산문화, 한국요하문명연구소 소장. 짙은 녹색의 옥이 사용되었다. 꼬리 끝부분이 머리와 붙어 있다. C형곰 중에는 이처럼 꼬리와 머리가 붙어 있는 유형이 있고, 반대로 도판 46, 도판 47과 같이 떨어져 있는 유형이 있다.

도판 45 : C형곰, 높이 8.04센티미터, 너비 6.22센티미터, 안지름 1.34센티미터, 두께 1.86센티미터, 홍산문화, 한국요하문명연구소 소장. 짙은 녹색의 옥인데 갈색으로 부분 변색되었다. 홍산옥기 장인들은 옥을 이렇게 부드러운 모습으로 펼칠 수 있는 특별한 능력을 가졌다.

도판 46 : C형곰, 높이 7.31센티미터, 너비 4.97센티미터, 안지름 1.31센티미터, 두께 2.21센티미터, 홍산문화, 한국요하문명연구소 소장. 섬세한 표현력, 유연하게 변형된 형태, 고도로 연마된 표면은 홍산문화의 미적 감각과 스타일을 알려준다.

가장 적절한 명칭은 'C형곰'이다. 그 이유는 다음과 같다. 첫째, 홍산문화 사람들은 직설적으로 표현하는 특징이 있는데 이 옥기는 눈, 코, 귀가 서로 가까이 있고 역삼각형 형태의 코를 가졌다. 둥근 귀가 있고 입 부근에 주름이 있을 뿐만 아니라 둥근 형태의 몸을 가지고 있으며 발끝 부분을 안쪽으로 오므리고 있어서 곰과 닮았다. 곰은 웅크리고 있으면 둥글게 보이는데 도판 47과 유사하다. 이 옥기는 돼지와는 코, 입, 귀, 이빨의 형태가 다르며 만일 돼지를 형상화했다면 코를 강조했을 것이다. 둘째, 이러한 형태의 옥기 중에는 높이 15센티미터, 두께 4센티미터, 무게 2,000그램을 넘는 경우가 종종 있어서 다른 홍산옥기들과 비교해서 크고 무겁다. 한국요하문명연구소에 소장된 유물은 높이 21.9센티미터, 두께 5.44센티미터, 무게 2,726그램(**도판 43**)이고, 파림우기박물관에 소장된 유물(**도판 288**)은 높이 16.8센티미터, 너비 11.5센티미터, 두께 2.8센티미터이며,[53] 1970년대 요녕성 건평현建平縣에서 수집되어 요녕성박물관에서 소장 중인 유물은 높이 15.8센티미터, 너비 10.5센티미터, 두께 4.3센티미터이고,[54] 청나라 황실에 있다가 현재 국립고궁박물원에 소장 중인 유물은 높이 15.4센티미터, 두께 4.5센티미터이다.[55] 이 유물들 정도로 크고 무거운 홍산옥기로는 사람 얼굴의 신상, 반인반수상, 동물신, C형용, 봉황, 옥패 정도밖에 없다. 그런데 사람 얼굴의 신상, 반인반수상, 동물신은 신神을, C형용, 옥패는 용을 의미한다. 따라서 이 조각들은 신, 용, 봉황 정도로 숭배의 대상이었던 동물이어야 하는데 홍산문화에서 곰 이외에는 생각하기 어렵다. 셋째, 홍산문화 시기에 옥이 최고로 귀한 물질이었고 무덤의 부장품이었음을 감안하면 당시 가장 중요한 의미를 갖는 모티프를 선택했을 것이다.[56] 옥기로 제작된 모티프들은 토템을 상징하거나 태양 또는 하늘과 소통하는 매개체, 아니면 물과 관련 있는 상징을 표현했을 것이다.[57] 넷째, 도판 47과 같이 흑옥을 사용하는 등 고급 옥을 재료로 사용한 경우가 많아서 조각된 동물이 매

53 朱宇迅, 앞의 책, 45쪽.

54 위의 책, 46-47쪽.

55 郭大順·洪殿旭, 앞의 책, 166쪽. 徐琳, 「故宮博物院藏紅山文化動物形玉及人形玉研究(上)」, 田廣林·劉國祥 編, 앞의 책, 272쪽.

56 복기대, 앞의 책, 182쪽.

57 위의 책, 183쪽.

우 중요한 것임을 알 수 있다. 다섯째, 홍산문화 유물 중에서 '곰용', '돼지용', '이리용' 같이 두 가지의 동물이 하나의 조각에 혼재해 있는 경우는 없다. 반인반수상이 있기는 하지만 이는 '사람'의 몸과 동물 머리의 결합이다. 만일 '곰용', '돼지용', '이리용'이라는 존재가 상상 속에서라도 있었다면 굽은 형태가 아닌 다른 형태로도 조각되었어야 할 텐데 현재까지 발견된 것이 없다. 여섯째, C형용과 후대의 용 조각에서 보듯이 용은 주둥이가 길고 휘날리는 머리채가 있으며 귀가 없다. 따라서 이 옥기는 곰을 형상화한 것이고 'C형곰'이라고 부르는 것이 타당하다. '곰용', '돼지용', '이리용'과 같은 오해가 생긴 이유는 C형곰(**곰**)의 형태를 기초로 해서 C형용(**용**)을 만들었기 때문이다. 자세한 내용은 제2부의 논문 「동아시아에서 용과 봉황의 기원」에서 다룬다.

도판 47은 흑옥으로 만들어진 C형곰이다. 흑옥으로 된 홍산옥기는 드문데 그 중에서도 이 옥기는 크고 두꺼우며 무겁다. 흑옥이란 고대 식물이 물에 흘러 퇴적되어 토양의 압력을 받아 오랜 세월 동안 화석화되어 만들어진 옥의 일종이다. 중국에서는 매정煤精이라고 부르며 영어로는 제트Jet라고 한다. 높은 탄소 함유량과 층상 구조를 가지고 있다. 흑옥을 몸에 차면 초자연적인 힘이 액운을 막고 몸을 지켜준다고 믿었는데 특히 서아시아에서는 '히가Higa'라는 주먹 모양 보석 장식품을 아이들에게 패용하도록 하는 등 요사스러운 귀신을 물리치는 것, 즉 벽사로 이용하였다. 이런 액막이용 흑옥제 장식품은 흔하지 않지만 한반도, 중국, 일본에서 확인된다.[58] 한반도의 경우, 주로 백제 유물에서 발견되는데 공주 무령왕릉에서 나온 흑옥제 유물 128점이 대표적이다.

---

58 복천박물관, 앞의 책, 228쪽.

도판 47

도판 47 : C형곰, 높이 14.65센티미터, 너비 12.69센티미터, 안지름 4.72센티미터, 두께 4.21센티미터, 홍산문화, 한국요하문명연구소 소장. 흑옥을 사용하여 색의 변화가 거의 없다. 이 조각은 머리 부분과 끝부분이 완전히 분리되어 있고 귀가 둥글어서 C자에 더 가깝다. 곰이 웅크리고 있는 모습과 닮았다.

도판 48 : C형곰 한 쌍, 높이 9.88센티미터, 너비 6.75센티미터, 안지름 1.57센티미터, 두께 2.86센티미터(왼쪽), 높이 9.39센티미터, 너비 7.04센티미터, 안지름 1.48센티미터, 두께 2.75센티미터(오른쪽), 홍산문화, 한국요하문명연구소 소장. 한 쌍이지만 서로 형태가 다르다. 하나는 귀가 뾰족하고 머리와 꼬리가 이어져 있는 반면, 다른 하나는 귀가 둥글고 머리와 꼬리가 떨어져 있다. 서로 다른 형태의 C형곰을 같은 시기에 제작했다는 사실을 알 수 있다.

도판 49 : C형곰 한 쌍, 높이 7.55센티미터, 너비 5.44센티미터, 안지름 1.31센티미터, 두께 2.79센티미터(왼쪽), 높이 7.43센티미터, 너비 5.84센티미터, 안지름 1.47센티미터, 두께 2.43센티미터(오른쪽), 홍산문화, 한국요하문명연구소 소장. 하나는 귀가 높이 서 있고 머리와 꼬리가 이어져 있는 반면, 다른 하나는 귀가 둥글고 머리와 꼬리가 떨어져 있다. C형곰 한 쌍은 종종 나오지만 이 유물과 같이 귀, 머리, 꼬리의 모양이 서로 다른 경우는 드물다. 칼슘화 현상이 두드러진다.

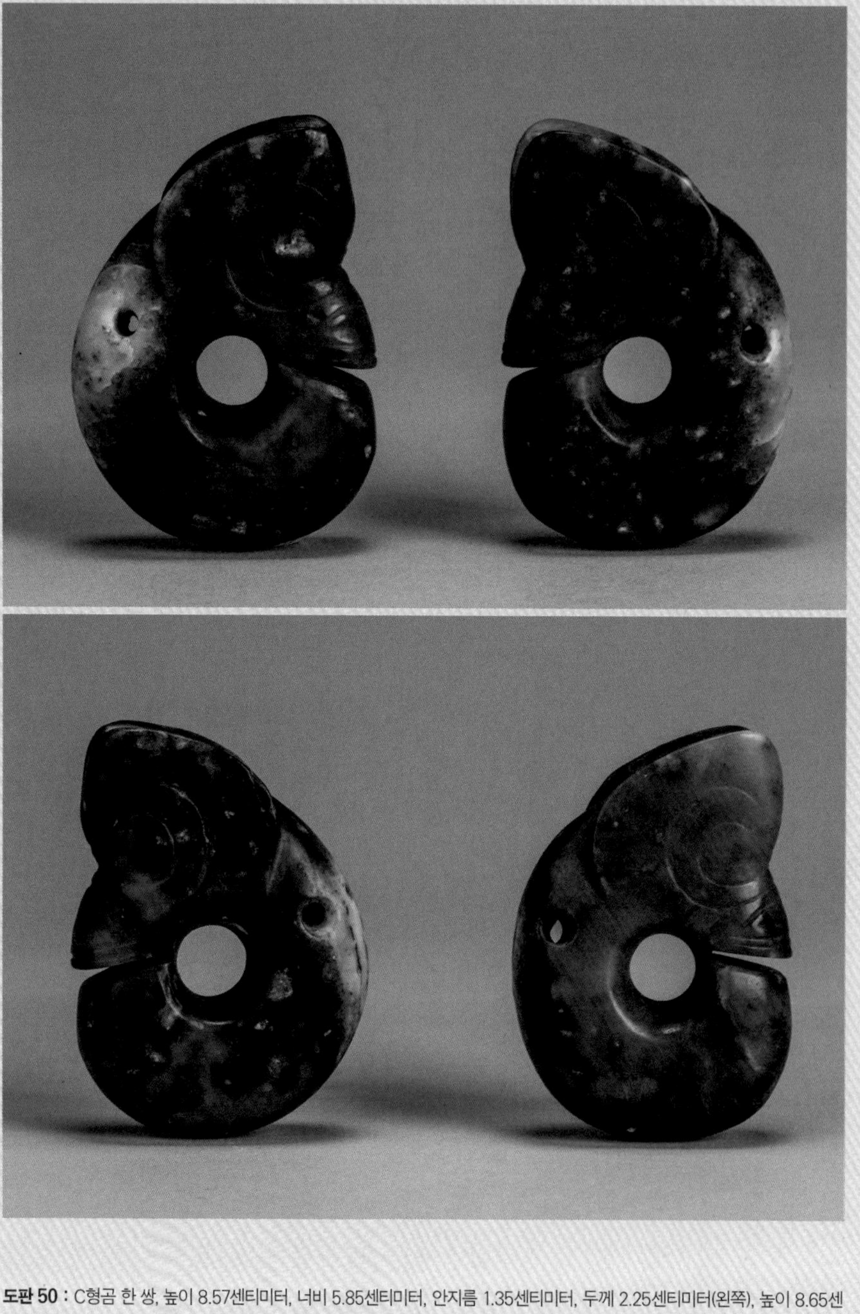

도판 50 : C형곰 한 쌍, 높이 8.57센티미터, 너비 5.85센티미터, 안지름 1.35센티미터, 두께 2.25센티미터(왼쪽), 높이 8.65센티미터, 너비 6.35센티미터, 안지름 1.42센티미터, 두께 2.37센티미터(오른쪽), 홍산문화, 한국요하문명연구소 소장. 비슷한 생김새에 머리와 꼬리가 붙어 있는 C형곰 두 개가 한 쌍을 이루고 있는데 크기에 차이가 있다.

도판 51 : C형곰 한 쌍, 높이 6.76센티미터, 너비 4.71센티미터, 안지름 0.63센티미터, 두께 2.28센티미터(왼쪽), 높이 7.15센티미터, 너비 4.84센티미터, 안지름 0.94센티미터, 두께 2.12센티미터(오른쪽), 홍산문화, 한국요하문명연구소 소장. 홍산옥기는 한 쌍으로 나오는 경우가 종종 있는데 최소한 크기나 모양이 조금씩 다르다.

2. Y형곰

도판 52 내지 55는 일반적으로 'Y형 옥기' 또는 '장형옥기璋形玉器'라고 불리는 유물이다. 부신현阜新縣 복흥지진福興地鎭에서 수집하여 부신시박물관에 소장된 유물,[59] 1970년대 발굴되어 요녕성박물관에 소장된 유물,[60] 진단예술박물관에 소장된 유물[61] 등이 이와 유사하다. 이 옥기의 특징으로는 크고 둥근 눈, 작은 콧구멍, 타원형의 입을 형성하는 긴 입술, 위쪽으로 쫑긋 선 귀, 평평한 앞면과 뒷면 등을 들 수 있다. C형곰과 같은 얼굴을 하고 있고 몸통도 곰이 서 있는 모습과 유사해서 곰을 조각한 것으로 보인다. 현대에도 이와 비슷한 곰인형을 볼 수 있다. 이 옥기에 대한 가장 적절한 이름은 'Y형곰Y-shaped Bear' 이다. 중국의 옥기수집가 유동청柳冬青은 이 옥기를 옥규玉圭로 분류한다.[62] 옥규는 옥으로 만든 길쭉한 사각형의 옥기로서 위쪽 끝은 뾰족하게 생겼다.

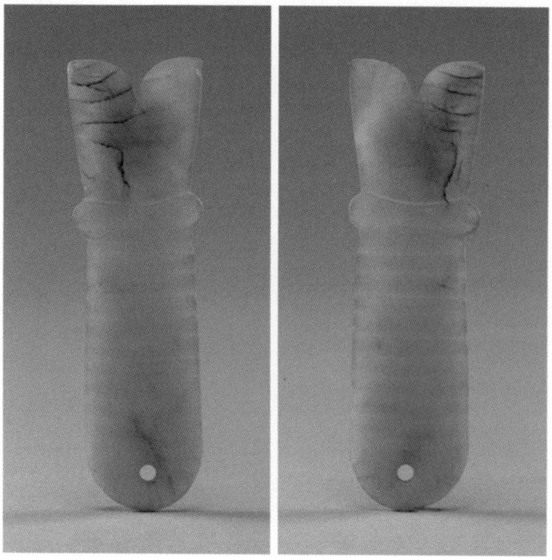

도판 52 : Y형곰, 길이 16.13센티미터, 너비 4.92센티미터, 두께 0.82센티미터, 홍산문화, 한국요하문명연구소 소장. 광택이 많이 나고 반투명하다. 얼굴은 C형곰과 닮았고 몸통에는 14개의 부드러운 수평선이 있다. 요녕성문물총점에 소장중인 Y형곰[63]과 형태가 유사하다.

59 郭大順·洪殿旭, 앞의 책, 132-133쪽.

60 위의 책, 156쪽.

61 震旦藝術博物館, 앞의 책, 70쪽.

62 柳冬青, 『紅山文化』, 內蒙古大學出版社, 2002, 6쪽.

63 郭大順·洪殿旭, 앞의 책, 155-156쪽.

도판 53 : Y형곰, 길이 14.08센티미터, 너비 6.35센티미터, 두께 1.59센티미터, 홍산문화, 한국요하문명연구소 소장. 길이에 비해 너비가 많이 넓어서 부드럽고 귀여운 느낌을 준다. 다른 Y형곰 옥기와 달리 윗부분에 구멍이 있다. 부신 복흥지에서 수집되어 부신시박물관에 소장된 Y형곰[64] 과 형태가 유사하다.

도판 54 : Y형곰, 길이 8.28센티미터, 너비 3.60센티미터, 두께 0.98센티미터, 홍산문화, 한국요하문명연구소 소장. 귀엽게 보이는 이 옥기는 현대의 장난감 곰과 유사한 느낌을 준다. 일반적으로 'Y형 옥기'라고 부르지만 곰의 모습이어서 'Y형곰'이 더 정확한 이름이다.

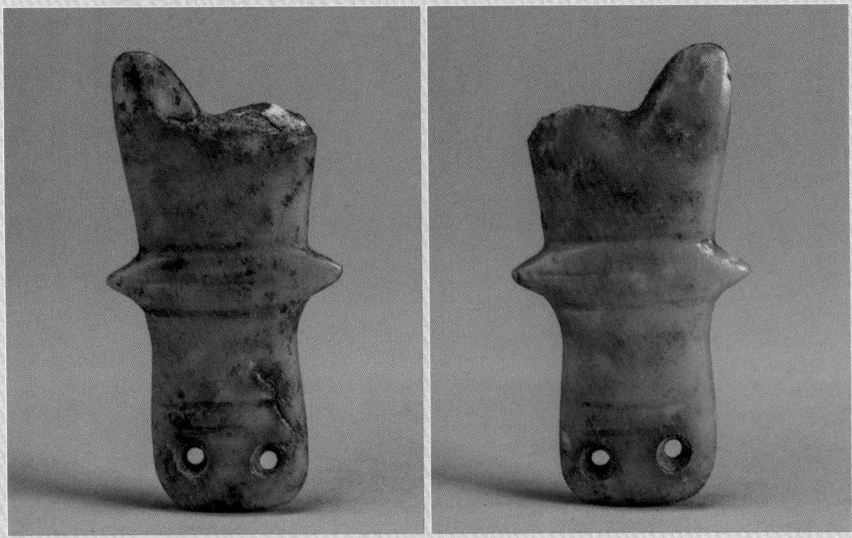

도판 55 : Y형곰, 길이 8.03센티미터, 너비 4.17센티미터, 두께 0.90센티미터, 홍산문화, 한국요하문명연구소 소장. 밑부분에 두 개의 구멍이 뚫려 있고 몸통이 짧다. 유사한 형태의 Y형곰(길이 6.8센티미터)이 진단예술박물관에 소장되어 있다.[65]

64 위의 책, 133쪽.

65 震旦藝術博物館, 앞의 책, 70쪽.

3. 곰 얼굴 조각 원통형 옥기

도판 56의 유물은 원통 형태의 옥의 중간에 구멍을 뚫고 바깥 면에 눈 네 개 등 동물의 얼굴을 서로 연결되게 조각했다. 진단예술박물관에서 펴낸 『홍산옥기』에 유사한 유물이 4점이 있는데 "동물 얼굴무늬 고리獸面紋玉環"라고 설명한다. 그 중 1점은 진단예술박물관 소장품이고 1점은 양덕당養德堂 소장이며 나머지는 개인 소장이다.[66] 둥근 눈, 긴 입술, 작은 콧구멍 등이 특징으로서 C형곰, Y형곰의 얼굴과 닮았다. 따라서 이 유물도 곰을 조각한 것이다. 유동청은 이 옥기를 옥종玉琮으로 분류한다.[67] 옥종은 중간에 구멍이 뚫린 옥그릇을 말하는데 주로 무덤 부장품이었다. 양저문화의 신인수면문神人獸面紋이 있는 옥종도 4면을 돌아가면서 동물의 눈을 배치했다.

---

66 위의 책, 71-74쪽.

67 柳冬青, 앞의 책, 5쪽.

도판 56 : 곰 얼굴 조각 원통형 옥기 한 쌍, 높이 4.02센티미터, 바깥지름 8.39센티미터, 안지름 2.22센티미터(왼쪽), 높이 4.27센티미터, 바깥지름 8.17센티미터, 안지름 1.99센티미터(오른쪽), 홍산문화, 한국요하문명연구소 소장. C형곰, Y형곰의 얼굴과 같은 형태로서 곰의 얼굴을 조각했다. 진단예술박물관 등에 유사한 형태의 유물들이 소장되어 있다.

새토템

우하량유적의 여신묘 주 건물 북실에서 새소조상이 발견되었는데 심하게 파손되어 발톱 두 개(**도판 57**)와 날개 부위(**도판 58**)만 남아 있었다. 발톱은 각각 14.5센티미터, 13.5센티미터로 날카롭게 표현되었다. 홍산문화 암각화에는 인간과 새가 결합한 인면조문도 가 발견되었다.[68] 우하량, 동산취, 요녕성 부신의 호두구胡頭溝와 복흥지福興地, 능원 삼관전자三官甸子, 내몽고의 파림우기 나사대那斯臺 등 홍산문화 유적에서 새 모양의 옥기가 출토되었다. 새 조각 홍산옥기는 사실적으로 표현한 것이 압도적으로 많지만 추상적으로 표현한 것도 드물게 있다. 홍산옥기 중에서 수량이 많은 것으로 옥패, C형곰, 새를 들 수 있다. 여러 학자들이 새소조상과 옥기 등을 근거로 새가 당시 종교와 관련이 있다는 주장을 하고 있다.[69] 고대에 새는 인간과 하늘을 연결해 주는 동물로 믿어왔다. 특히, 북방 샤머니즘에서 새는 신의 사자使者로 등장한 동물이다. 홍산문화 시기에 새토템이 있던 사실은 분명하다. 이찬구는 우하량유적에는 곰토템, 새토템, 태양토템이 함께 나타난다고

68 이찬구, 『홍산문화의 인류학적 조명』, 개벽사, 2018, 42쪽.

69 복기대, 앞의 책, 182쪽.

주장하면서 그 중 새토템을 특히 강조한다.[70] 이찬구는 홍산문화가 새토템과 관련이 있으며 특히 한민족과 관련성이 있다고 주장하고 있다. 리지린은 고조선이 형성되기 이전의 원주민이 조이鳥夷였다고 주장했다. 『삼국지』 위지 동이전에는 "사람이 죽으면 큰 새를 썼고 이는 죽은 사람으로 하여금 날아가게 하는 것을 의미했다以大鳥送死, 基意欲使死者飛揚."고 쓰고 있다. 리지린은 이는 원시 새토템의 잔여가 전래된 것으로 본다.[71]

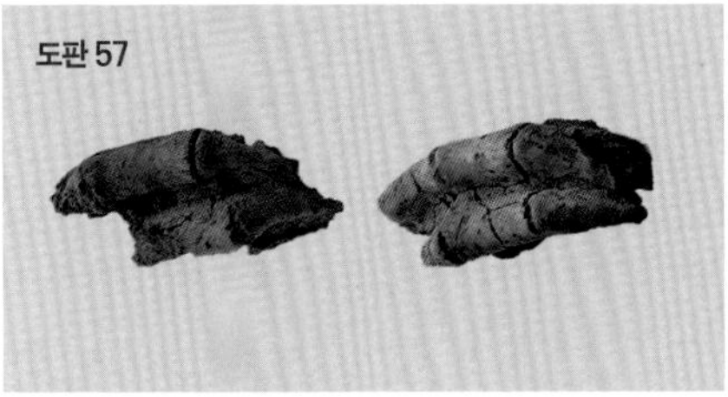

도판 57 : 새의 발톱 소조, 현재 길이 14.5센티미터, 홍산문화, 우하량유적 제1지점 여신묘 출토, 요녕성박물관 소장. 사진 遙寧省文物考古硏究所, 『遙寧省文物考古硏究所藏 文物精華』, 14쪽. 홍산문화 시기에는 곰 이외에 새도 토템의 대상이었다.

도판 58 : 새의 날개 소조, 현재 길이 45.5센티미터, 너비 33.2센티미터, 홍산문화, 우하량유적 제1지점 여신묘 출토, 요녕성박물관 소장. 사진 遙寧省文物考古硏究所, 앞의 책, 14쪽. 이 조각이 새의 날개라는 데 별다른 이견이 없다.

다만, 새는 곰보다는 덜 중요하게 여겨진 것으로 보인다. 그 이유는 다음과 같다. 첫째, 봉황을 제외한 새 조각은 그다지 큰 경우가 없다. 큰 유물로 꼽히는 북경 국립고궁박물원 소장품이 길이 7.3센티미터, 너비 5.8센티미터이며,[72] 진단예술박물관 소장의 새머리 조각(**도판 210**)이 길이 11센티미터, 너비 4센티미터, 두께 2.4센티미터이다.[73] 한국요하문명연구소 소장 새 조각(**도판 60**)은 길이 9.78센티미터, 너비 10.63센티미터, 두께 2.25센티미터이다. 한국요하문명연구소에서 소장 중인 C형곰(**도판 43**)이 높이 21.9센티미터, 두께 5.44센티미터에 달하는 것과 비교하면 많이 작다. 곰 얼굴 조각 원통형 옥기도 육중하다. 둘째, 도판 47의 C형곰에 흑옥을 사용하는 등 고급 옥을 재료로 사용한

70 이찬구, 앞의 책, 153쪽.

71 리지린, 『고조선 연구』, 열사람, 1989, 109쪽.

72 震旦藝術博物館, 앞의 책, 136쪽. 도판 81번.

73 위의 책, 156-157쪽. 도판 102번.

경우가 많다. 반면, 새 조각은 그렇지 않다. 셋째, 새 조각에서 '곰', '곰족'을 의미하는 사격자무늬가 많이 발견된다. 이는 곰이 새보다 우선시 되었다는 증거이다. 넷째, 동물신 옥기(**도판 40**, **도판 41**)도 새가 아닌 곰의 형태를 기초로 만든 것이다.

1. 독수리

홍산문화 새 조각 중에서 가장 많은 것은 독수리이다. 가장 크고 용맹스러운 새가 독수리이다. 독수리 조각은 갑자기 달려들어 강한 발톱으로 먹잇감을 낚아채기 위해 조용하게 기다리는 모습을 하고 있다. 아우라는 마치 포획자가 사냥할 때 비밀스럽게 접근하는 것처럼 대칭적이고 도전적인 자세에서 나온다. 문헌기록에서는 『삼국유사』 권2의 가락국기조駕洛國記條에 수리가 등장한다. 수로왕이 탈해脫解와 변신술 경쟁을 벌이는 이야기가 있는데, 탈해가 매로 변하자 수로왕은 수리鷲로 변하여 이겼다고 한다. 여기에서의 수리는 반드시 독수리를 지칭한다기보다는 수리류 전체를 가리키는 것으로 본다.

74 이찬구, 앞의 책, 42쪽 ; 郭大順·洪殿旭, 앞의 책, 188쪽.

도판 59 : 독수리, 길이 8.56센티미터, 너비 7.82센티미터, 두께 2.85센티미터, 홍산문화, 한국요하문명연구소 소장. 머리 부분이 과장되어 있고 뿔이 있는 양의 머리같이 보이기도 한다. 새의 앞면 왼쪽과 오른쪽에 사격자무늬가 새겨져 있는데 왼쪽 아래를 향한 선이 왼쪽은 다섯 개, 오른쪽은 네 개로서 차이가 있다. 대영박물관에 소장된 새 조각과 나만기 유적에서 채집한 새 조각에도 사격자무늬가 있다.[74]

도판 60 : 독수리, 길이 9.78센티미터, 너비 10.63센티미터, 두께 2.25센티미터, 홍산문화, 한국요하문명연구소 소장. 홍산옥기 새 조각 중에서 꽤 큰 편에 속한다. 짙은 색상, 크고 두꺼운 몸체에서 위엄이 나온다. 이 조각에는 홍산문화 옥기의 특징 중 하나인 '숨겨진 돌출기법'이 사용되었다. 이 기법은 평행하는 이중선을 그린 다음 이중선 외부의 면을 제거하는 방식이다.

도판 61 : 독수리, 길이 6.93센티미터, 너비 8.78센티미터, 두께 1.98센티미터, 홍산문화, 한국요하문명연구소 소장. 연한 녹색의 옥으로 옥질은 깨끗하고 촉촉하며 섬세하고 매끄러운 반투명이다. 강하고 활동적인 독수리의 모습을 묘사하고 있다. 부리를 가진 돌출된 삼각형의 머리, 두 개의 둥근 눈, 왼쪽과 오른쪽의 두 개의 홈, 꼬리 깃털을 표시하는 세 개의 홈, 뒷면의 구멍을 가지고 있다.

도판 62 : 독수리, 길이 7.98센티미터, 너비 7.97센티미터, 두께 2.51센티미터, 홍산문화, 한국요하문명연구소 소장. 연한 녹색의 옥이 사용되었는데 많은 시간이 지나면서 부분적으로 오렌지색으로 변했다. 대부분의 홍산옥기 새 조각은 정면 자세이고 2차원 직사각형으로 만들어졌다. 아우라는 마치 포획자가 사냥할 때 비밀스럽게 접근하는 것처럼 대칭적이고 도전적인 자세에서 나온다.

도판 63 : 독수리, 길이 5.58센티미터, 너비 6.68센티미터, 두께 1.50센티미터, 홍산문화, 한국요하문명연구소 소장. 몸통에 파도무늬가 있고 머리는 삼각형으로 둥글고 큰 눈을 가지고 있다. 꼬리깃털은 밑면에 기하학적 사각형으로 확장되고, 날개 주름에서 홍산옥기의 특징이 드러난다. 매달 수 있도록 뒤쪽에 구멍이 뚫려 있다. 유사한 새 조각이 파림우기박물관과 진단예술박물관에 소장되어 있다.

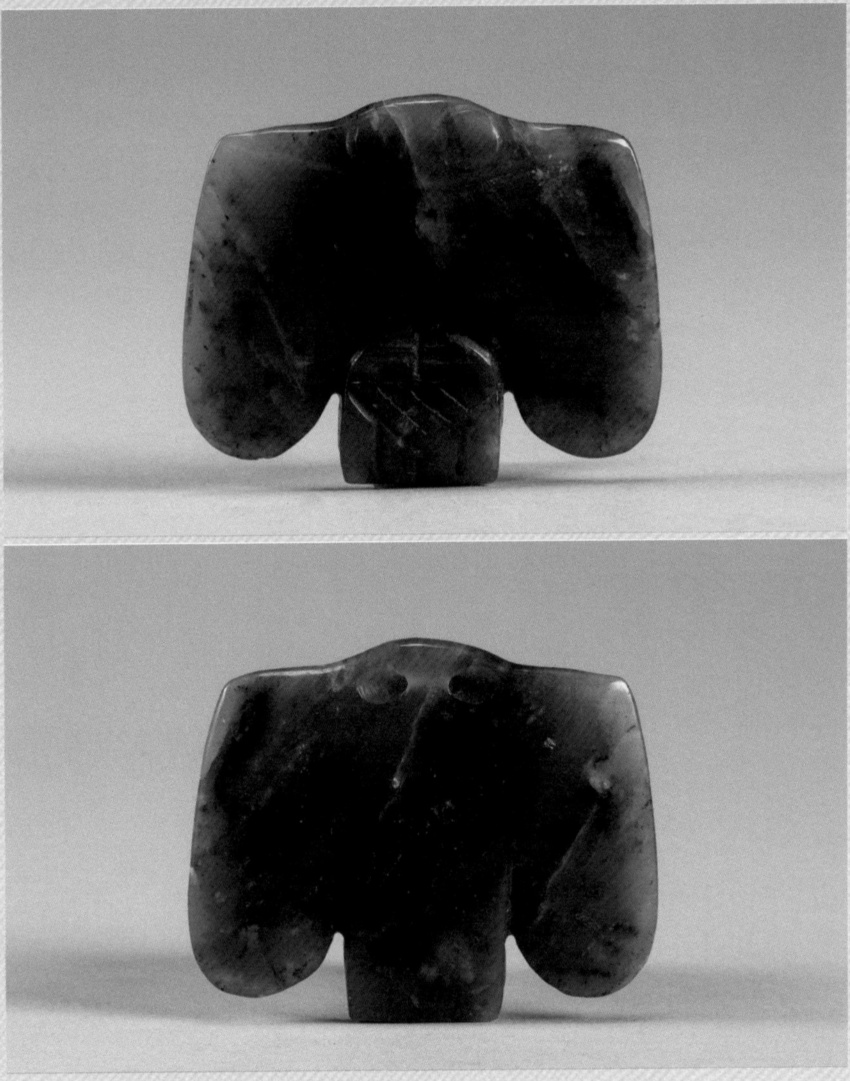

도판 64 : 독수리, 길이 4.56센티미터, 너비 5.67센티미터, 두께 0.72센티미터, 홍산문화, 한국요하문명연구소 소장. 옥은 반투명이고 몸통 전체에 광택이 있다. 기하학적인 직사각형의 윤곽과 몸통 뒤에서부터 뻗어나가는 날개를 강조하고 있다. 꼬리 깃털은 직사각형 형태의 발톱 아래로 늘어진다. 꼬리 부분에 사격자무늬가 있다. 천진시예술박물관 소장의 새조각(도판 208)도 같은 위치에 사격자무늬가 있다.[75]

75 조빈복, 최무장 옮김, 『중국동북신석기문화』, 집문당, 1996, 도판 13.

도판 65 : 독수리, 길이 3.65센티미터, 너비 4.52센티미터, 두께 1.27센티미터, 홍산문화, 한국요하문명연구소 소장. 흰색의 옥인데 일부가 갈색과 검정색으로 변했다. 꼬리 부분은 부드럽게 밖을 향하고 밑부분이나 어깨는 상호 대칭되는 선으로 표현되어 있다. 머리는 조금 낮고 눈은 모호하다. 배는 은밀하게 접힌 다리와 함께 단순하게 보인다. 대칭적이고 도전적이면서도 조용한 힘이 느껴진다. 사냥할 때 독수리의 자세는 이런 모습이다. 작지만 균형 잡혀 있고 단순하면서도 우아해서 아우라를 뿜어낸다. 유사한 새 조각이 진단예술박물관에 소장되어 있다.

도판 66 : 독수리, 길이 4.39센티미터, 너비 3.93센티미터, 두께 0.91센티미터, 홍산문화, 한국요하문명연구소 소장. 부드럽고 옅은 녹색이며 노란색으로 변한 부분이 있다. 새의 등으로부터 나오는 접힌 날개, 뚜렷하게 둥근 눈, 부리로 큰 머리를 받치고 있는 무거운 어깨, 꼬리 위로 돌출된 발톱, 과시하듯이 바깥쪽으로 펼쳐진 가슴이 특징이다. 갑자기 달려들어 강한 발톱으로 먹잇감을 낚아채기 위해 조용하게 기다리는 모습이다.

2. 부엉이

도판 67 내지 69는 뿔처럼 생긴 귀, 돌출된 머리, 크고 둥근 눈을 가지고 근엄한 표정을 하고 있는 부엉이다. 부엉이는 밤을 이기는 의지, 어둠에 굴하지 않는 강한 심지를 표상한다.[76] 이찬구는 홍산문화 유물 중에서 수리부엉이가 가장 중요하다고 주장한다. 이찬구는 요서 지역 신석기시대 문화에서 최초의 새 유물은 흥륭와문화에서 출현한다고 하면서 올빼미상을 들고 있다.[77] 부엉이 조각의 홍산옥기는 수량이 많지 않다.

---

76 한국문화상징사전편집위원회, 『한국문화상징사전』, 동아출판사, 1992, 359쪽.

77 이찬구, 앞의 책, 51-52쪽.

도판 67 : 부엉이, 길이 5.75센티미터, 너비 8.85센티미터, 두께 1.26센티미터, 홍산문화, 한국요하문명연구소 소장. 이끼색의 옥인데 부분적으로 갈색으로 변했다. 날개와 꼬리의 끝부분이 몇 개로 나누어져서 사실적으로 표현되어 있다. 날개는 바깥쪽을 향하고 어깨는 비스듬한 선과 함께 기울어져 있다. 큰 몸체, 명료한 선, 어두운 색이 위엄을 느끼게 한다. 1982년 동산취유적에서 발굴되어 요녕성문물고고연구소에서 소장 중인 녹송석 새 조각(길이 2.4센티미터, 너비 2.8센티미터, 두께 0.4센티미터)[78] 과 형태가 유사하다.

78 郭大順·洪殿旭, 앞의 책, 42쪽.

도판 68 : 부엉이, 길이 8.20센티미터, 너비 9.49센티미터, 두께 1.40센티미터, 홍산문화, 한국요하문명연구소 소장. 부리가 있는 돌출된 머리, 머리 위에 우뚝 선 귀, 둥근 눈, 볼록한 배가 특징이다. 아랫부분이 윗부분보다 많이 넓은데 이런 디자인은 드물다. 홍산옥기 부엉이 조각 중에서 상당히 큰 편이다.

도판 69 : 부엉이, 길이 4.97센티미터, 너비 5.10센티미터, 두께 1.33센티미터, 홍산문화, 한국요하문명연구소 소장. 이끼색의 옥인데 칼슘화 현상이 나타났다. 도판 68과 유사한 특징에 더하여 둥근 다리를 가지고 있다. 부채꼴 모양의 꼬리 깃털, 날개, 꼬리는 모두 넓은 선으로 표현되었다. 뒷면에 뚫린 두 개의 구멍이 일직선이 아니고 비스듬하다. 1972년 부신 호두구 홍산문화 묘지 1호 무덤에서 출토되어 요녕성박물관에 소장된 새 조각[79]과 형태가 유사하다.

---

79 위의 책, 81쪽 ; 徐强, 『紅山文化古玉鑑定』, 華藝出版社, 2007, 139쪽, 도판번호 188.

3. 비둘기

홍산옥기 새 조각은 숫자가 꽤 많은데 주로 독수리와 부엉이이다. 그 이외에 비둘기, 앵무새, 까마귀 등으로 보이는 조각들이 드물게 보인다.

도판 70 : 비둘기, 길이 4.00센티미터, 너비 5.85센티미터, 두께 1.00센티미터, 홍산문화, 한국요하문명연구소 소장. 모호하게 표현되었지만, 작은 머리, 아담한 몸체, 짧은 다리, 중간 크기의 날개, 넓게 펴지는 꼬리 등으로 미루어 비둘기로 보인다. 연한 녹색의 옥이 사용되었는데 오랜 세월에 거친 무기물 등의 혼합으로 표면에 변화가 있다.

용과 봉황

용은 동아시아의 신화 및 전설에 등장하는 상상의 동물로 여겨지지만 수많은 역사 기록에 남아 있다. 모든 실제 동물과 상상 속 동물들의 능력과 장점을 취합하여 용을 만들었다고 한다. 용은 만물 조화의 능력을 갖춘 영물, 권위의 상징 그리고 벽사와 수호의 능력을 갖춘 영험한 동물로서 영수靈獸 중에서도 특히 귀하게 여겨져, 용이 모습을 드러내면 세상이 크게 변할 전조라고 믿었다. 동아시아에서 용은 동물 중에서 가장 높은 위치에 있다.

태양에서 유래되었다고 알려진 봉황은 동아시아 신화에서 발견된 다른 모든 새들을 다스리는 신화속의 새로서 지혜와 고귀함을 상징한다. 이 새는 최고의 평화와 번영 혹은 행복으로 축복받은 지역이나 장소에서만 나타난다고 믿어진다. 봉황은 긍정적인 의미를 지니고 있고 높은 미덕, 하늘에서 보낸 권력을 상징하기도 한다.

동아시아에서 용과 봉황은 요하문명에서 처음 탄생했다. 1994년 발견된 석소룡石塑

龍(**도판 281**)은 용의 형태 유적으로 알려져 있는데 사해문화 시기에 속한다. 사해문화의 토기 파편에서도 용의 무늬가 발견된다. 봉황으로 보이는 조보구문화의 토기가 적봉박물관에 소장되어 있다. 하지만 용과 봉황이 본격적으로 나타난 것은 홍산문화 시기이며 그 중에서도 옥기이다. 그동안 용은 뱀과 닮은 전설의 동물로 여겨져 왔지만 홍산옥기를 분석해 보면 용은 곰을 기초로 형태를 만들었다는 사실을 알 수 있다. 봉황은 한국의 고유종인 긴꼬리닭을 모델로 만들었다. 태양에서 유래했다고 알려진 봉황이 '태양의 새'인 닭의 모습을 기초로 하여 만들어진 것은 우연이 아니다. 전설에 따르면 봉황은 용이 구름 속에서 학과 연애하여 낳았다고 하는데 이를 뒷받침할만한 홍산옥기가 있다. 도판 116-1을 보면 봉황 중 수컷은 용의 모습과 많이 닮았다. 용이 곰토템에서 나왔다면 봉황은 새 토템에서 나왔다고 할 수 있다. 홍산문화의 용과 봉황은 후대에도 전승되어 한국과 중국에 큰 영향을 주었다. 제2부의 「동아시아에서 용과 봉황의 기원」에서 자세하게 다룬다.

1. C형용

뱀같이 생긴 몸체가 알파벳 C와 같이 보이고 끝부분에 주둥이가 있고 휘날리는 머리채가 달린 옥기가 있다. 머리는 우아하고 긴 형태인데 머리 부분에 조형이 집중되어 있다. 주름진 코, 주름진 입, 눈물이 떨어지는 모양의 눈이 특징이다. 그 중 '중화제일룡'으로 널리 알려진 유물(**도판 198**)은 1971년 8월 중국 내몽고 자치구의 옹우특기翁牛特旗 삼성타랍三星他拉에서 장봉상張鳳祥에 의해 발견되었다. 높이 26.3센티미터, 너비 29.3센티미터, 무게 1킬로그램이다. 밭을 갈다가 발견했는데 나지막한 언덕이었으며 언덕에 돌들이 쌓여 있었고 그 돌들을 들어내 보니 그 밑에 원형으로 쌓은 돌들이 있었다. 장봉상은 옥이 아닌 쇠로 만든 것으로 알고 집에 가져와서 보관했다. 나중에 박물관에 가져갔는데 이를 본 학예사가 예사 물건이 아니라고 생각했다.[80] '중화제일룡'의 크기, 형태, 옥의 재질,

80 복기대, 앞의 책, 43-44쪽.

장봉상의 증언으로 보아 발견된 장소는 제단일 것이다. 이 유물은 중국 국가박물관의 10대 걸작 중 하나로 소개되고 있다. 이와 비슷한 형태의 유물이 북경 국립고궁박물원(**높이 16센티미터, 너비 12센티미터, 두께 22센티미터**),[81] 진단예술박물관(**도판 199**),[82] 대영박물관, 적봉박물관(**도판 283**), 심양노신미술학원沈陽魯迅美術學院(**도판 284**) 등에 소장되어 있고 양덕당 등 개인 소장품도 있다. 이 유물을 두고 용이라는 견해와 아니라는 견해가 대립한다. 손수도, 곽대순, 진일민, 진앵,[83] 엽서헌[84] 등 중국학자들은 모두 용이라고 보고 있다. 국내에서는 우실하 등은 용이라고 보는 데 반해 일부 학자들은 용이 아니라고 주장한다. 복기대는 용이 아니라 동물의 태아, 돼지 또는 뱀장어라고 주장한다.[85] 김선자는 홍산문화의 구부러진 옥의 머리 형태를 한 가지 동물로 규정짓는 것은 불가능해 보인다고 하면서 가장 친연성을 가진 것 그리고 가장 많이 등장하는 것을 꼽으라면 돼지를 들 수 있다고 한다.[86]

몸통이 가늘고 주둥이가 길며 휘날리는 머리채가 있는 C자형 옥기는 용이다. 그 이유는 다음과 같다. 첫째, 곰이나 돼지로 보기에는 몸체가 너무 가늘고 주둥이가 길며 귀가 없다. 휘날리는 머리채가 있어서 곰이나 돼지로 보기는 어렵다. 홍산옥기는 직설적이고 사실적이다. 둘째, 이 유물들과 같은 특징을 가진 홍산옥기들이 있는데 용의 형태가 분명하다. 도판 84, 도판 85, 도판 105와 같은 옥패, 도판 81, 도판 83과 같은 장신구들은 용이 아닌 다른 동물로 보기 어렵다. 그리고 이 옥기들의 동물과 C자형 옥기의 동물이 서로 다른 것이라고 보기 어렵다. 진단예술박물관의 『홍산옥기』에 나오는 용 2마리가 있는 쌍용머리패(**雙龍首佩, 길이 6센티미터, 너비 4.5센티미터, 두께 0.5센티미터, 진**

---

81 震旦藝術博物館, 앞의 책, 52-53쪽, 도판번호 3.
82 위의 책, 48-51, 54쪽, 도판번호 1, 2, 4.
83 陳逸民·陳鶯, 『紅山玉器圖鑑』, 上海文化出版社, 2006, 36-51쪽.
84 葉舒憲, 『雄圖騰 : 中華祖先神話探源』, 上海錦繡文化出版社, 2007, 30-34쪽.
85 복기대, 앞의 책, 348-352쪽.
86 김선자, 「홍산문화의 황제 영역설에 대한 비판」, 이평래 외, 앞의 책, 183, 185쪽.

단예술박물관 소장),[87] 용 2마리가 왼쪽과 오른쪽을 보고 있는 쌍용머리패(**雙龍首佩, 길이 6센티미터, 너비 2.5센티미터, 두께 1센티미터, 개인 소장**),[88] 용의 모습을 한 반원 형태의 조각(**龍形佩, 길이 6센티미터, 너비 0.5센티미터, 두께 0.2센티미터, 진단예술박물관 소장**)[89] 등도 마찬가지이다. 셋째, 중국에서 발견된 후대의 용 유물들도 주둥이가 길고 귀가 짧거나 거의 없고 휘날리는 머리채가 있으며 둥근 몸체를 하고 있다. 상나라의 유적인 부호묘婦好墓에서 출토된 굴체룡屈體龍을 비롯하여 섬서성陝西省 봉상현鳳翔縣 유담촌 劉淡村(**도판 287**),[90] 남방의 유적인 능가탄凌家灘 유적 16호 묘, 호북湖北 천문天門 석가하石家河 초가옥추肖家屋脊, 등주滕州 전장대서주묘前掌大西周墓, 서주徐州 사자산獅子山 한묘漢墓, 서주시대의 유적인 장안현長安縣 장가파 張家坡, 보계寶鷄 죽원구 竹園溝, 장안현長安縣, 춘추전국과 서한시대의 유적인 상촌령춘추묘上村齡春秋墓, 수주증후을묘隨州曾侯乙墓, 정현定縣 40호 서한묘西漢墓 등에서 출토된 유물이다.[91] 넷째, 이 옥기들은 크고 좋은 옥을 사용했고 조형이 빼어난 경우가 많다. 삼성타랍에서 발견된 '중화제일룡'은 높이 26.3센티미터, 너비 29.3센티미터, 무게 1킬로그램으로 색이 아름답고 강한 옥을 사용했다. 옹우특기 광덕공향廣德公鄕 황곡둔黃谷屯에서 출토되었다고 알려진 옥기(**도판 283**)는 높이 16.7센티미터, 너비 7.2센티미터, 두께 1.8센티미터이다.[92] 1956년 10월 15일 심양노신미술학원에서 구입한 옥기(**도판 284**)는 높이 24.6센티미터, 너비 19.8센티미터, 무게 720그램이다.[93] 북경 국립고궁박물원에 있는 옥기는 직경이 22-24센티미터이다.[94] 전충모傳忠謨의 집에 있었다가 1996년 가을 북경 한해瀚海경매에 나왔던 옥기는 직경이 28.2

---

87 震旦藝術博物館, 앞의 책, 58쪽, 도판번호 8번.

88 위의 책, 58쪽, 도판번호 9번.

89 위의 책, 59쪽, 도판번호 10번.

90 시안시문물보호고고학연구소, 앞의 책, 71쪽, 도판번호 40.

91 孫機,「蹤體玉龍」, 田廣林·劉國祥 編, 앞의 책, 153-158쪽.

92 郭大順·洪殿旭, 앞의 책, 120쪽.

93 위의 책, 148-149쪽.

94 위의 책, 168쪽.

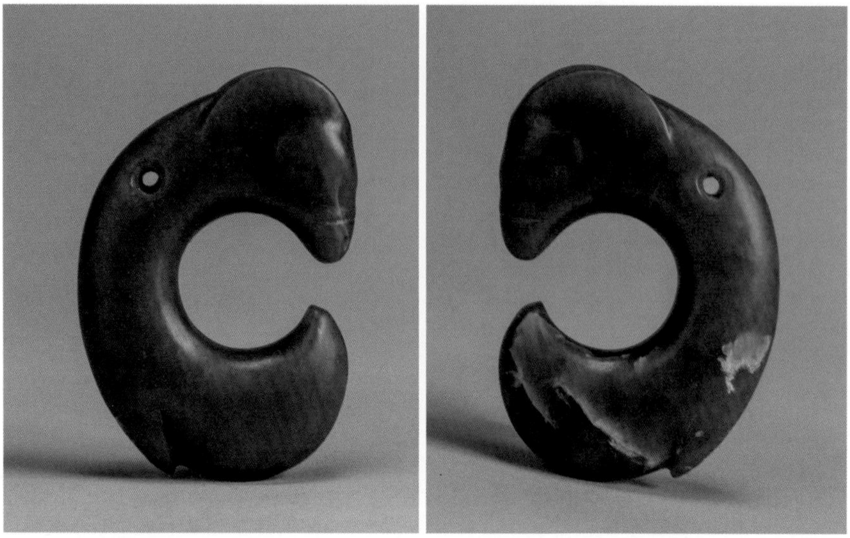

도판 71 : 초기 C형용, 높이 9.99센티미터, 너비 7.08센티미터, 두께 3.39센티미터, 홍산문화, 한국요하문명연구소 소장. 머리 앞부분이 새부리와 닮았고 몸체의 끝부분이 새의 꼬리와 닮았다. 곰이 하늘을 날아가는 모습을 조각하려고 한 것으로 보인다. 곰토템을 가진 홍산문화 사람들이 곰에 날개를 달아서 신성한 동물인 용을 만들었다는 추론이 가능하다.

센티미터, 무게가 502그램이다.[95] 다섯째, 같은 형태를 가진 옥기 중에서 비늘이 분명하게 표현된 유물이 한국홍산문화학술원에 소장되어 있다. 곰이나 돼지에 비늘이 있을 이유가 없다.

홍산옥기 중에서 용과 봉황을 나타낸 유물이 있다고 해서 홍산문화의 주인공이 중국 화하족임을 인정하는 것이 아니다. 용과 봉황을 화하족이 만들었다는 그 어떤 증거도 없다. 오히려 용은 고대 한민족의 토템 대상인 곰을 모델로 했고, 봉황은 한국의 고유종인 긴꼬리닭을 모델로 해서 한민족과 관련이 깊다.

C형용과 C형곰을 비교해 보면 C형용은 C형곰에서 나왔음을 알 수 있다. 즉, 곰토템을 가진 홍산문화 사람들이 '하늘을 날 수 있는 신령한 동물'을 생각하면서 '곰'의 모습을

95 朱宇迅, 앞의 책, 35쪽 ; 傳忠謨, 『古玉精英』, 中華書局, 1989, 20-21쪽 ; 郭大順·洪殿旭, 앞의 책, 200쪽에서 재인용.

도판 72 : 초기 C형용, 높이 10.69센티미터, 너비 6.99센티미터, 두께 2.56센티미터, 홍산문화, 한국요하문명연구소 소장. 몸은 C형곰과 닮았지만 주둥이가 튀어 나오고 C형곰의 둥근 귀 대신 뾰족한 귀가 있다. C형곰과 C형용의 중간 단계로 보이는 이러한 조각은 드물다.

도판 73 : 초기 C형용, 높이 9.86센티미터, 너비 6.27센티미터, 두께 1.63센티미터, 홍산문화, 한국요하문명연구소 소장. 머리는 C형곰과 닮았지만 주둥이가 길고 귀가 작으며 몸통은 C형곰보다 가늘어서 C형용과 유사하다. C형곰과 C형용의 중간 단계로 보인다.

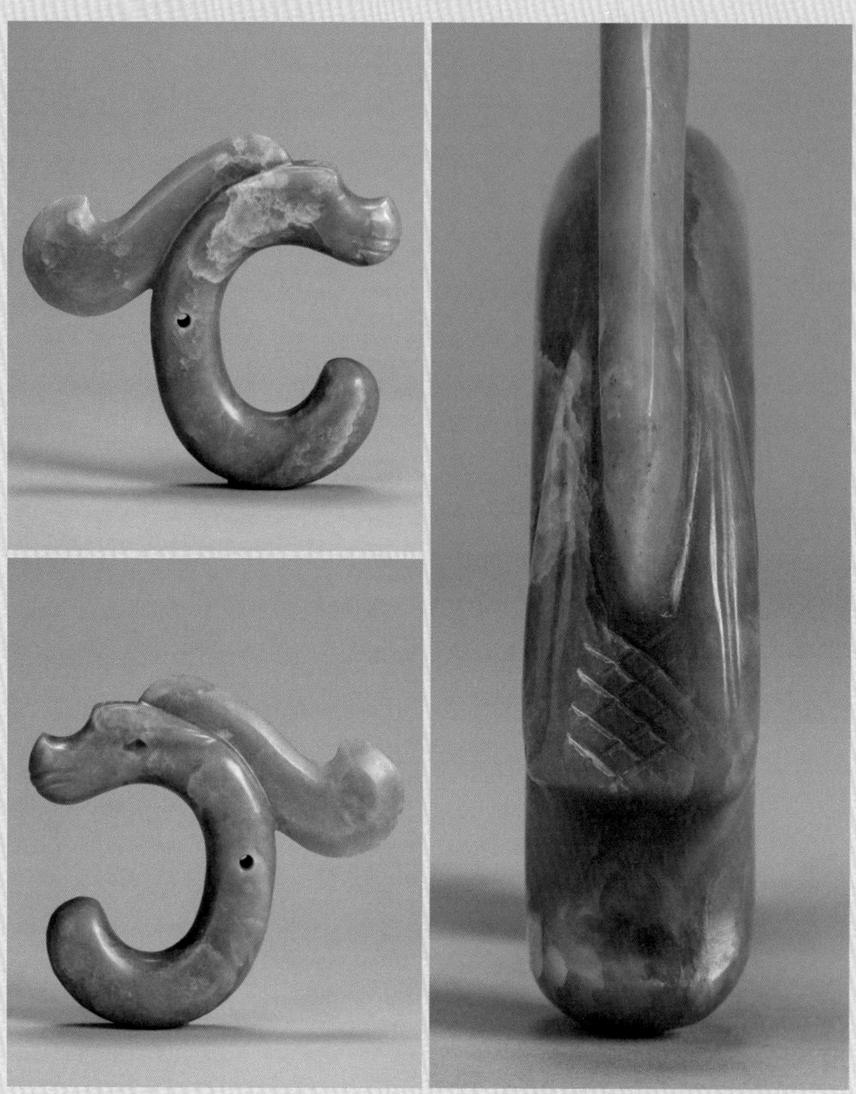

도판 74 : 초기 C형용, 높이 12.29센티미터, 너비 13.17센티미터, 두께 2.18센티미터, 홍산문화, 한국요하문명연구소 소장. 주둥이가 길고 휘날리는 머리채가 있는 등 C형용의 형태를 갖추었지만 짧고 통통하고 짧은 몸통을 가지고 있다. 진단예술박물관 소장(높이 11센티미터, 너비 9.5센티미터),[96] 양덕당 소장(높이 11.3센티미터)[97]의 C형용과 유사하다. 이마 부분에 사격자무늬가 있다.

본 따서 만든 것이 C형용이다. 도판 71 내지 74를 보면 좀더 쉽게 이해할 수 있다. 이 유물들은 C형곰과 C형용의 중간 형태를 하고 있다. 도판 71은 C형곰의 몸체인데 머리는 새와 유사하다. 도판 72는 C형곰보다 주둥이가 튀어 나왔다. 도판 73은 귀가 작고 C형용과 같이 몸통이 가는 모습을 보인다. 도판 74는 휘날리는 머리채가 있지만 몸통이 통통하고 짧다. 도판 71과 유사한 옥기(**도판 292**)가 1978년 파림우기巴林右旗 파언한소목巴彦漢蘇木 나일사대那日斯臺 유적에서 발굴되어 파림우기박물관에 소장되어 있다. 파림우기박물관에서는 이 유물을 '새 형태의 고리 모양 옥조각玉鳥形玦'이라고 하고 있다.[98] 진일민, 진앵은 이 옥기는 물론, 이와 형태가 유사한 개인 소장 옥기도 '새 모양의 옥조각玉鳥形器'이라고 소개하고 있다.[99] 머리 앞부분이 새부리와 닮았고 몸체의 끝부분이 새의 꼬리와 닮은 것 때문에 이러한 주장이 나온 것으로 보인다. 하지만 이는 C형용의 초기 형태로서 홍산문화 사람들이 신성한 동물을 상상하면서 날아가는 곰의 모습을 조각한 것으로 보인다. 그 이유는 다음과 같다. 첫째, 홍산옥기 중에서 새 조각은 상대적으로 많이 발견되는데 만일 새를 조각했다면 유사한 유물이 많이 발견되었어야 할 것이다. 그런데 도판 71과 형태가 유사한 옥기는 파림우기박물관 소장품을 포함해서 몇 점밖에 발견되지 않았다. 둘째, 홍산문화에서 새 조각은 대부분 정면 형태이다. 옆모습인 경우가 있기는 하지만 누가 보아도 새이며 이렇게 특별한 형태가 아니다. 셋째, 새라고 하기에는 도판 72, 도판 73은 귀가 지나치게 크다.

손수도도 1984년 저룡猪龍 또는 홍산문화의 수형옥기가 변해 옥룡이 나왔다고 주장했다. 형태, 표현기법, 가공기술 등을 비교해서 내린 결론이다.[100] 그후 '저룡'에서 '옥웅

96 震旦藝術博物館, 앞의 책, 54쪽, 도판번호 4.

97 위의 책, 55쪽, 도판번호 5.

98 石陽 主編,『文物載千秋 : 巴林右旗博物館文物精品荟萃』, 內蒙古人民出版社, 2012, 42쪽.

99 陳逸民·陳鶯, 앞의 책, 59-60쪽, 도판번호 60.

100 孫守道,「三成他拉紅山文化玉龍考」,『孫守道考古文集』, 179-183쪽.

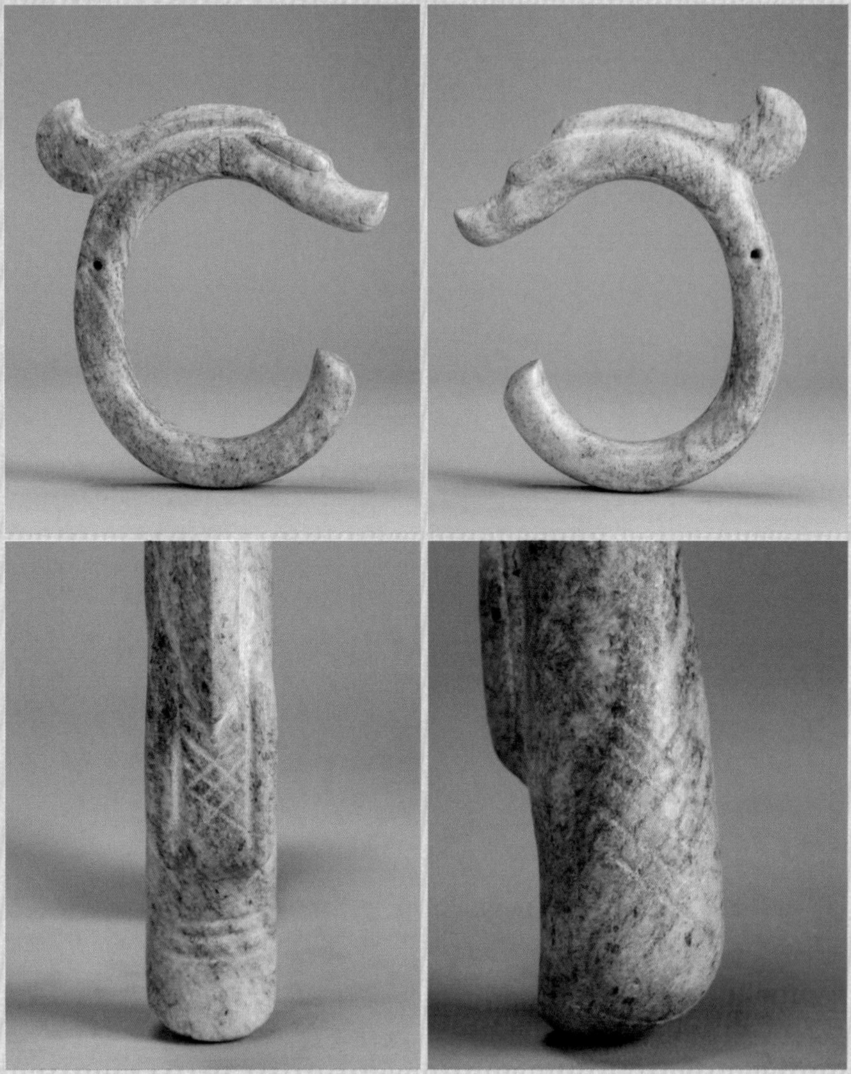

도판 75 : C형용, 높이 26.42센티미터, 너비 24.32센티미터, 두께 3.09센티미터, 홍산문화, 한국요하문명연구소 소장. 이마와 턱은 물론, 몸통의 양쪽 옆에도 사격자무늬가 있다. 이런 C형용은 유일하다.

도판 75

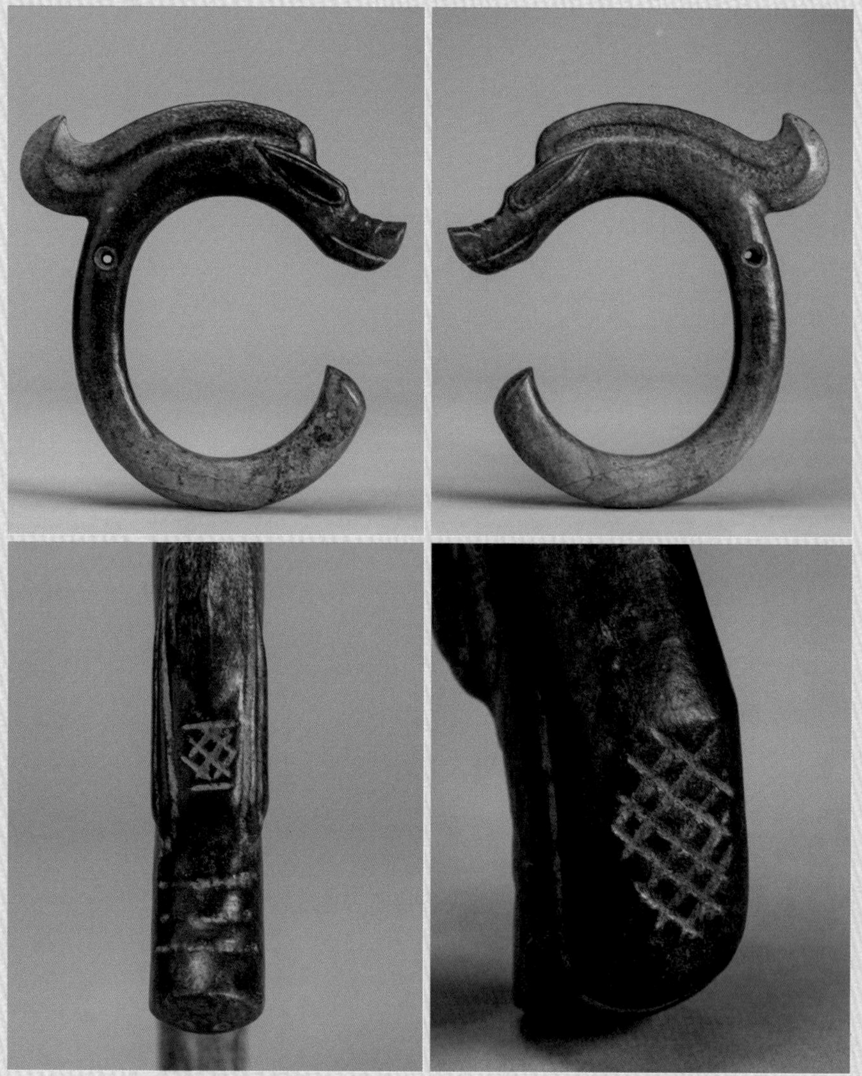

도판 76 : C형용, 높이 21.2센티미터, 너비 20.8센티미터, 두께 2.43센티미터, 홍산문화, 한국요하문명연구소 소장. 사격자무늬가 이마와 턱 부분에 새겨져 있다. 오당해(鳴棠海)가 지은 『중국고대옥기』 78쪽에 나오는 C형용 머리 조각에도 같은 위치에 사격자무늬가 있다.

도판 76

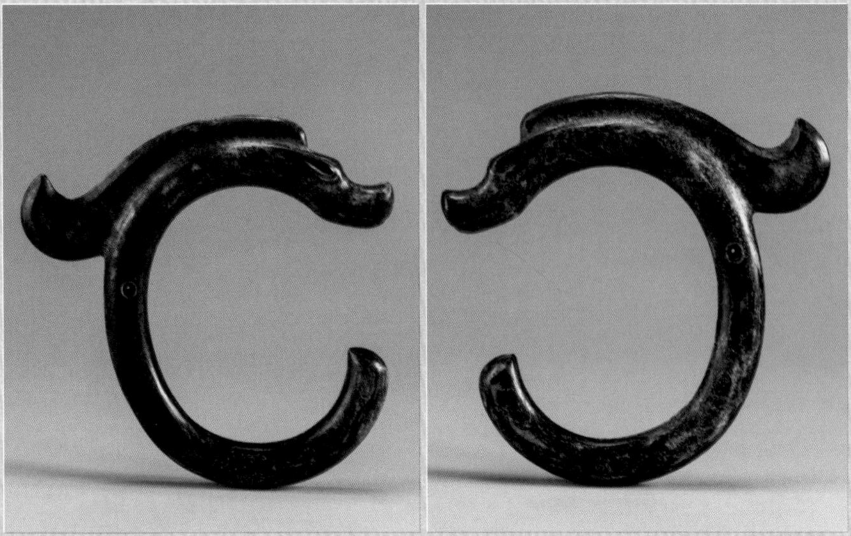

도판 77 : C형용, 높이 20.4센티미터, 너비 20.5센티미터, 두께 2.30센티미터, 홍산문화, 한국요하문명연구소 소장. 1971년 삼성타랍에서 발견된 '중화제일룡'(도판 198)과 색상, 형태, 강도에서 유사하다. 원래 검정색에 가까운 짙은 녹색의 옥인데 갈색 또는 백색으로 변화된 부분이 있다.

도판 77

도판 78-1

도판 78-2

도판 79

도판 80

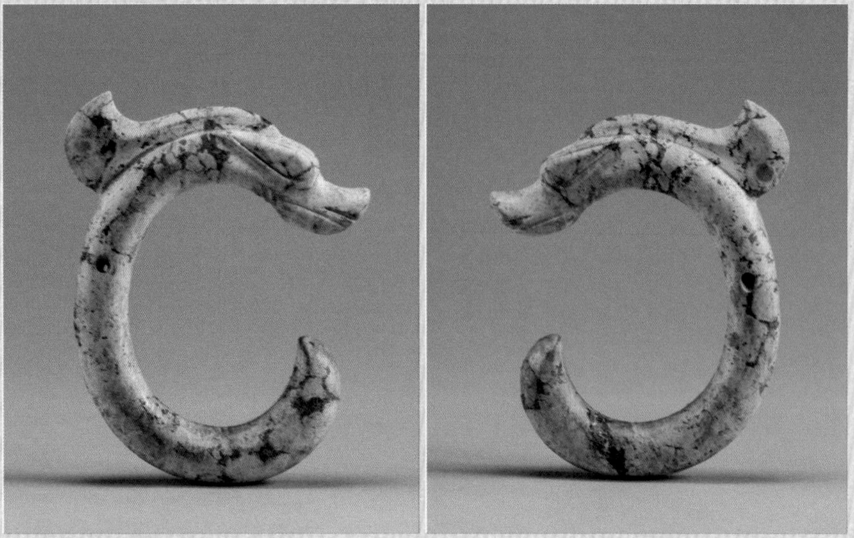

도판 78-1 : C형용 한 쌍, 높이 17.87센티미터, 너비 14.57센티미터, 두께 2.36센티미터, 홍산문화, 한국요하문명연구소 소장. 원래 어두운 녹색의 옥이 사용되었는데 칼슘화 현상이 생겼다.

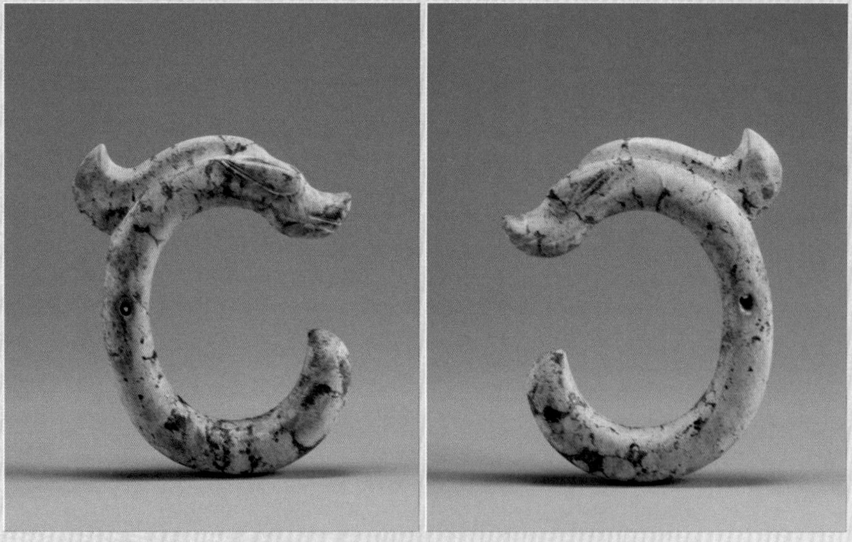

도판 78-2 : 높이 17.80센티미터, 너비 14.60센티미터, 두께 2.37센티미터, 비슷한 크기와 색을 가진 C형용(도판 199)이 진단 예술박물관에 있다. 쌍으로 된 C형용은 현재까지 유일하다.

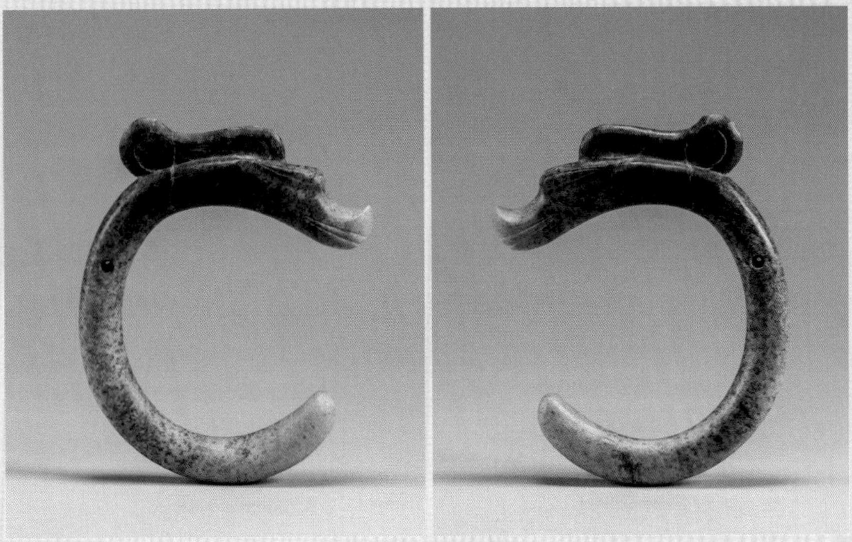

도판 79 : C형용, 높이 18.21센티미터, 너비 14.23센티미터, 두께 2.08센티미터, 홍산문화, 한국요하문명연구소 소장. 청옥을 사용했는데 오랜 시간이 흘러 부분적으로 오렌지색으로 변했다. C형용은 몸체에 구멍이 있는데 그 위치가 조금씩 다르다. 이 유물은 중간 가까이에 있다.

도판 80 : C형용, 높이 25.23센티미터, 너비 19.84센티미터, 두께 2.20센티미터, 홍산문화, 한국요하문명연구소 소장. 이빨이 표현되었고 휘날리는 머리채, 꼬리 등의 형태가 특이하다. 녹색의 옥이 대부분 주황색으로 바뀌었고 일부는 검정색으로 바뀌었다. 옥질, 형태, 조각 기법, 색의 변화로 보아 홍산문화 유물이 틀림없다. 예술적 감각이 뛰어난 장인이 특별히 만들었을 것이다.

룡'으로 입장을 바꾸고 '곰의 머리를 가진 용 옥기熊首龍形玉'라고 바꾸어 불렀다.[101] 곽대순은 1996년 홍산문화에서 용의 기원은 인간생활과 가장 밀접한 관계가 있는 돼지에서 나온 것이라고 주장했다가,[102] 곰에서 나왔다고 입장을 바꿨다.[103] 엽서헌도 용은 곰에서 나왔다고 본다.[104] 다만 손수도, 곽대순, 엽서헌은 C형곰을 '곰'이 아닌 '돼지용' 또는 '곰용'이라고 보고 있다는 점에서 내 주장과 차이가 있다. 또 손수도는 귀가 뾰족한 C형곰→귀가 둥근 C형곰→C형용으로 변화했다고 주장하고 있는데[105] 동의하기 어렵다. 첫째, 도판 48, 도판 49와 같이 귀가 뾰족한 C형곰과 귀가 둥근 C형곰이 한 쌍으로 발견되었다. 한 쌍으로 나오는 조각 중 어느 하나가 다른 하나 보다 시기적으로 앞선다고 보기 어렵다. 둘째, 홍산옥기 중에서 쌍으로 발견되는 경우는 암수 한 쌍인 경우가 많은데 도판 48, 도판 49도 그럴 가능성이 높다. 셋째, 귀의 형태가 다르다고 해서 어느 하나가 다른 하나의 변화된 모습이라는 주장은 설득력이 약하다.

101 孫守道, 「紅山文化 '玉潛神' 考」, 『孫守道考古文集』, 232-233쪽.

102 郭大順, 「猪龍與熊龍」, 275쪽.

103 郭大順, 『龍出遼河源』. 61쪽.

104 葉舒憲, 『雄圖騰 : 中華祖先神話探源』, 209쪽.

105 孫守道, 「三成他拉紅山文化玉龍考」, 182쪽.

2. 용 형태의 장식

C형용 이외에도 홍산옥기 중에서는 용으로 보이는 유물들이 발견된다. 도판 81과 도판 83은 휘날리는 머리채, 긴 주둥이, 둥근 눈을 가진, 용 형태의 장신구로서 몸통에는 세 개의 큰 구멍이 나란히 있고 작은 구멍이 별도로 하나 더 있다. 세 개의 구멍이 있는 홍산옥기들이 종종 발견되는데 홍산문화에서 3은 중요한 숫자였다. 우실하는 북방샤머니즘에서 숫자 3은 상징성을 가지고 있었고 홍산옥기에서도 나타난다고 주장한다.[106] 세 발을 가진 질그릇들이 홍산문화와 하가점하층문화 유적에서 많이 발견된다.

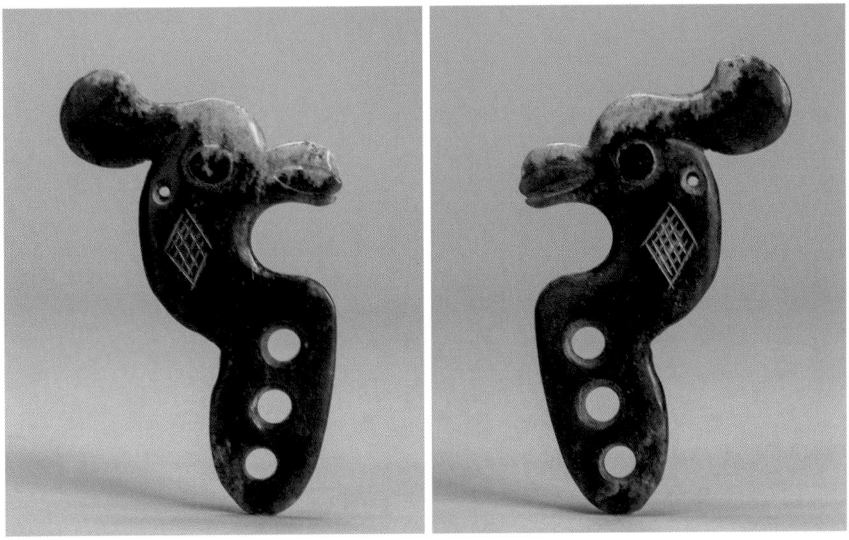

도판 81 : 용 모양의 장신구, 높이 13.32센티미터, 너비 9.33센티미터, 두께 0.91센티미터, 홍산문화, 한국요하문명연구소 소장. 홍산옥기 중에는 C형용 이외에도 용을 형상화한 것들이 많다. 양쪽면 눈 밑부분에 사격자무늬가 있다. 홍산문화 사람들은 용을 무섭지 않고 친근하게 그려냈다.

106 우실하, 『3수 분화의 세계관』, 소나무, 2012, 41-42쪽.

도판 82 : 백자 철화 구름 용무늬 항아리, 높이 31.3센티미터, 입지름 18.7센티미터, 바닥지름 14.8센티미터, 17세기, 조선, 국립중앙박물관 소장. 한민족에 있어서 용의 모습은 영험하고 신비하고 두려운 존재가 아니라 언제든지 곁에 두고 함께 놀고 싶은 친구 같은 존재이다. 이런 미감은 홍산옥기 용조각에서도 발견된다.

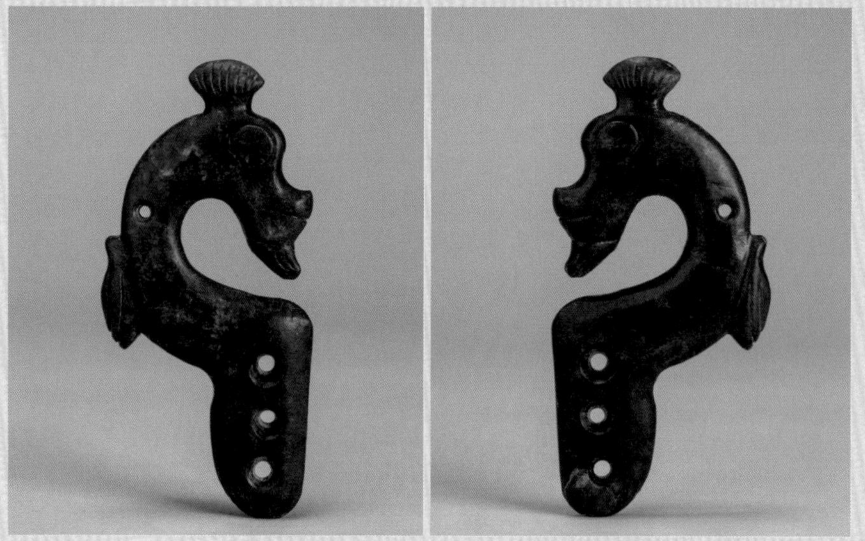

도판 83 : 용 모양의 장신구, 높이 15.85센티미터, 너비 8.07센티미터, 두께 1.39센티미터, 홍산문화, 한국요하문명연구소 소장. 세 개의 구멍이 뚫려 있는데 3은 북방 샤머니즘에서 중요한 숫자이다. 진일민과 진앵은 이와 유사한 조각을 두고 봉황이라고 주장하는데[107] 뾰족한 부리가 없고 긴 주둥이로 미루어 용으로 보인다. 이 유물이 용인지 봉황인지에 대해 의견이 엇갈릴 정도로 홍산옥기에서 봉황의 수컷인 '봉(鳳)'의 형태는 용과 크게 다르지 않다.

---

107 陳逸民·陳鶯, 앞의 책, 182쪽, 도판번호 204.

3. 용옥패

다른 시대와 구별되는 홍산옥기 중 하나가 옥패이다. 곽대순은 옥패를 옥룡, 사구통형옥기와 함께 홍산옥기 중 대표성을 가지는 3대 유물로 꼽는다.[108] 곽대순이 말하는 옥룡은 C형용, C형곰을 포함한다. 옥패는 홍산옥기 중에서 많이 발견되는 유물 중 하나이다. 홍산문화는 신석기 또는 동석병용시대에 속하지만 수준 높은 미적 감각과 뛰어난 기술력을 가지고 있어서 훌륭한 옥기들을 만들었다. 그 중에서도 옥패는 최고봉이라고 할 수 있다. 다른 옥기와 달리, 사실적으로 만들지 않고 추상화했기 때문에 조형이 다양하고 자유로우며 상상력이 드러난다. 홍산옥기 옥패는 꽤 큰 경우에도 전체적으로 얇은데 이렇게 만들려면 좋은 옥을 사용해야 하고 기술이 뛰어나야 한다.

옥패는 주로 뭉게구름처럼 생긴 둥근 갈고리가 있어서 '구운형 옥패勾雲形 玉佩'라고 불리는 것들이 대부분이다. 그 중에서 중간에 두 개의 둥근 갈고리, 동물의 눈처럼 보이는 구멍, 아랫부분에 동물의 이빨처럼 생긴 부분이 있는 옥패를 '수형문 옥패獸形紋 玉佩'라고 부른다. 여기서는 논의의 편의상 일단 '구운형 옥패'와 '수형문 옥패'로 부르기로 한다.

속칭 '구운형 옥패'와 속칭 '수형문 옥패'가 무엇을 형상화한 것인지에 대해 의견이 나뉜다. 크게 ① 새라는 주장, ② 동물 얼굴이라는 주장, ③ 새와 동물 등의 결합이라는 주장, ④ 구름이라는 주장, ⑤ 용이라는 주장으로 나눌 수 있다. ① 새라는 주장은 근거가 다양하다. 『중국옥기전집1 원시사회』에서는 옥패의 양쪽에 있는 네 개의 톱니바퀴처럼 생긴 부분에 주목한다. 양쪽에 네 개의 새 머리가 있고 새의 몸통은 굽은 형태이며 중간에 구름형 구멍이 있으며 새의 꼬리가 서로 만나고 새의 주둥이는 날카롭고 길다고 한다.[109] 중국학자 우인덕尤人德은 거기에 더하여 좌우대칭기법은 새 두 마리를 나타내며 머

108 郭大順, 「紅山文化勾雲形玉佩研究」, 『郭大順考古文集 上』, 96쪽.

109 楊伯達 主編, 『中國玉器全集 上 : 原始社會-春秋·戰國』, 河北美術出版社, 2005, 12쪽.

리 위에 새 깃털의 관이 있다고 주장한다.[110] 중국학자 등숙빈鄧淑蘋은 중간 부분의 말아 올린 갈고리와 두 개의 구멍에 주목하면서 그 구멍이 봉황의 눈이라고 주장한다.[111] ② 동물의 얼굴이라는 주장은 엘리자베스 차일즈 존슨Elizabeth Childs-Johnson에 의해 제기되었는데 존슨은 등숙빈의 주장을 인용하면서 두 눈으로 정면을 보고 있는 것은 동물의 얼굴이라고 주장했다. 그는 양쪽 측면의 둥근 갈고리가 홍산문화의 옥룡과 관련이 있다고 보았다.[112] ③ 새와 동물이 결합되어 있다는 주장은 토템신의 관점에서 분석하고 있다. 선과 각이 물신숭배와 관련이 있다고 본다. 네 개의 뿔과 굽은 갈고리는 새의 머리와 부리를 닮았다고 본다.[113] ④ 구름이 움직이는 모습이라는 주장은 갑골문에서 "云(**구름 운**)"은 원시종교 자연숭배를 의미하는 것이었다고 본다. '云'자는 감기고 말려 있는 뭉게구름을 본 뜬 글자이다.[114] 하늘에 둥실둥실 떠 있는 뭉게구름의 모습을 보고 구름이라고 표현했다. '云'자에 대하여 시라카와 시즈카白川 静는 허공을 떠도는 구름雲에는 정령이 있는데, 그것은 용龍 모습을 하였다고 말했다. '雲'자의 처음 글자는 '云'인데 云의 자형은 구름 기운이 감도는 아래에 용이 꼬리를 말고 있는 형태를 나타낸다고 하였다. 중국학자들이 이 옥패를 갈고리형의 구름 옥패라고 부르는 이유는 갈고리와 구름을 닮았고, 구름은 농경문화에서 비를 가져오는 의미를 가졌기 때문일 것이다.[115] ⑤ 용이라는 주장은 곽대순이 대표적이다. 곽대순은 사해문화 토기의 용무늬, 홍산문화 토기의 구운형 무늬, 홍산문화 채도의 용무늬, 대전자 묘지 M371에서 출토된 채회도기의 용무늬, 상나라 동접시 밑부분의 용무늬 등을 비교한 후 속칭 '구운형 옥패'의 중간 부분의 말아 올린 부분

110 尤人德, 「兩件史前玉器硏究」, 『故宮博物月刊』 第114期, 1992年 ; 郭大順, 「紅山文化勾雲形玉佩硏究」, 101쪽에서 재인용.

111 鄧淑蘋, 「龍兮? 鳳兮?- 一由兩件新公布的紅山玉器談起」, 『故宮博物月刊』 第114期, 1992年 ; 郭大順, 「紅山文化勾雲形玉佩硏究」, 101쪽에서 재인용.

112 위의 논문.

113 陸思賢, 「勾雲形玉佩的形狀結構及寓意的思想內容」, 『內蒙古東部區考古學文化硏究文集』, 海洋出版社, 1991, 24-32쪽 ; 郭大順, 「紅山文化勾雲形玉佩硏究」, 101-102쪽에서 재인용.

114 郭大順, 「紅山文化勾雲形玉佩硏究」, 102-103쪽.

115 이찬구, 앞의 책, 262-263쪽.

은 용에서 온 것이라고 주장했다.[116] 곽대순에 따르면 속칭 '구운형 옥패'는 왕권의 상징, 군권 및 신권과 결합된 왕권의 상징, 장미꽃과 용의 결합 및 연속이라는 세 가지 의미를 가진다.[117] 중국의 양건방楊建芳은 속칭 '구운형 옥패'를 사실적 구운형 옥패, 간략화된 구운형 옥패, 추상적 구운형 옥패로 나눈다. 사실적 구운형 옥패는 용의 위와 아래 턱, 긴 몸체, 굽은 꼬리, 네 개의 다리를 형상화한 것이고, 간략화된 구운형 옥패에는 용의 위턱과 굽은 꼬리와의 경계가 없어졌지만 위턱과 꼬리가 남아 있으며, 추상적 구운형 옥패는 용의 머리, 턱과 꼬리가 없어졌다고 한다.[118]

속칭 '구운형 옥패', 속칭 '수형문 옥패' 모두 용을 형상화한 것이다. 그 이유는 다음과 같다. 첫째, 속칭 '구운형 옥패'의 양쪽 측면의 둥근 갈고리와 중간 부분의 둥근 갈고리는 용의 주둥이, 꼬리를 닮았고 중간 부분은 용의 길고 굽이치는 몸체와 닮았다. 도판 84, 도판 85를 보면 용의 형태가 완연해서 좀더 쉽게 알 수 있다. 둘째, 도판 105를 보면 속칭 '수형문 옥패'도 용의 형태를 변형해서 만든 것임을 알 수 있다. 셋째, 속칭 '수형문 옥패'의 아래를 향해 뻗은 부분은 곰의 이빨 생김새와 닮았다. 돼지나 호랑이 등의 이빨은 이와 다르다. 이러한 형태는 일부 속칭 '구운형 옥패' 중에도 있다. 속칭 '수형문 옥패'에서 두 눈으로 정면을 보고 있는 동물은 눈이 둥글고 코와 가까이 있어서 곰으로 보인다. 양쪽 측면의 굽은 갈고리도 곰의 둥근 모습과 닮았다. C형용이 C형곰을 기초로 해서 형태가 만들어진 사실을 감안하면 곰을 닮았다는 것은 결국 용을 형상화했다는 중요한 근거가 된다. 넷째, 옥패는 홍산옥기 중에서 가장 크면서도 가장 얇아서 고급 옥을 사용했을 뿐만 아니라 고도의 기술과 정성을 들여서 만들었다. 한 예로 우하량유적 2지점 1호총 27호 무덤에서 발굴된 옥패는 길이가 28.6센티미터인데, 두께는 0.6센티미터이다.[119] 그렇다면 옥패는 숭배의 대상을 나타낸 것일 가능성이 높다. 그런데 홍산문화 시기에 구름을 숭배할 정도로 중요하게 여겨졌다는 증거가 없다. 전체적으로 석제 농기구

116 郭大順, 「紅山文化勾雲形玉佩研究」, 103-106쪽.

117 위의 논문, 109-110쪽.

118 楊建芳, 「紅山文化玉彫伍題」, 田廣林·劉國祥 編, 앞의 책, 175-176쪽.

119 朱宇迅, 앞의 책, 91쪽.

가 발달하지 않았고 경작지를 세작細作할 때 사용되는 삽이나 호미 등이 전혀 보이지 않는다. 수렵이나 목축에 견주어 상대적으로 농업이 발달하지 못한 단계의 사회로 추정된다.[120] 복기대는 기후 조건을 고려하면 홍산문화 시기에는 초지가 발달했을 것으로 보여서 목축이 가장 큰 기반이고 농사를 지을 수 있는 공구들이 발전하지 않아서 농사는 거주지 주변에서 필요한 만큼을 생산하는 데 주력하는 정도였을 것으로 본다.[121] 농경이 시작되었지만 농경이 주된 생산수단도 아니었기 때문에 비를 부르는 의미에서 구름을 매우 중요하게 생각했다고 보기 어렵다. 다섯째, 속칭 '구운형 옥패'는 우하량유적에서 보듯이 중심대묘 등에서 주로 나오고 피장자의 가슴 부위에 있거나 큰 옥패의 경우에는 머리맡에 있다. 이는 강력한 권력자가 소유하던 중요한 유물이라는 것을 의미한다. 구름은 물론, 새가 그 정도의 중요성을 가진다고 보기는 어렵다. 그래서 속칭 '구운형 옥패'와 속칭 '수형문 옥패'는 용을 형상화한 것이며 실체에 맞게 모두 '용옥패'라고 부르는 것이 타당하다.

---

120 한창균 엮음, 앞의 책, 270-271쪽.

121 복기대, 앞의 책, 335-336쪽.

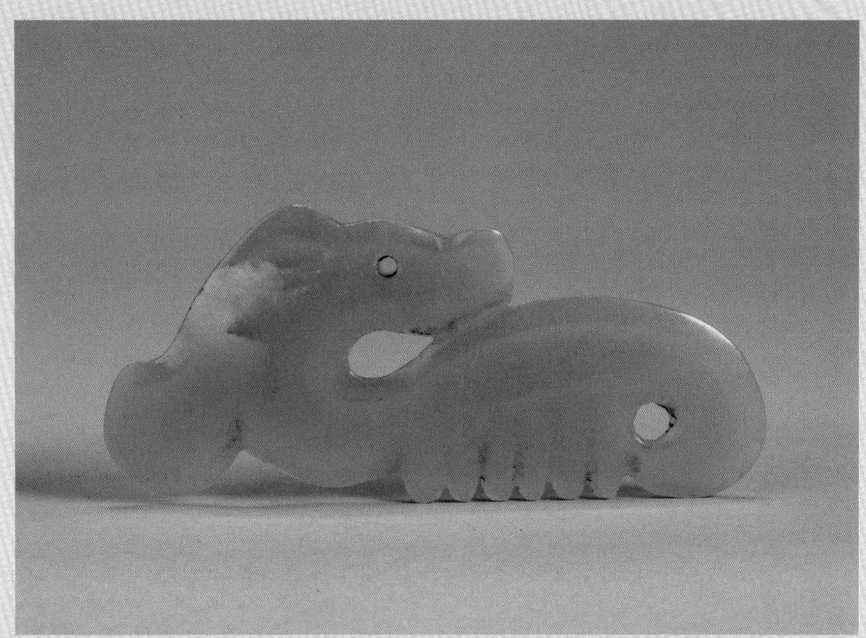

도판 84 : 용옥패, 길이 5.0센티미터, 너비 11.62센티미터, 두께 0.52센티미터, 홍산문화, 한국요하문명연구소 소장. 주둥이, 휘날리는 머리채, 몸통, 꼬리 등 완연한 용의 모습이다. 속칭 '구운형 옥패'가 용을 형상화한 것이라는 증거가 된다.

도판 85 : 용옥패, 길이 8.39센티미터, 너비 7.81센티미터, 두께 0.68센티미터, 홍산문화, 한국요하문명연구소 소장. 용 한 마리를 S자 형태로 배치했다. 속칭 '구운형 옥패'는 이런 옥패에서 발전한 것으로 보인다.

도판 86 : 용옥패, 길이 7.63센티미터, 너비 8.63센티미터, 두께 0.47센티미터, 홍산문화, 한국요하문명연구소 소장. 연두색 옥이 사용되었는데 부분적으로 갈색으로 변화한 곳이 있다. 표면 전체에 광택이 있다.

도판 87 : 용옥패, 길이 9.60센티미터, 너비 14.56센티미터, 두께 0.61센티미터, 홍산문화, 한국요하문명연구소 소장. 녹색의 옥인데 부분적으로 검정, 갈색, 흰색 등으로 변했다. 홍산옥기 중에서 가장 다양한 형태를 보이는 것이 용옥패이다.

도판 88 : 용옥패, 길이 5.04센티미터, 너비 8.01센티미터, 두께 0.36센티미터, 홍산문화, 한국요하문명연구소 소장. 중간 윗부분에 구멍이 뚫려 있다. 양쪽 측면의 둥근 갈고리 네 개 중 두 개는 같고 나머지는 서로 다르다. 홍산옥기 중에서 특히 경도가 높은 옥을 사용했다. 유사한 용옥패가 우하량유적 2지점 1호총 24호 무덤, 5지점 1호총 1무덤에서 출토되었다.

도판 89-1 : 용옥패 한 쌍, 길이 6.28센티미터, 너비 12.00센티미터, 두께 0.58센티미터, 홍산문화, 한국요하문명연구소 소장.

도판 89-2 : 길이 6.45센티미터, 너비 12.03센티미터, 두께 0.57센티미터. 작은 옥패는 이처럼 위에 구멍이 없는 경우가 종종 있다.

도판 90-1

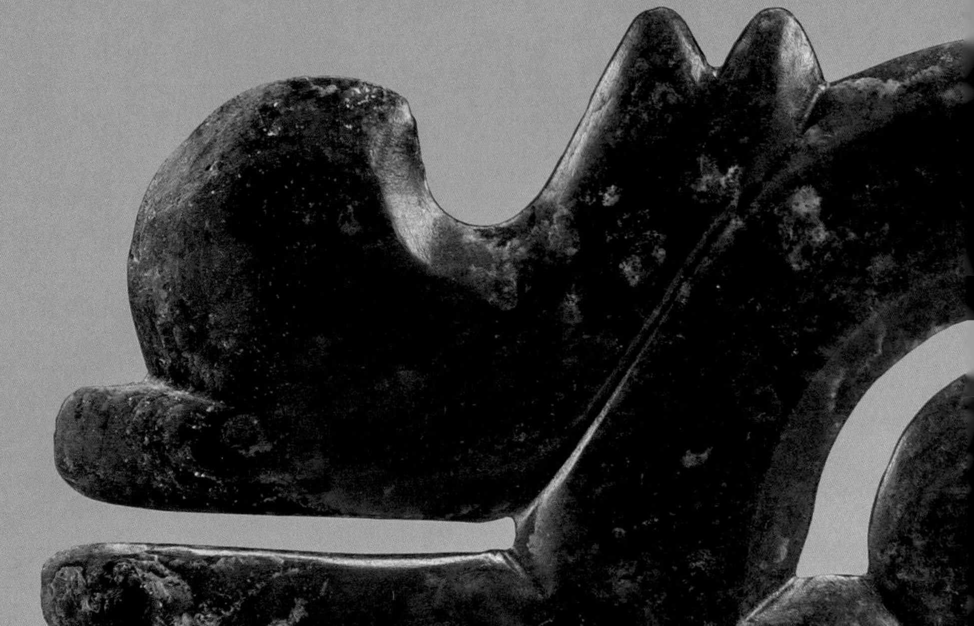

도판 90-2

도판 90-1 : 용옥패 한 쌍, 길이 14.04센티미터, 너비 32.23센티미터, 두께 0.59센티미터, 홍산문화, 한국요하문명연구소 소장. 양쪽 위와 아래의 네 개의 둥근 갈고리는 용의 주둥이, 가운데 둥근 갈고리는 용의 꼬리로 보인다. 우하량유적 2번 지점 1호총 14호 무덤에서 출토된 옥패, 1940년대 수집되어 요녕성박물관에 소장되어 있는 옥패[122]와 전체적인 형태가 비슷하다.

122 郭大順·洪殿旭, 앞의 책, 90-91쪽.

도판 90-2 : 길이 15.34센티미터, 너비 27.35센티미터, 두께 0.88센티미터. 옥은 원래 짙은 녹색인데 일부가 갈색으로 변했다. 홍산문화의 옥패 중에서 특별히 크고 두껍다. 유사한 옥패들이 우하량유적 2지점 1호총 14호 무덤에서 출토되었다.

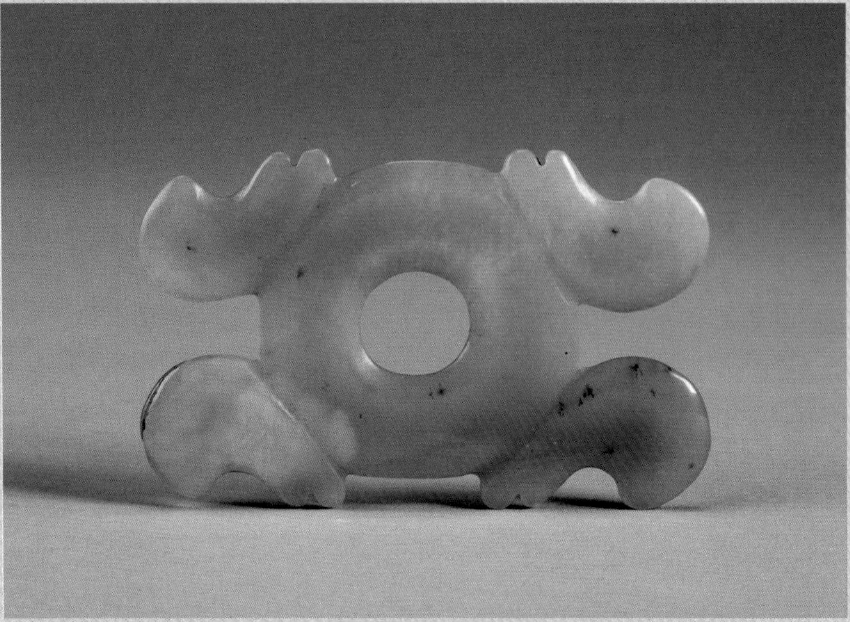

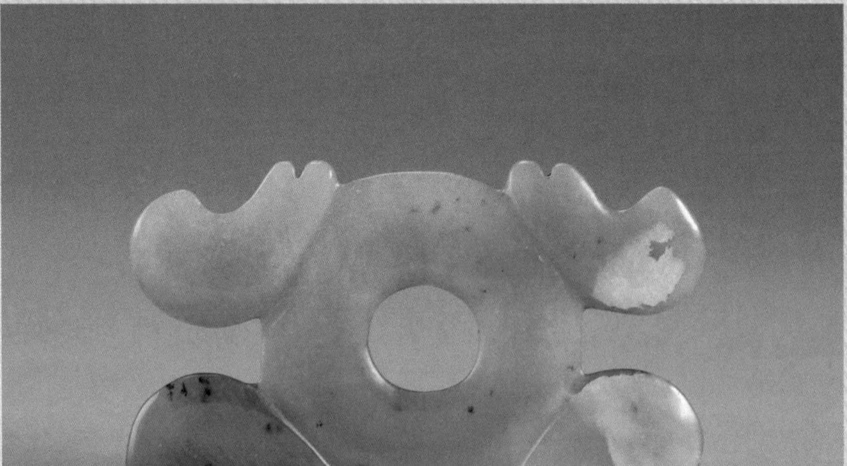

도판 91 : 용옥패, 길이 5.01센티미터, 너비 8.06센티미터, 두께 0.39센티미터, 홍산문화, 한국요하문명연구소 소장. 양쪽 측면의 둥근 갈고리 네 개가 정확히 균형을 이루고 있고 윗부분에 구멍이 없다. 추상화된 형태의 옥패이다. 홍산옥기 중에서 경도가 높은 옥을 사용했다. 유사한 옥패가 우하량유적 2지점 1호총 21호 무덤에서 발굴되었다.

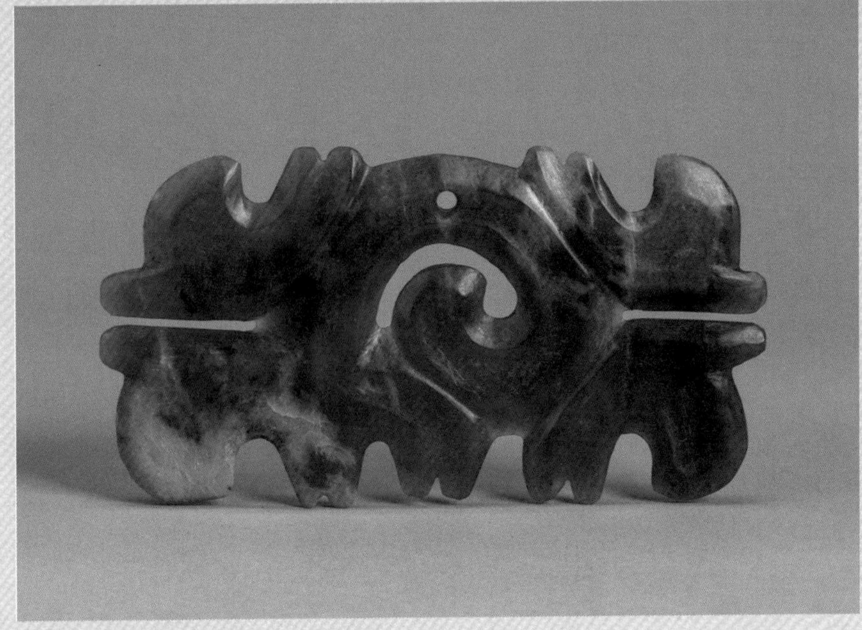

도판 92 : 용옥패, 길이 6.39센티미터, 너비 11.98센티미터, 두께 0.53센티미터, 홍산문화, 한국요하문명연구소 소장. 녹색의 옥으로 일부 검정색 반점이 있고 칼슘화 현상이 생겼다. 속칭 '구운형 옥패'에 속하지만 속칭 '수형문 옥패'와 유사하게 동물의 이빨처럼 생긴 부분도 있다.

도판 93 : 용옥패, 길이 5.53센티미터, 너비 10.15센티미터, 두께 0.64센티미터, 홍산문화, 한국요하문명연구소 소장. 연한 녹색의 옥에서 칼슘화 현상이 나타났다. 위쪽에 구멍이 뚫려 있다. 위와 아래 끝의 갈고리는 용의 주둥이, 가운데 둥근 갈고리는 용의 꼬리로 보인다. 유사한 용옥패가 우하량유적 2지점 1호총 24호 무덤에서 발견되었다.

도판 94 : 용옥패, 길이 6.37센티미터, 너비 9.25센티미터, 두께 0.56센티미터, 홍산문화, 한국요하문명연구소 소장. 중간 부분에 둥근 갈고리를 표현하면서 구멍을 아주 작게 만들었다.

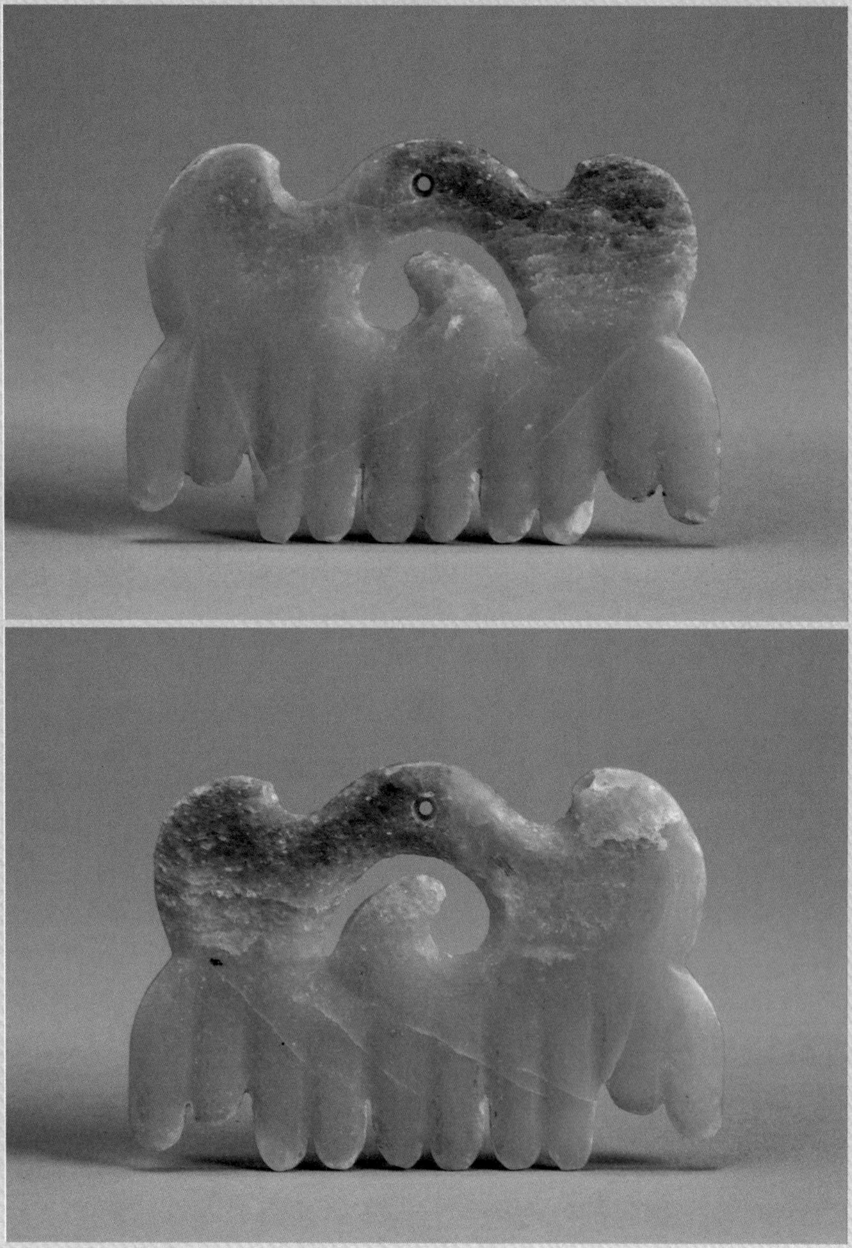

도판 95 : 용옥패, 길이 6.04센티미터, 너비 9.16센티미터, 두께 0.49센티미터, 홍산문화, 한국요하문명연구소 소장. 연한 녹색의 옥인데 부분적으로 검정색으로 변했다.

도판 96 : 용옥패, 길이 9.31센티미터, 너비 11.27센티미터, 두께 0.77센티미터, 홍산문화, 한국요하문명연구소 소장. 단순한 형태로서 구상보다는 추상에 가깝다. 표면 전체에 걸쳐 칼슘화 현상이 나타났다. 우하량유적 5지점 1호총 1호 무덤에서 출토된 옥패와 유사하다.

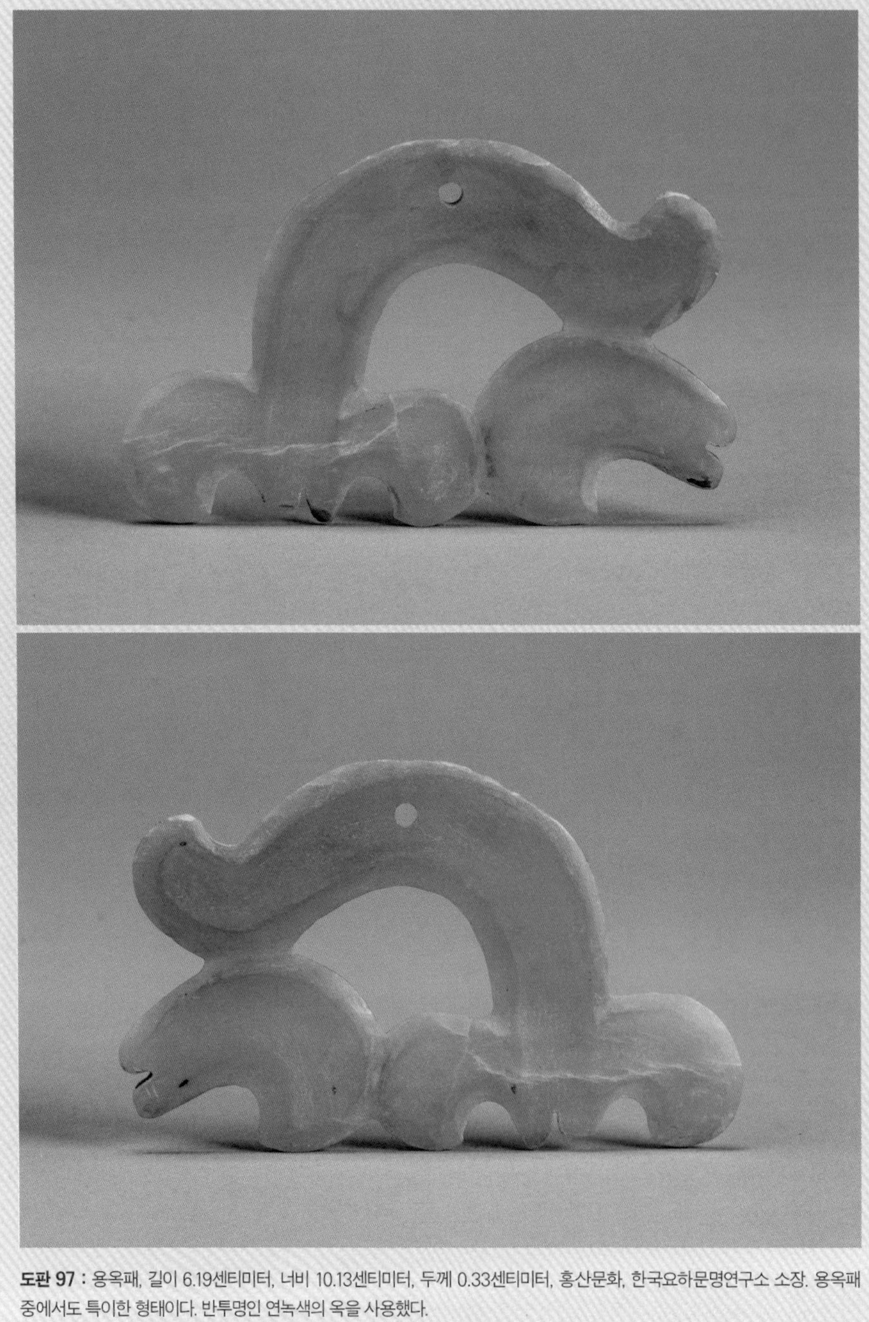

도판 97 : 용옥패, 길이 6.19센티미터, 너비 10.13센티미터, 두께 0.33센티미터, 홍산문화, 한국요하문명연구소 소장. 용옥패 중에서도 특이한 형태이다. 반투명인 연녹색의 옥을 사용했다.

도판 98 : 용옥패, 길이 6.80센티미터, 너비 17.75센티미터, 두께 0.71센티미터, 홍산문화, 한국요하문명연구소 소장. 큰 틀에서는 일반적인 용옥패의 형태이지만 독특한 디자인이다.

도판 99 : 용옥패, 길이 5.99센티미터, 너비 13.53센티미터, 두께 0.75센티미터, 홍산문화, 한국요하문명연구소 소장. 연한 녹색의 옥이 사용되었다. 가운데 갈고리 및 좌우가 비대칭이어서 자유분방하고 활달한 느낌을 준다.

도판 100 : 용옥패, 길이 7.62센티미터, 너비 14.93센티미터, 두께 0.64센티미터, 홍산문화, 한국요하문명연구소 소장. 홍산옥기 옥패중에는 이처럼 좌우가 정확히 대칭을 이루는 형태가 많다.

도판 101-1 : 용옥패 한 쌍, 길이 8.33센티미터, 너비 21.72센티미터, 두께 0.63센티미터, 홍산문화, 한국요하문명연구소 소장. 서로 다른 모습의 용옥패가 한 쌍을 이룬다.

도판 101-2 : 길이 8.82센티미터, 너비 21.37센티미터, 두께 0.49센티미터.

도판 102

도판 102 : 용옥패, 길이 10.93센티미터, 너비 34.45센티미터, 두께 1.03센티미터, 홍산문화, 한국요하문명연구소 소장. 진한 녹색의 옥이 사용되었고 끝부분에 노란색으로 변화된 부분이 있다. 현재까지 알려진 홍산문화 옥패 중에서 가장 크다. 양덕당 소장의 옥패[123] 와 형태가 유사하다.

---

123 위의 책, 191쪽, 도판번호 135번.

도판 103 : 용옥패, 길이 7.14센티미터, 너비 16.67센티미터, 두께 0.61센티미터, 홍산문화, 한국요하문명연구소 소장. 짙은 녹색의 옥에 부분적으로 칼슘화 현상이 나타났다. 가운데 굽은 갈고리가 세 개 있다. 용옥패는 가운데 갈고리의 숫자를 기준으로 나눌 수 있는데 한 개, 두 개, 세 개가 있다.

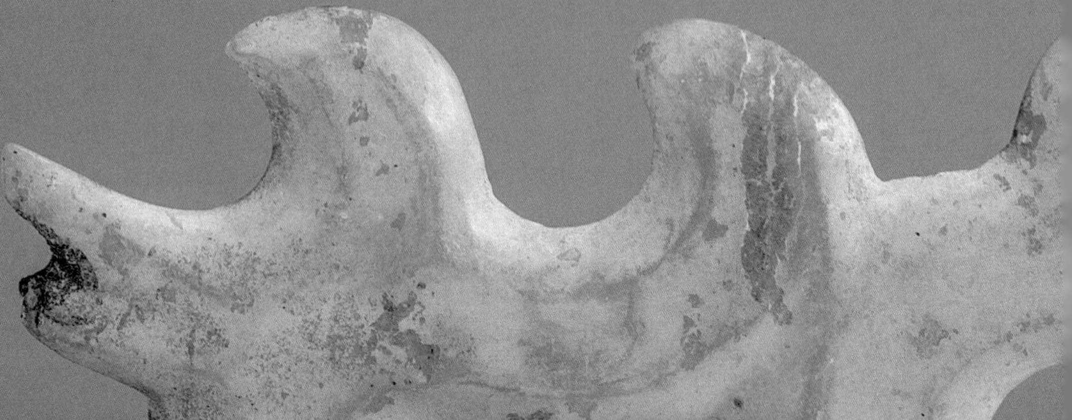

도판 104-1

도판 104-1 : 용옥패 한 쌍, 길이 7.28센티미터, 너비 17.7센티미터, 두께 0.69센티미터, 홍산문화, 한국요하문명연구소 소장. 용 여러 마리가 함께 있는 모습이다. 연두색 옥에 칼슘화 현상이 표면 전체에 생겨서 신비로운 느낌을 준다.

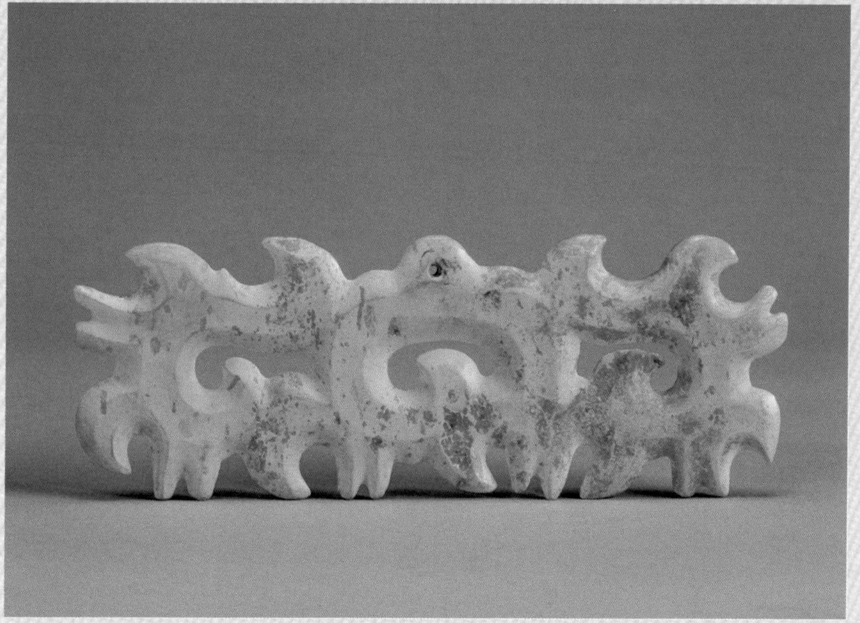

도판 104-2 : 길이 6.54센티미터, 너비 17.9센티미터, 두께 0.60센티미터.

옥패 중에서 속칭 '구운형 옥패'가 다수를 차지하지만 그 다음으로 많은 것이 속칭 '수형문 옥패'로 불리는 옥패이다. 양쪽 측면의 둥근 갈고리가 용의 주둥이, 꼬리, 몸체를 표현하는 것은 속칭 '구운형 옥패'와 같다. 밑부분의 수직으로 아래를 향하는 부분은 곰의 날카로운 이빨을 닮았고 중간에 있는 두 개의 구멍은 곰의 둥근 눈을 닮았다. 도판 105 내지 110을 보면 용의 이빨도 곰의 이빨 모양을 따라 만들었음을 알 수 있다. 즉, '수형문 옥패'도 용을 형상화했다.

도판 105 : 용옥패, 길이 5.28센티미터, 너비 10.10센티미터, 두께 0.47센티미터, 홍산문화, 한국요하문명연구소 소장. 용 2마리가 왼쪽과 오른쪽으로 머리를 향하고 있고 가운데에도 용이 정면을 응시하고 있다. 여러 개의 시점이 동시에 한 조각에 나타나는 것이 홍산옥기의 특징 중 하나이다. 진단예술박물관과 개인 소장으로 용 2마리가 함께 있는 홍산옥기가 있다.[124] 속칭 '수형문 옥패'는 이런 옥패가 발전한 것으로 보인다.

124 震旦藝術博物館, 앞의 책, 58쪽, 도판번호 8, 9.

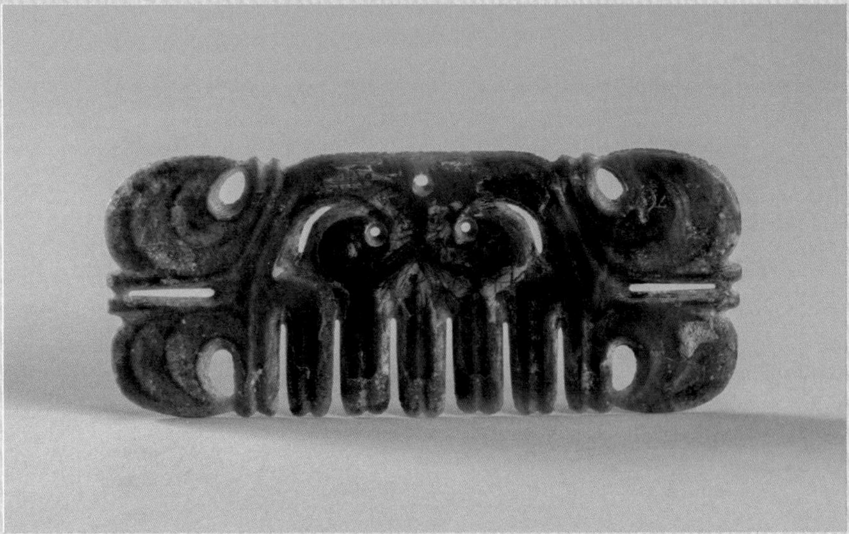

도판 106 : 용옥패, 길이 5.82센티미터, 너비 13.65센티미터, 두께 0.54센티미터, 홍산문화, 한국요하문명연구소 소장. 연한 녹색의 옥인데 일부 칼슘화 현상이 있다. 양쪽 측면의 네 개의 둥근 갈고리는 용의 주둥이로 보이고 두 개의 작은 구멍은 곰의 눈으로 보인다. 아래쪽을 향한 일곱 개의 긴 부분은 곰의 이빨을 닮았다. 자세히 보면 몸 전체에 걸쳐 얇은 가로 선이 있다. 우하량유적 2지점 1호총 21호 무덤, 27호 무덤, 파림우기 사간락소목(査干諾蘇木)에서 발굴된 옥패[125]와 유사한 형태이다.

125 郭大順·洪殿旭, 앞의 책, 119쪽.

도판 107 : 용옥패, 길이 6.44센티미터, 너비 17.37센티미터, 두께 0.59센티미터, 홍산문화, 한국요하문명연구소 소장. 속칭 '수형문 옥패'의 전형적인 형태로서 이빨이 촘촘하다.

도판 108 : 용옥패, 길이 8.45센티미터, 너비 22.45센티미터, 두께 0.39센티미터, 홍산문화, 한국요하문명연구소 소장. 넓이에 비해 매우 얇은데 이런 옥패를 만들려면 품질 좋은 옥을 사용해야 하고 고도의 기술도 필요하다. 양덕당 소장 옥패[126]와 유사하다.

---

126 震旦藝術博物館, 앞의 책, 166-167쪽, 도판번호 110, 111.

도판 109 : 용옥패, 길이 8.68센티미터, 너비 21.62센티미터, 두께 0.34센티미터, 홍산문화, 한국요하문명연구소 소장. 이빨 사이의 간격이 넓어서 속칭 '수형문 옥패' 중에서는 드문 형태이다. 속칭 '수형문 옥패'의 형태는 속칭 '구운형 옥패'만큼 다양하지 않다.

도판 110-1 : 용옥패 한 쌍, 길이 5.61센티미터, 너비 13.76센티미터, 두께 0.53센티미터, 홍산문화, 한국요하문명연구소 소장. 형태와 색의 변화가 거의 유사한 옥패 두 개가 한 쌍을 이루고 있다.

도판 110-2 : 길이 5.51센티미터, 너비 13.46센티미터, 두께 0.47센티미터.

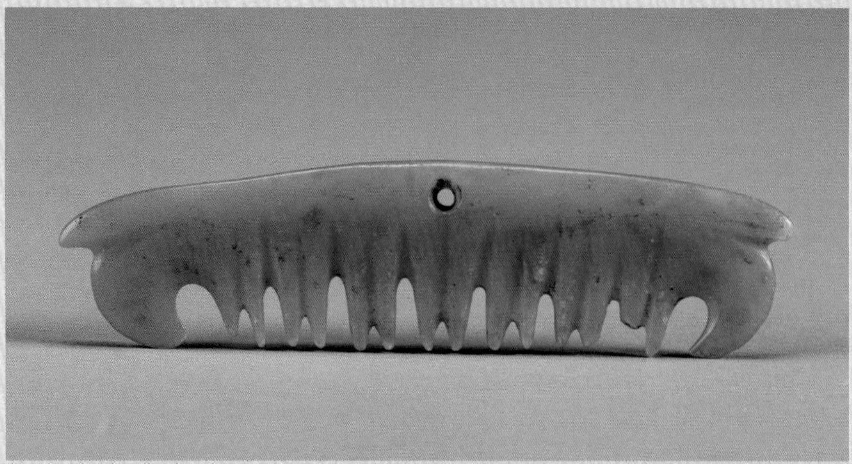

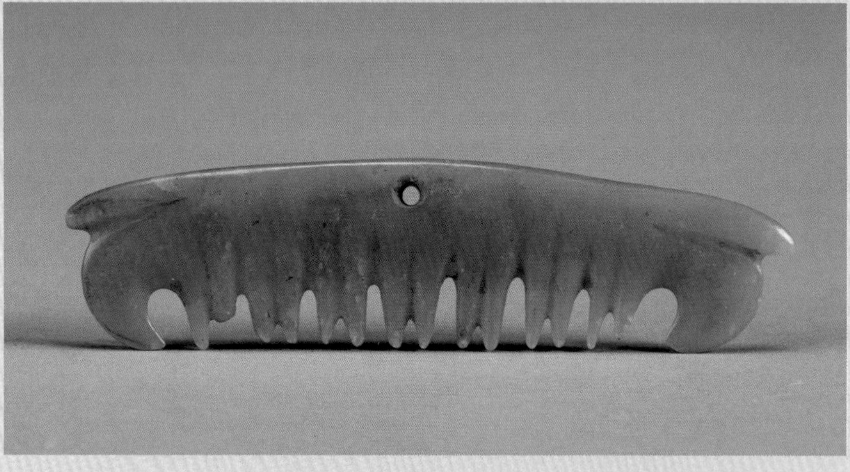

도판 111 : 용옥패, 길이 2.74센티미터, 너비 10.67센티미터, 두께 0.52센티미터, 홍산문화, 한국요하문명연구소 소장. 두 개씩 쌍을 이루는 일곱 개의 갈고리들이 수평을 이루고 있어서 곰의 이빨과 닮았다. 작은 옥기지만 균형이 잡혀 있고 품격이 느껴진다. 유사한 형태의 옥패가 우하량유적 2지점 1호총 9호 무덤에서 발굴되어 요녕성문물고고연구소에 소장되어 있다. 1999년 부신 자도대향(紫都台鄉) 모덕영자촌(毛德營子村)에서 수집되어 부신시박물관에 소장되어 있는 옥패[127] 도 유사한 형태이다.

---

127 郭大順·洪殿旭, 앞의 책, 113쪽.

4. 봉황

도판 112 내지 114는 앉은 새 형태의 조각이다. 높은 관을 쓰고 있으며 크고 둥근 눈, 사마귀의 코, 굽은 목, 회전하는 머리를 가지고 있다. 뒤쪽에는 여덟 개의 구멍이 있고, 각각 두 개의 구멍은 서로 연결되어 있다. 2003년 9월 우하량유적 16지점 적석총 4호 무덤에서 너비 19.5센티미터, 길이 12.5센티미터, 두께 1.2센티미터의 유사한 옥기가 발굴되었다. 진일민은 이를 두고 진귀한 국보라고 극찬했다.[128] 이 조각을 백조 또는 고니天鵝라고 하는 등[129] 다른 동물로 해석하는 견해가 일부 있으나 손수도, 곽대순, 진일민, 진앵 등 대부분의 학자들은 봉황이라고 본다.

이 조각은 봉황이 맞다. 그 이유는 다음과 같다. 첫째, 도판 112, 도판 113의 새 조각은 너비가 23센티미터를 넘어서 큰 홍산옥기 새 조각에 비해 3배 이상 크다. 크기로 보아 일반적인 새가 아닌 중요하고 특별하게 여겨지는 새를 조각한 것이다. 둘째, 일반적인 새 조각은 거의 대부분 정면 모습인 데 반해 이 조각은 측면 모습이다. 일반적인 새와는 다르다는 의미일 것이다. 셋째, 우하량유적에서 발굴된 유물은 피장자의 머리 밑에 놓여 있었다. 특별히 중요한 유물이 아니면 이곳에 두지 않았을 것이다. 넷째, 이러한 형태의 새가 용과 하나의 조각에 함께 새겨진 홍산옥기(**도판 117 내지 119**)가 발견된다. 용에 대응하는 형태와 크기로 조각된 새는 용에 대응하는 권위를 가져야 하는데 그럴만한 새는 봉황밖에 없다. 다섯째, 2004년 조보구문화에 속하는 봉황 형상의 질그릇이 발굴되었는데 높은 관을 쓰고 있는 모습이 유사하다. 여섯째, 백제의 금동대향로(**국보 제287호, 도판 311**), 조선의 백자(**도판 313**), 민화(**도판 314**), 상여 조각(**도판 316**) 등에서 보이는 봉황과 같은 모습이다. 홍산옥기의 봉황의 형태는 한국의 토종인 긴꼬리닭을 모델로 한 것으로 보인다. 자세한 내용은 제2부의 「동아시아에서 용과 봉황의 기원」에서 다룬다.

---

128 陳逸民·陳鶯, 앞의 책, 83쪽.

129 楊建芳, 앞의 논문, 180쪽.

도판 112

도판 113

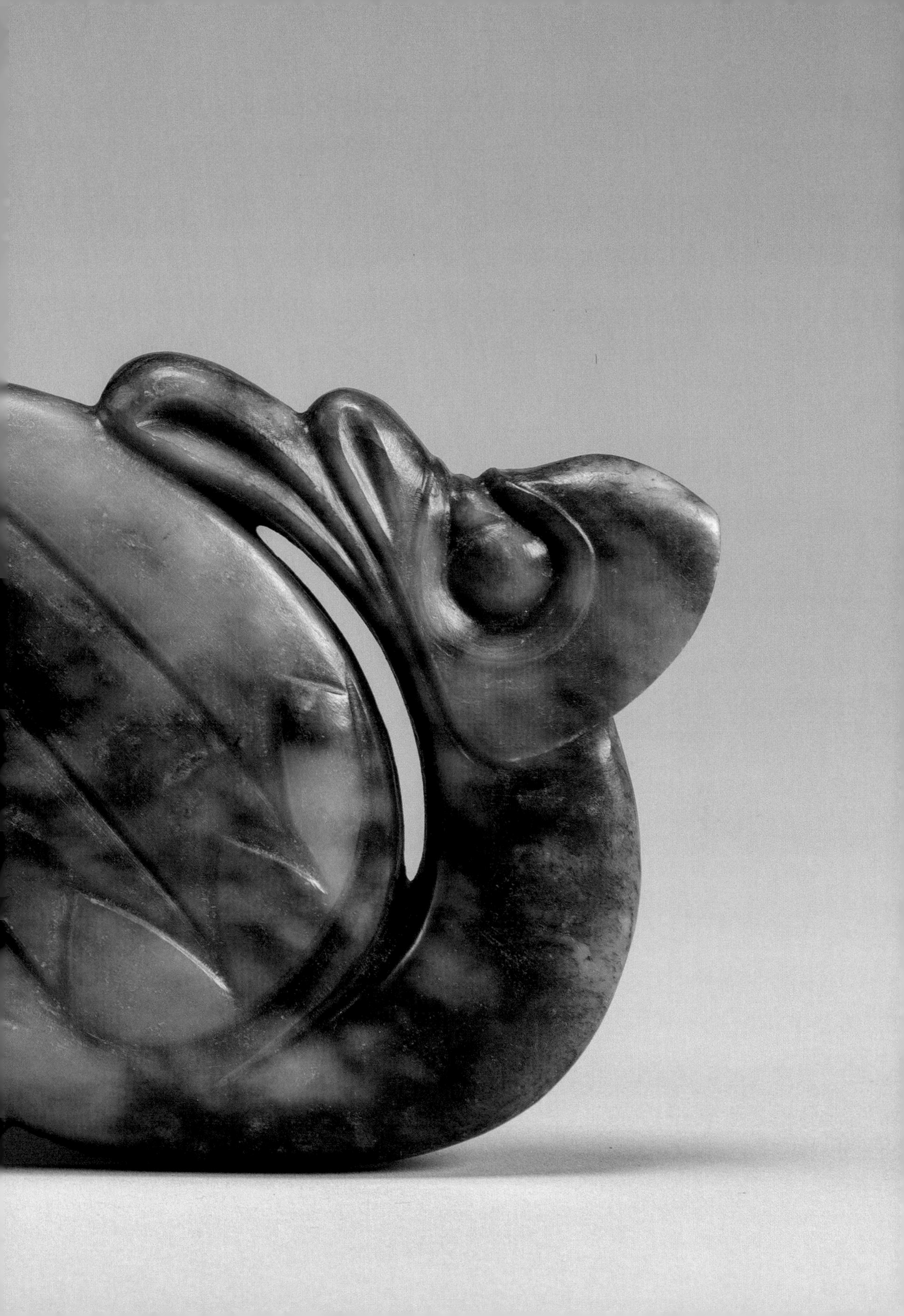

도판 112 : 봉황, 길이 13.80센티미터, 너비 23.70센티미터, 두께 1.67센티미터, 홍산문화, 한국요하문명연구소 소장. 진일민이 '진귀한 국보'라고 칭송한 우하량유적 발굴 봉황 조각보다 더 크다. 청록색의 옥이 사용되었는데 일부 칼슘화 현상이 나타났다.

도판 113 : 봉황, 길이 12.51센티미터, 너비 23.30센티미터, 두께 1.41센티미터, 홍산문화, 한국요하문명연구소 소장. 연두색의 옥이 사용되었는데 세월의 흐름에 따라 일부가 갈색으로 변했다. 한국 토종의 긴꼬리닭과 형태가 유사하다. 뒤쪽에는 여덟 개의 구멍이 있고, 각각 두 개의 구멍은 서로 연결되어 있다.

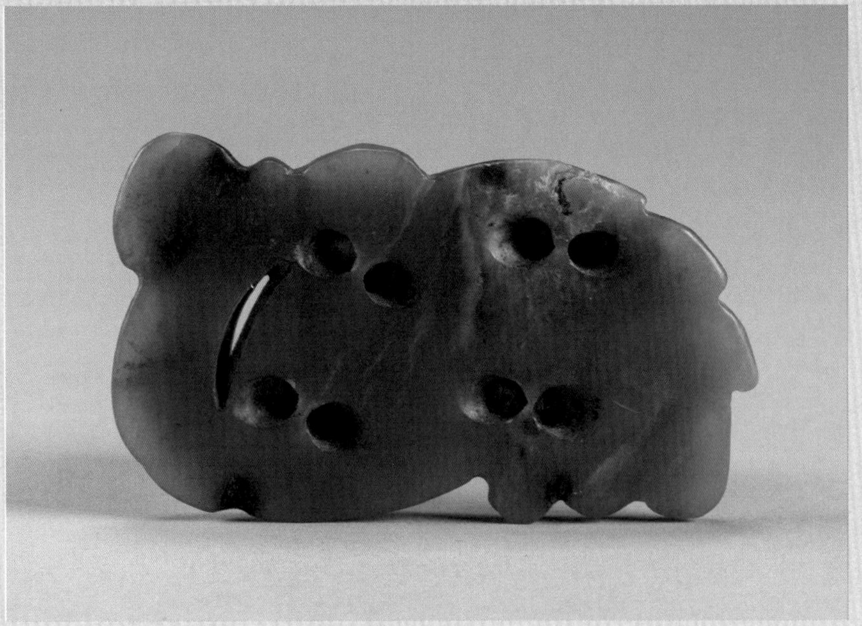

도판 114 : 봉황, 길이 5.14센티미터, 너비 8.87센티미터, 두께 0.95센티미터, 홍산문화, 한국요하문명연구소 소장. 녹색 옥이 일부 갈색으로 변했다. 뒷면에 여덟 개의 구멍이 뚫려 있다.

도판 115 : 봉황, 길이 3.87센티미터, 너비 5.89센티미터, 두께 0.95센티미터, 홍산문화, 한국요하문명연구소 소장. 노란색 옥이 사용되었는데 일부 변색이 있다. 뒷면에 두 개의 구멍이 뚫려 있다. 홍산옥기 봉황조각 중에는 이처럼 작은 것들도 있다.

도판 116은 봉황의 암컷과 수컷이 한 쌍을 이루고 있다. 봉황의 암컷과 수컷이 한 쌍을 이루는 홍산문화 유물은 현재까지 유일하다. 봉황의 수컷을 봉鳳, 암컷을 황凰이라고 한다. 도판 116-1은 수컷, 도판 116-2는 암컷으로 보인다. 도판 116-2는 도판 112 내지 115와 같은 전형적인 봉황의 형태이지만 도판 116-1은 관과 벼슬은 봉황, 몸은 용과 같이 생겼다. 전설에 따르면 봉황은 용이 구름 속에서 학과 연애하여 낳았다고 하는데 봉황의 수컷의 형태를 보면 이와 같다. 『삼국사기』와 『삼국유사』에 신라의 시조인 혁거세와 왕비 알영의 탄생신화가 나온다. 알에서 태어난 혁거세 거서간을 맞이한 후 왕후를 구하고자 했을 때, 알영정 가에 계룡이 나타나 왼쪽 옆구리에서 여자 아이를 낳았다는 이야기이다. 여기서 계룡은 봉황으로 보인다. 신라의 시조 왕후 탄생신화에 봉황이 나타나는 것은 매우 중요한 의미를 가진다. 특이하게도 사격자무늬가 암컷에만 있다. 이는 남성상과 여성상 한 쌍(**도판 22**)의 경우에도 여성상의 머리에만 사격자무늬가 있는 것과 같은 맥락일 것이다. 이는 홍산문화가 여성 우위의 사회였다는 증거이다.

도판 116-1 : 봉황 한 쌍, 길이 15.70센티미터, 너비 6.91센티미터, 두께 0.90센티미터, 홍산문화, 한국요하문명연구소 소장. 현재까지 알려진 유일한 홍산옥기 봉황 한 쌍이다. 봉황의 수컷인 '봉(鳳)'이다.

도판 116-1

도판 116-2

도판 116-2 : 길이 15.04센티미터, 너비 7.49센티미터, 두께 1.08센티미터, 봉황의 암컷인 '황(凰)'이다. 암컷에만 사격자무늬가 있는 것은 홍산문화가 여성 우위의 사회였다는 증거이다.

5. 용과 봉황 옥패

용과 봉황이 함께 조각된 홍산옥기들이 발견되어 홍산문화인들의 상상력을 보여 준다. 1991년 5월 우하량유적 2지점 1호총 23호 무덤에서 발견된 유물을 두고 곽대순은 '용과 봉황 패龍鳳佩'라고 부르고 홍산문화의 귀중한 옥기라고 했다.[130] 요녕성문물고고연구소에서도 '용과 봉황 옥패龍鳳玉佩'라고 부르고 있다.[131] 이 유물은 피장자의 배 부위에 놓여 있었는데 일반적으로 이 위치에 놓인 옥기를 중요하다고 본다. 이 유물은 길이 7.8센티미터, 너비 10.3센티미터, 두께 0.9센티미터이다. 그런데 여기서 주목해야 할 점은 용과 봉황의 생김새가 크게 다르지 않다는 점이다. 용과 봉황은 머리의 모양, 부리의 유무, 주둥이의 길이, 관冠의 유무에서 차이가 있지만 둥근 눈, 휘날리는 머리채, 긴 몸통 등에서는 차이가 크지 않다. 봉황 중에서 수컷인 '봉'이 조각되었기 때문으로 보인다. 전설에 따르면 봉황은 용이 구름 속에서 학과 연애하여 낳았다고 하니 용과 봉황의 모습이 닮을 수밖에 없다. 능가탄유적에서도 용과 봉황이 함께 조각된 반원형 유물玉龍鳳璜이 발굴되었는데 여기서는 용과 봉황의 특징이 비교적 뚜렷하게 나타난다.[132]

---

130 郭大順, 「龍鳳佩-紅山文化一重玉」, 『郭大順考古文集 上』, 287쪽.

131 遙寧省文物考古研究所, 『遙寧省文物考古研究所藏 文物精華』, 科學出版社, 2012, 40쪽.

132 郭大順, 「龍鳳佩-紅山文化一重玉」, 288쪽.

도판 117 : 용과 봉황 옥패, 길이 8.72센티미터, 너비 10.33센티미터, 두께 1.55센티미터, 홍산문화, 한국요하문명연구소 소장. 관의 유무, 머리의 모양, 주둥이의 길이로 보아 윗부분이 용이고, 아랫부분이 봉황이다. 뒷면은 평평하다. 이 옥은 원래 질은 호박색이었는데 일부분이 갈색으로 변한 것으로 보인다. 유사한 형태의 옥기가 우하량유적 2지점 1호총 23호 무덤에서 발굴되었다.

도판 118 : 용과 봉황 옥패 한 쌍, 길이 11.18센티미터, 너비 15.90센티미터, 두께 1.37센티미터(왼쪽), 길이 10.05센티미터, 너비 15.07센티미터, 두께 1.76센티미터(오른쪽), 홍산문화, 한국요하문명연구소 소장. 윗부분이 용, 아랫부분이 봉황이다. 용과 봉황 옥패가 한 쌍으로 나온 홍산옥기는 현재까지 유일하다.

도판 119 : 용과 봉황 옥패, 길이 10.77센티미터, 너비 9.88센티미터, 두께 1.34센티미터, 홍산문화, 한국요하문명연구소 소장. 봉황 두 마리와 용 한 마리가 조각되었다. 윗 사진에서 왼쪽과 오른쪽 아래는 봉황, 오른쪽 위는 용이다. 용과 봉황 옥패 중에서도 특이한 형태이다.

동물

홍산문화 유적에서 소, 양, 돼지 등 가축의 뼈와 야생 사슴, 노루 등 동물의 뼈가 많이 발굴되었다. 삽이나 호미는 발견되지 않고 얇은 몸통에 날카로운 날을 가진 타제석기와 세석기가 많이 발견되었는데 이들은 가축 및 고기의 처리에 사용된 도구이다.[133] 이는 홍산문화의 초기 거주자들이 동물 사육, 어업, 사냥으로 보충된 정착된 삶을 살았다는 사실을 보여 준다. 홍산문화 유적에서 출토 또는 채집되는 동물상에는 다양한 종류가 있다. 일부가 생략되거나 정확하게 묘사되지 않아서 때때로 그들이 무엇인지 정확히 알아내기란 어렵다. 종류별로 거북, 누에, 매미, 물고기, 호랑이, 돼지, 조개, 메뚜기, 사마귀 등으로 분류할 수 있다. 이 동물들은 토테미즘과 관계가 있을 것이다. 토테미즘은 인간과 자연 사이의 관계에 대한 믿음이다. 예를 들면, 매미는 불멸과 재탄생을 의미하는 신의 벌레로 여겨졌다. 거북은 영험하고 신령스러운 동물로서 종교적인 권위를 가진 마법사를 상징한다.

133 한창균 엮음, 앞의 책, 270-271쪽.

1. 매미

매미는 고대로부터 불멸과 재탄생을 의미하는 신의 벌레였다. 높은 나무에 올라 양陽에 접근하고 높은 나무에서 서식하면서 공기와 이슬만 먹고 산다고 하여 고결의 상징으로도 여겨졌다.[134] 홍산문화 시기에 피장자에게 옥 매미를 넣은 것도 매미와 같이 다시 탄생하라는 뜻이었을 것이다. 홍산문화 옥기 중에는 매미 조각이 많이 발견되는데 성충보다 애벌레가 많다. 홍산문화 시기에 옥 마개의 전통이 있었는지 아직 확인되지 않았다. 하지만 석기시대에는 피장자의 입에 무엇인가를 물리는 관습이 있었다. 매미 조각은 옥 마개의 전형이었다. 상나라와 주나라까지 이런 전통은 이어졌다. 현재까지 알려진 바로는 매미 조각을 피장자의 입에 물리는 전통은 서주시대에 시작되었고 진秦, 한, 위진남북조 시대까지 이어졌다.

도판 120 : 매미, 길이 5.22센티미터, 너비 3.06센티미터, 두께 1.14센티미터, 홍산문화, 한국요하문명연구소 소장. 녹색의 옥인데 일부 흰색으로 변했다. 눈은 튀어 나왔고 목은 넓은 선으로 장식이 되었으며 날개에 경사가 있다. 몸통의 중간이 가장 두껍고 양쪽 끝으로 갈수록 얇아진다. 뒷면은 평평하다.

134 허균, 앞의 책, 98쪽.

도판 121 : 매미애벌레, 길이 5.42센티미터, 너비 2.26센티미터, 두께 1.63센티미터, 홍산문화, 한국요하문명연구소 소장. 이끼색의 옥이 일부 갈색과 노란색으로 변했다. 실물 크기의 조각은 흙에서 발견되는 큰 애벌레를 나타낸다. 두 개의 더듬이와 모호한 윤곽의 목을 가지고 있다. 세 개의 수평선이 두 곳에 있다. 유사한 매미애벌레 조각이 진단예술박물관과 적봉박물관에 소장되어 있다.

도판 122 : 매미애벌레, 길이 5.43센티미터, 너비 2.59센티미터, 두께 2.12센티미터, 홍산문화, 한국요하문명연구소 소장. 연두색의 몸체에 갈색으로 변화한 부분이 있다. 소시지 형태의 배, 중간의 몇 개의 선을 제외하고 다른 부분은 생략되었다. 가슴에 있는 구멍은 매다는 용도로 사용했을 것이다.

2. 거북

우하량유적 5지점 1호총 1호 무덤에서 거북 한 쌍(**길이 9.4센티미터 및 9센티미터**)이 출토되었는데 피장자의 양손 쪽에 있었다. 곽대순은 이 무덤의 주인이 신권을 장악했음을 상징한다고 보았다.[135] 거북을 종교적인 권위를 가진 마법사의 상징으로 본 것이다. 용이 모든 동물의 우두머리로, 봉황이 모든 새의 우두머리로 믿어졌던 것처럼 거북은 개충介蟲의 우두머리로 여겨졌던 동물이다. 거북은 실재하는 동물임에도 불구하고 오랜 역사를 통하여 영험하고 신령스러운 동물로 변신하였다.[136] 홍산옥기 거북 조각은 한 쌍으로 발견되기도 하지만 하나만 발견되기도 한다. 홍산옥기 중에는 거북 전체를 표현한 것뿐 아니라 머리, 다리, 꼬리는 생략된 채 거북등만을 표현한 것도 있다. 거북등 조각은 우하량유적 2지점 1호총 21호 무덤에서 발굴되었다.

도판 123 : 거북, 길이 8.53센티미터, 너비 7.58센티미터, 두께 2.17센티미터, 홍산문화, 한국요하문명연구소 소장. 돔 모양의 등껍질과 네 개의 다리, 꼬리 그리고 머리를 가졌다. 콧구멍이 달린 단단한 부리가 앞으로 돌출해 있다. 대체로 평평한 원 모양 때문에 껍질이 간소화된 것 같다. 팔다리는 개가 물에서 헤엄치는 것과 같이 위치한다. 이 조각상의 밑면은 다섯 부분으로 나뉜다. 유사한 거북 조각이 요녕성 부신현 호두구 1호 무덤에서 발굴되었다.[137]

135 복기대, 앞의 책, 67쪽.

136 허균, 앞의 책, 36쪽.

137 遙寧省文物考古研究所,『遙寧省文物考古研究所藏 文物精華』, 49쪽.

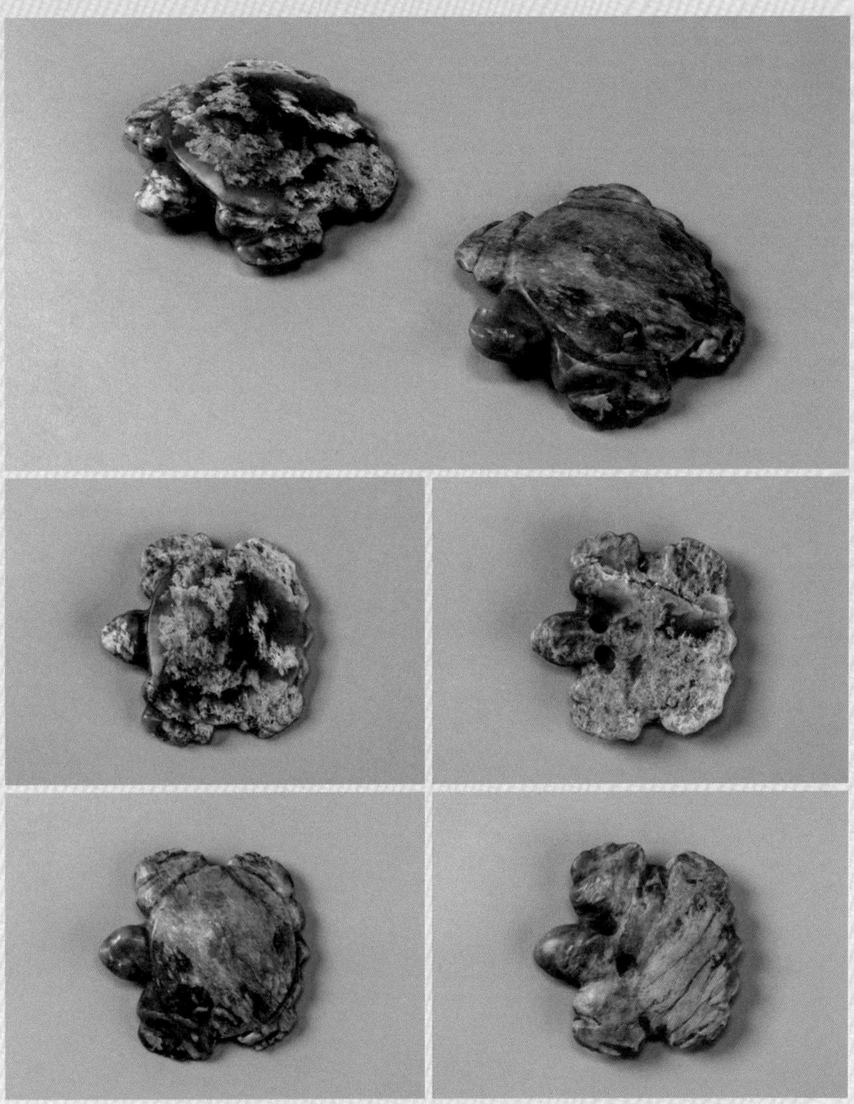

도판 124 : 거북 한 쌍, 길이 6.99센티미터, 너비 6.89센티미터, 두께 1.56센티미터(맨 위 사진 왼쪽), 길이 7.39센티미터, 너비 7.18센티미터, 두께 1.53센티미터(맨 위 사진 오른쪽), 홍산문화, 한국요하문명연구소 소장. 큰 것이 수컷이고 작은 것이 암컷일 것이다. 연한 녹색의 옥이 부분적으로 흰색과 갈색으로 변했다. 뒷면은 평평하고 구멍은 구부러져 있다. 부신 호두구 홍산문화 유적지에서 출토된 거북 옥기[138] 와 형태가 유사하다.

138 郭大順·洪殿旭, 앞의 책, 54쪽.

도판 125 : 거북등, 길이 3.24센티미터, 너비 2.96센티미터, 두께 2.01센티미터, 홍산문화, 한국요하문명연구소 소장. 진한 녹색의 옥이 갈색으로 변했다. 머리, 다리, 꼬리는 보이지 않고 등딱지와 복갑(腹甲)만 있다. 돔 형태의 껍질은 좁은 너비에 비해 키가 크고 중간은 넓고 끝은 좁다. 세 개의 복갑의 선과 네 개의 작은 등딱지 선이 분명하게 그려져 있다. 왼쪽과 오른쪽의 6각형 모티브와 다이아몬드 형태의 모티브가 대칭적으로 쌍을 이루고 있다. 몸통을 관통하는 큰 구멍은 매다는 용도로 사용되었을 것이다.

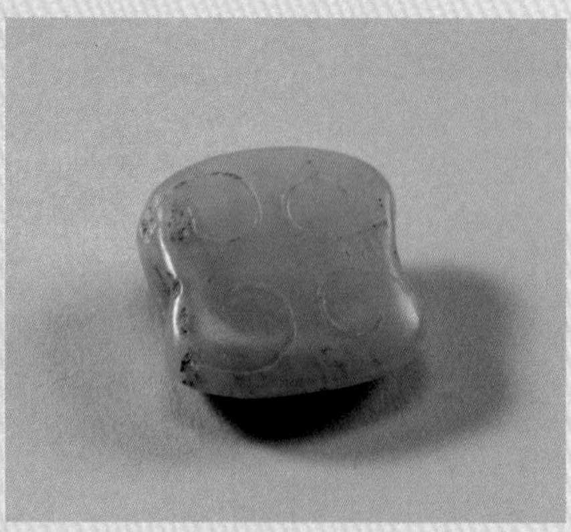

도판 126 : 거북등, 길이 2.60센티미터, 너비 2.82센티미터, 두께 1.12센티미터, 홍산문화, 한국요하문명연구소 소장. 옅은 녹색 바탕에 일부분은 짙은 갈색을 띤다. 등껍질은 돔과 같은 아치형인 반면, 밑면은 평평하다. 세 개의 다이아몬드 형태가 경락의 중심으로 정렬하고 대칭적으로 쌍을 이루는 여덟 개의 다이아몬드 형태가 측면에 있다. 밑면에는 네 개의 둥근 원과 세 개의 선이 그려져 있다. 머리, 다리, 꼬리 등은 생략되었다.

3. 호랑이

호랑이는 용맹하고 위엄이 있으며 복의 기운을 상징하는 동물로 믿어져왔다. 하지만 홍산옥기 호랑이 조각은 유달리 크지도 않고 특별히 좋은 옥을 사용하지도 않았다. 게다가 진단예술박물관에 소장된 3점[139] 이외에는 찾기 어려울 정도로 그 수량도 적다. 따라서 홍산문화에서 호랑이는 곰이나 새만큼 중요하게 여겨지지 않았을 것이다. 즉, 호랑이는 토템의 대상이 아니었을 것이다. 도판 127, 도판 128에서 보이는 호랑이는 진단예술박물관의 『홍산옥기』 도판번호 103 호랑이 조각과 유사한데 무섭지 않고 천진난만해 보인다. 진단예술박물관 소장의 나머지 호랑이 조각 2점도 전체 길이와 꼬리 길이가 짧고 통통해서 강아지를 보는 듯하다. 오한기박물관에 홍산문화의 호랑이벽화[140]가 전시되어 있는데 이들과 모습이 유사하다. 서주시대의 호랑이 형 옥패[141]가 무서운 모습인 것과 확실히 다르다.

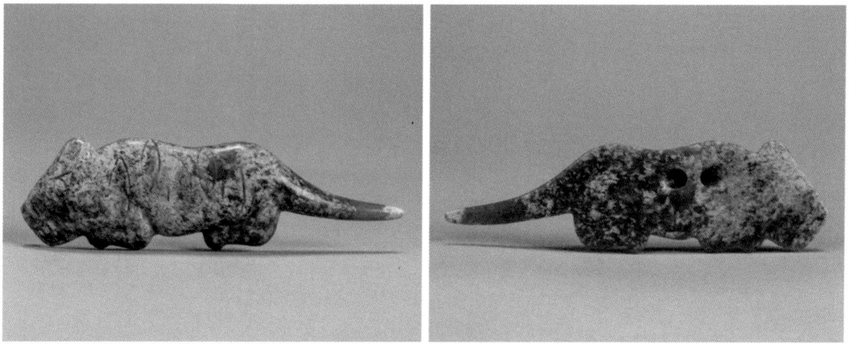

도판 127 : 호랑이, 길이 4.38센티미터, 너비 14.88센티미터, 두께 1.07센티미터, 홍산문화, 한국요하문명연구소 소장. 홍산문화 시기의 호랑이 조각은 수량이 적고, 특별히 크거나 좋은 옥을 사용하지도 않아서 호랑이가 곰이나 새만큼 중요하게 취급되지 않은 것으로 보인다. 큰 머리와 긴 꼬리가 특징이다. 뒷면은 평평하다.

---

139 震旦藝術博物館, 앞의 책, 158-159쪽, 도판번호 103, 104, 105.

140 한국문화예술회관연합회, 『벽화에 담긴 고구려의 기상 그 찬란한 문화전』, 2019, 86쪽.

141 北京文物精粹大系編委會 北京市文物局, 『北京文物精粹大系 : 玉器卷』, 北京出版社, 2002, 57쪽, 도판번호 30, 31.

도판 128 : 호랑이, 길이 3.20센티미터, 너비 10.14센티미터, 두께 0.85센티미터, 홍산문화, 한국요하문명연구소 소장. 양쪽면에 호랑이가 조각되어 있다. 홍산옥기의 호랑이 조각은 무섭지 않고 강아지처럼 친근해서 한민족이 만든 호랑이 회화나 조각과 같은 미감이다.

도판 129 : 백자 청각 양화 청화 소나무 호랑이무늬 필통, 높이 13.3센티미터, 지름 13.6센티미터, 조선, 국립중앙박물관 소장. 한민족이 그리거나 조각한 호랑이는 무섭지 않고 강아지처럼 정겨운 모습인데 홍산옥기의 호랑이 조각도 그렇다.

4. 돼지

도판 130은 통상 '동물 얼굴 조각玉獸面'이라고 부르는 유물이다. 이찬구는 귀가 서 있기 때문에 '곰'이라고 주장하고,[142] 백악柏岳은 '박쥐 얼굴玉蝠首'이라고 하였으며,[143] 『홍산문화 논저수편 옥기연구권』에서는 새 조각으로 분류하고,[144] 서강徐强은 유사한 유물을 '양머리玉羊首'라고 하고,[145] 양백달楊伯達은 '돼지玉猪面牌飾'라고 주장한다.[146]

이 조각은 돼지라고 해석하는 것이 옳다. 그 이유는 다음과 같다. 첫째, 귀가 쫑긋 서 있고 코가 두드러진다. 곰의 귀는 이보다 많이 작고, 박쥐, 새, 양의 얼굴로 보기에는 너무 크고 생김새도 다르다. 둘째, 유사한 유물이 우하량유적 2지점 1호총 21호 무덤에서 출토되어 현재 요녕성문물고고연구소에 소장되어 있는데[147] 콧구멍이 두 개 뚫려 있다. 두드러진 코와 콧구멍은 돼지의 특징이다. 셋째, 우하량유적 출토 유물은 피장자의 배 부위에서 발견되었는데 배 부위에서 발견된 유물은 중요한 것으로 여겨진다. 따라서 박쥐, 양, 여우보다는 당시 중요시된 동물 중 하나일 것이다. 돼지는 동산취 제사 유적에서 발굴되었다. 홍산문화보다 빠른 흥륭와문화 유적에서 암수 돼지 한 쌍을 피장자와 함께 묻은 무덤이 발굴되었다. 이 밖에 주거지에서도 돼지뼈가 발견되는 것을 보면 최소한 흥륭와문화 시기부터 돼지는 중요한 동물이었을 것이다.[148]

142 이찬구, 앞의 책, 146쪽.

143 柏岳, 『紅山玉器』, 新華出版社, 2012, 65쪽, 도판번호 90.

144 田廣林·劉國祥 編, 앞의 책, 典型器物圖錄 11쪽.

145 徐强, 『紅山文化古玉鑑定』, 華藝出版社, 2007, 38, 135쪽, 도판번호 45, 177.

146 楊伯達, 「關于牛河梁第二地點 一號塚墓藏出土玉器的解讀」, 田廣林·劉國祥 編, 앞의 책, 400쪽.

147 朱宇迅, 앞의 책, 72쪽.

148 복기대, 앞의 책, 352쪽.

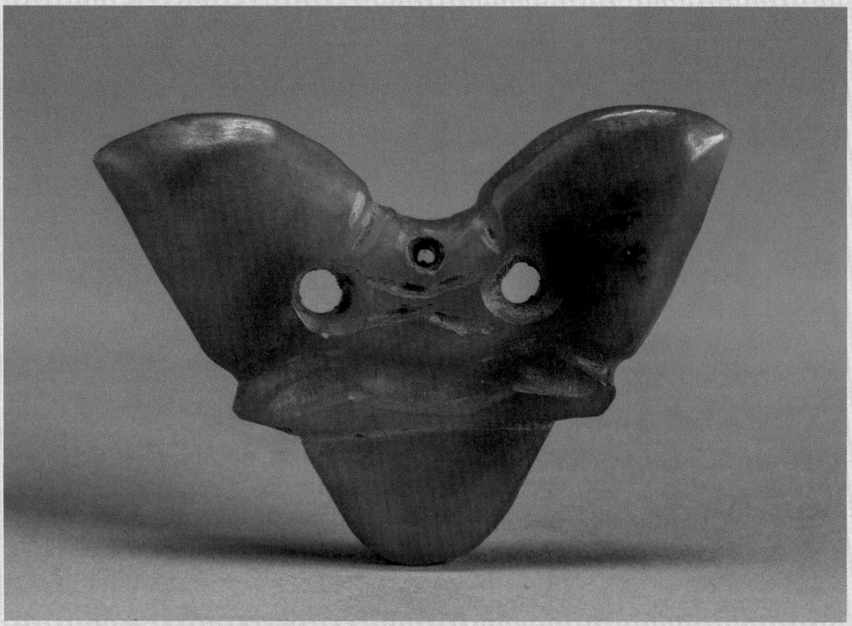

도판 130 : 돼지, 길이 4.69센티미터, 너비 6.69센티미터, 두께 0.63센티미터, 홍산문화, 한국요하문명연구소 소장. 이를 두고 곰, 박쥐, 양, 새라고 보는 학자들도 있으나 발굴 위치, 귀와 코, 입 모양으로 보아 돼지로 보인다.

5. 소똥구리

도판 131과 같은 형태의 홍산옥기는 현재까지 발견된 적이 없다. 다리 등이 생략되어 어떤 동물인지 정확히 알기 어렵지만 딱정벌레목에 속하는 소똥구리로 생각된다. 이 소똥구리 성충은 늦봄부터 가을까지 활동하지만 6~7월에 가장 많고, 소·말·사람의 똥을 둥글게 빚어서 땅 속의 굴로 굴려가 알을 낳는다. 대한민국, 중국 등 동부아시아와 유럽 등지에 분포한다. 소똥구리는 고대 이집트의 많은 부적 중에서 가장 잘 알려져 있다. 수백만 마리의 소똥구리가 고대 이집트에서 만들어졌다. 이 부적들은 돌, 유리, 도자기에 새겨졌다. 그것들은 구슬로 만들어서 착용되었고, 봉인으로 사용되었다. 부적은 불멸을 상징했고 악으로부터 거대한 보호를 제공했다.

도판 131

도판 131 : 소똥구리, 길이 10.39센티미터, 너비 6.41센티미터, 두께 2.63센티미터, 홍산문화, 한국요하문명연구소 소장. 홍산문화 유물 중에서 처음 발견된 것으로서 소똥구리로 보인다. 청옥이 오랜 세월이 지나면서 흰색, 검정색 등으로 변했다.

6. 사마귀

사마귀로 보이는 홍산옥기도 있다. 사마귀로 판단하는 근거는 튀어 나온 눈, 부리같이 생긴 주둥이와 턱, 큰 삼각형 모양의 머리, 먹이를 붙잡아 단단히 쥐고 있는 두 개의 뾰족한 앞다리이다. 우하량유적 16지점 4호 무덤에서 메뚜기 모습의 옥기가 발견된 적은 있지만 사마귀의 형태를 가진 조각은 한국요하문명연구소 소장품 이외에는 아직까지 발견되지 않았다.

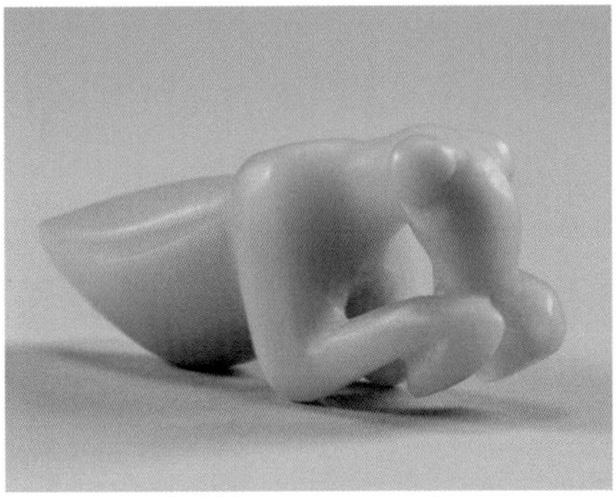
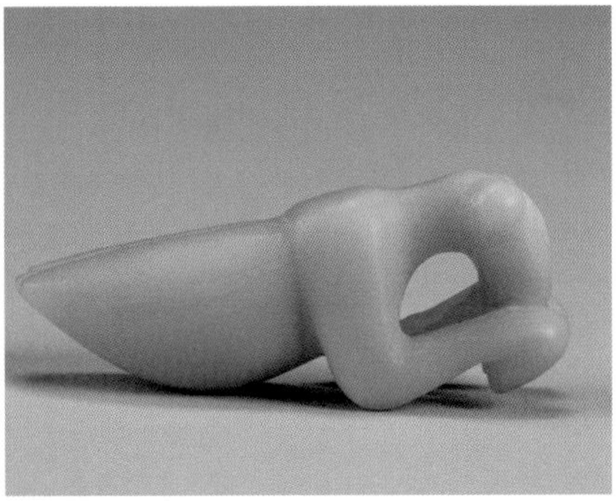

도판 132 : 사마귀, 길이 3.61센티미터, 너비 8.94센티미터, 두께 2.51센티미터, 홍산문화, 한국요하문명연구소 소장. 노란색의 품질 좋은 옥을 사용했다.

도판 133 : 사마귀, 길이 3.48센티미터, 너비 8.44센티미터, 두께 2.05센티미터, 홍산문화, 한국요하문명연구소 소장. 연두색 옥에 갈색 반점들이 있다. 관통하는 구멍이 뚫려 있는데 매다는 데 사용되었을 것이다.

7. 물고기

물고기 형태의 홍산옥기는 드물게 발견된다. 파림우기박물관에 소장되어 있는 옥기는 1982년 파림우기巴林右旗 파언한소목巴彦漢蘇木 나일사대那日斯臺 유적에서 발굴되었다.[149] 요녕성박물관에 소장된 옥기는 1973년 부신 호두구 홍산문화 적석총 3호 무덤에서 출토되었다.[150] 도판 134에는 꼬리 부분에 사격자무늬가 있는데 진단예술박물관에 소장된 물고기 조각(**도판 215**)도 같다.[151]

도판 134 : 물고기, 길이 7.87센티미터, 너비 3.58센티미터, 두께 0.99센티미터, 홍산문화, 한국요하문명연구소 소장. 윗부분에 구멍이 하나 있고 꼬리 부분에 사격자무늬가 새겨져 있다.

149 石陽 主編, 앞의 책, 37쪽.

150 郭大順·洪殿旭, 앞의 책, 37쪽.

151 震旦藝術博物館, 앞의 책, 162쪽, 도판번호 108.

장신구

문명의 시작 이래로 사람들은 장신구를 착용해 왔다. 그만큼 장신구의 역사는 길고 큰 주제이다. 홍산문화 이전에도 장신구들이 만들어지고 사용되었지만, 홍산문화 시기에는 더 다양하고 더 세련된 장신구들이 만들어졌다. 무덤의 피장자들의 성별을 고려하면, 홍산문화 시기에는 남녀 모두 장신구를 착용했다. 홍산문화 장신구 중에서 현재 남아 있는 것으로는 다양한 옥기와 조개목걸이 등이 있다. 홍산옥기 중 상당수가 제사, 의례 또는 장신구로 사용된 것으로 보인다.

도판 135 : 조개목걸이, 길이 1.48-2.05센티미터, 너비 0.99-1.39센티미터, 두께 0.46-0.73센티미터, 홍산문화, 한국요하문명연구소 소장. 홍산문화 주거지로 추정되는 지역에서 발견된 것으로서 현대의 조개목걸이와 다르지 않다.

도판 136 : 조개목걸이, 길이 0.99-1.63센티미터, 너비 1.46-2.13센티미터, 두께 0.64-0.83센티미터, 홍산문화, 한국요하문명연구소 소장.

1. 결상이식

둥근 원형 고리의 한쪽이 트인 형태의 옥기를 '결상이식玦像耳飾', '옥결玉玦' 등으로 부른다. '玦'은 패옥을 뜻한다. 결상이식은 중국이나 일본의 신석기시대 분묘유적에서 인골에 장착된 상태로 출토된 사례와 출토 위치 등으로 보아 귀를 장식하는 용도로 간주되어 왔다. 그러나 무덤에서의 출토 위치, 인골의 장착상태 등을 분석한 결과 귀걸이, 머리 및 가슴 장식, 팔찌, 부장품 등 다양한 용도로 사용된 것으로 추정된다. 결상이식의 주요한 특징 중 하나인 귓불에 삽입하기 위한 결구가 마련되어 있다는 점에서 당초에는 이식으로 사용되었으나 이후 다목적용으로 용도가 전환되었을 것으로 추정된다.[152] 결상이식은 대능하유역, 요하유역, 두만강유역, 연해주, 동해안유역, 남해안유역, 일본 등지에서 출토되었다. 특히, 발해연안 고대문화의 한 유형으로 흥륭와문화, 사해문화, 조보구문화, 홍산문화, 하가점하층문화 유적에서 발굴되었다. 1986년 왕가영자향王家營子鄕 수천水泉에서 출토되어 오한기박물관에 소장된 결상이식,[153] 적봉시 옹우특기 해방관자解放營子에서 출토되어 적봉박물관에 소장된 결상이식,[154] 적봉시 왕팔목자산王八脖子山에서 출토되어 적봉박물관에 소장된 결상이식[155]은 흥륭와문화 유물이다. 부신유적지에서 발굴되어 요녕성문물고고연구소에서 소장중인 결상이식은 사해문화에 속한다.[156] 송산구松山區유적에서 발굴되어 송산구문관松山區文管에서 소장중인 결상이식은 조보구문화 유물이다.[157] 우하량유적 15지점 15호 무덤에서 발굴되어 요녕성문물고고연구소에서 소장 중인 결상이식은 홍산문화 유물이다.[158] 하가점하층문화의 마노로 된 결상이식은 오한기박물관에 소

152 복천박물관, 앞의 책, 27쪽.

153 敖漢文物精華 編輯委員會, 앞의 책, 53쪽.

154 刘冰 主編, 『赤峰博物館文物典藏』, 2007, 2쪽.

155 위의 책, 3쪽.

156 郭大順·洪殿旭, 앞의 책, 34쪽. 遙寧省文物考古研究所, 『遙寧省文物考古研究所藏 文物精華』, 30쪽.

157 于建設, 『紅山玉器』, 遠方出版社, 2004, 48쪽.

158 遙寧省文物考古研究所, 『遙寧省文物考古研究所藏 文物精華』, 30쪽.

장되어 있다.[159] 결상이식은 중국의 중원에서는 발견되지 않는다.

2002년에 국립문화재연구소가 발굴한 강원도 고성군 죽왕면 문암리 유적에서 신석기시대의 결상이식 한 쌍(**도판 137**)이 출토되었다. 이 유물은 신석기 조기인 기원전 5,000년 전후에 제작된 것으로 추정되는데[160] 흥륭와문화의 결상이식과 시차가 있을 뿐 거의 비슷한 시대이다.[161] 사천시 선진리에서 발굴된 결상이식(**도판 138**), 제주시 고산동에서 발굴된 결상이식도 신석기 조기에 만들어진 것으로 추정된다.[162] 1987년에는 경상북도 청도군 사촌리 유적에서 청동기시대의 결상이식 1점이 반파된 상태로 출토된 바 있다. 그 이외에도 여수 안도리, 울산 처용리, 제주시 용담동 등지의 신석기시대 유적에서도 결상이식이 발견되었다. 결상이식은 홍산문화를 포함한 요하문명이 고대 한반도와 깊은 연관이 있다는 사실을 보여 주는 중요한 증거이다. 요하문명의 결상이식, 옥관, 비상옥기는 한반도에서 발견되는 신석기시대 유물과 형태, 제작 방식, 재질이 유사하다. 문암리와 처용리에서 발굴된 결상이식은 요동반도 남단 수암현에서 생산되는 수암옥으로서 홍산옥기에 주로 사용된 옥과 재질이 동일하다. 흥륭와 유적에서 발견된 '세계 최초의 결상이식'도 수암옥으로 만들어졌다.[163]

---

159 于建設, 앞의 책, 54쪽.

160 복천박물관, 앞의 책, 21쪽.

161 우실하, 『요하문명과 한반도』, 68쪽.

162 복천박물관, 앞의 책, 23, 25쪽.

163 위의 책, 66쪽.

도판 137 : 결상이식, 길이 3.4센티미터, 너비 4.0센티미터, 두께 0.7센티미터(왼쪽), 길이 3.6센티미터, 너비 3.6센티미터, 두께 0.65센티미터(오른쪽), 신석기시대, 고성군 문암리 발굴, 국립문화재연구소 소장. 사진 복천박물관, 『옥의 세계』, 2003, 21쪽. 한반도에서 발견되는 신석기시대의 결상이식은 홍산문화 등 요하문명에서도 발견된다.

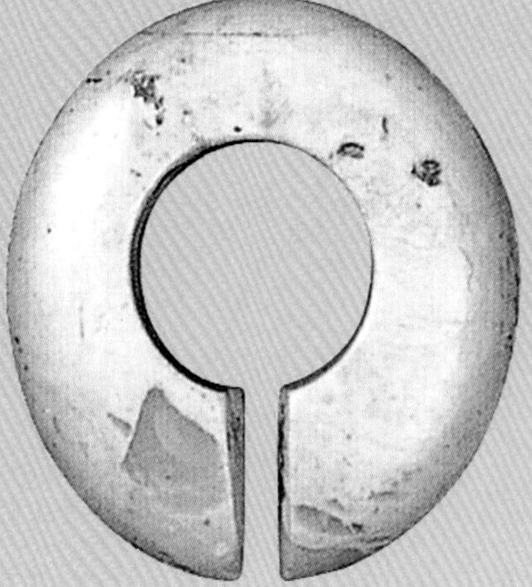

도판 138 : 결상이식, 길이 4.4센티미터, 너비 4센티미터, 두께 1.2센티미터, 신석기시대, 사천시 선진리 발굴, 국립진주박물관 소장. 사진 복천박물관, 앞의 책, 23쪽. 요하문명에서 발견된 결상이식들과 재질, 시기, 형태, 조각기법이 유사하다.

도판 139 : 결상이식, 바깥지름 4.21센티미터, 안지름 0.92센티미터, 두께 1.09센티미터, 홍산문화, 한국요하문명연구소 소장. 문암리에서 발굴된 결상이식과 유사한 형태이다. 고리의 안쪽 가장자리는 정교하고 광택이 나며, 바깥쪽까지 가늘고 곱게 자른 흔적이 있다. 연한 녹색의 옥으로서 갈색으로 변한 부분이 있다.

도판 140 : 결상이식, 바깥지름 4.43센티미터, 안지름 1.49센티미터, 두께 1.42센티미터, 홍산문화, 한국요하문명연구소 소장. 짙은 녹색의 옥이지만 오랜 세월로 인해 약간의 변색이 있다. 몸통이 굵고 둥글며 옥의 표면이 매끈하다. 결상이식을 만들면서 부드러운 철사를 안쪽에서 바깥쪽으로 당길 때 생긴 부드러운 선이 남아 있다. 이 부분을 만들 때 흔적은 울퉁불퉁하고, 손상되지 않은 표면과 불규칙한 둥근 구멍이 있다.

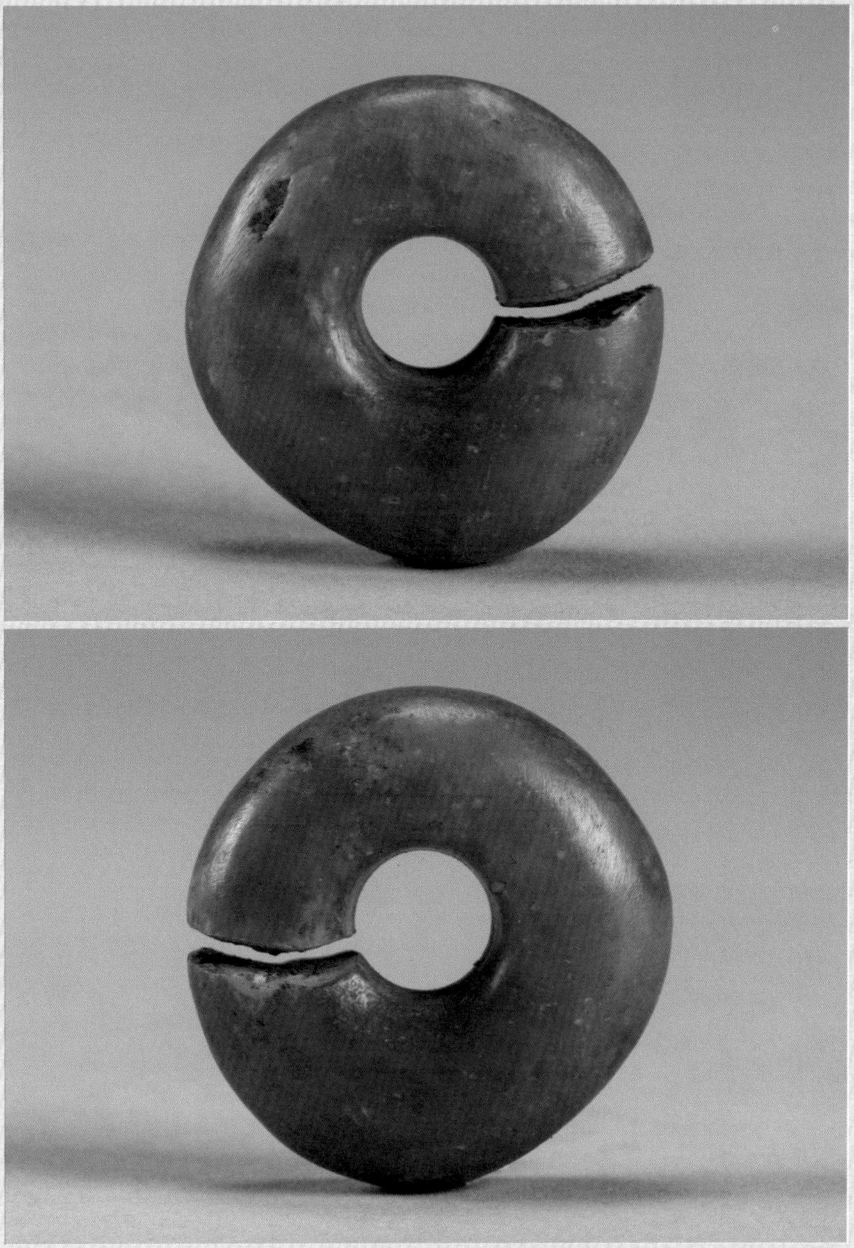

도판 141 : 결상이식, 바깥지름 3.37센티미터, 안지름 0.93센티미터, 두께 1.34센티미터, 홍산문화, 한국요하문명연구소 소장. 요하문명의 결상이식을 만들 때 사용되던 소프트 와이어 커팅 기법이 사용되었다. 적봉박물관, 오한기박물관, 파림우기박물관에 유사한 결상이식들이 소장되어 있다. 한반도에서 발견되는 결상이식과 형태와 조각 기법에서 유사하다.

2. 귀걸이

결상이식 이외에도 귀걸이로 사용된 것으로 보이는 홍산옥기가 있다. 도판 142의 조각은 반지로 착용하기에는 굵어서 귀걸이였을 것으로 보인다. 두 조각의 바깥지름이나 안지름, 두께가 똑같지는 않지만 한 쌍이 분명하다. 짙은 녹색의 옥인데 일부분이 갈색으로 변해서 멋진 느낌을 준다. 전체적으로 광택이 나지만 표면이 곱지만은 않다.

도판 142 : 귀걸이 한 쌍, 바깥지름 4.36센티미터, 안지름 1.93센티미터, 두께 0.92센티미터(왼쪽), 바깥지름 4.51센티미터, 안지름 2.15센티미터, 두께 0.95센티미터(오른쪽), 홍산문화, 한국요하문명연구소 소장. 결상이식 이외에도 귀걸이로 사용된 것으로 보이는 조각이 발견된다.

3. 옥벽

옥벽玉璧은 흥륭와문화, 조보구문화에서는 보이지 않다가 홍산문화에서 처음 나타난다. 비교적 수량이 많은데 주로 원형과 사각형이다. 이는 홍산문화 제단이 원형과 사각형으로 설계되어 있는 것과 관련이 있을 것이다. 우실하는 원형, 방형, 삼각형의 옥벽은 천지인을 비유하는 것이라고 주장한다.[164] 중국의 옥벽은 모두 정원형正圓形인 것과 달리, 홍산문화의 가장 표준적인 것은 방원형方圓形이다.[165] 보통 중간에 비교적 큰 원형의 구멍이 있다. 몸통은 중간이 제일 두껍고, 안쪽 구멍과 바깥쪽 가장자리를 향해 갈수록 점점 얇아져서 바깥쪽 가장자리가 평평하고 마치 칼날 같다. 이는 홍산옥기의 전형적인 제작 방식이다. 옥벽은 우하량유적 등에서 여러 번 출토되었고 합극哈克유적에서도 출토되었다.[166] 옥벽은 대부분 하나씩 출토되지만 가끔 한 쌍으로 발견되기도 한다. 평양 석암리에서는 나무관자 안에 있는 피장자의 가슴에서 이와 유사한 옥벽이 출토되었다.

가. 둥근 옥벽

옥벽 중에서 가장 많은 형태이다. 비슷한 크기의 유물이라고 해도 가운데 구멍의 크기는 차이가 많다. 가운데 구멍의 지름이 본체의 반지름보다 작을 경우는 고리璧라고 하고 지름이 반지름보다 클 경우는 쭈鐲라고 한다.

---

164 우실하, 『고조선 문명의 기원과 요하문명』, 397쪽.

165 한창균 엮음, 앞의 책, 272쪽.

166 위의 책, 398-399쪽.

도판 143 : 둥근 옥벽, 바깥지름 4.24센티미터, 안지름 0.77센티미터, 두께 0.47센티미터, 홍산문화, 한국요하문명연구소 소장. 이끼색으로 반투명한 옥이다. 내부 구멍 또는 바깥쪽에 비해 그 중간 부분이 두껍다. 유사한 형태의 옥벽이 진단예술박물관에 소장되어 있다.

도판 144 : 둥근 옥벽, 바깥지름 3.34센티미터, 안지름 1.07센티미터, 두께 0.34센티미터, 홍산문화, 한국요하문명연구소 소장. 갈색의 옥이 부분적으로 흰색으로 변했다. 디자인은 단순하고 표면은 매끄럽고 평탄하며, 안쪽과 바깥쪽 가장자리는 평평하고 얇다. 비슷한 형태의 옥벽이 오한기박물관에 소장되어 있다.

도판 145 : 둥근 옥벽 한 쌍, 바깥지름 7.96센티미터, 안지름 2.14센티미터, 두께 0.57센티미터(왼쪽), 바깥지름 7.93센티미터, 안지름 2.09센티미터, 두께 0.71센티미터(오른쪽), 홍산문화, 한국요하문명연구소 소장.

나. 사각 옥벽

사각 옥벽은 주로 직사각형으로서 둥근 옥벽에 비해서 수량이 적다. 중간의 큰 구멍 이외에 위쪽에 작은 구멍이 두 개 있는 옥벽과 작은 구멍이 없는 옥벽이 있다.

도판 146 : 사각 옥벽, 길이 5.66센티미터, 너비 7.78센티미터, 안지름 1.75센티미터, 두께 0.52센티미터, 홍산문화, 한국요하문명연구소 소장. 윗면에 작은 구멍이 두 개 뚫려 있다. 옥은 이끼색이지만 세월에 따라 조금 변했다. 중앙에 있는 타원형 구멍은 칼날 모양의 얇은 모서리를 가지고 있다. 표면이 약간 위로 올라가고 안쪽과 바깥쪽 가장자리가 평평하고 얇다. 유사한 형태의 옥벽이 우하량유적 2지점 1호총 7호 무덤, 16지점 2호 무덤에서 출토되어 요녕성박물관에 소장되어 있다.

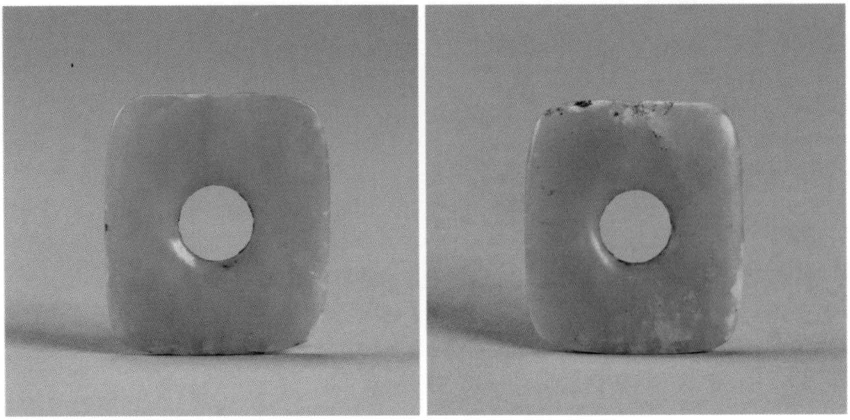

도판 147 : 사각 옥벽, 길이 3.62센티미터, 너비 3.18센티미터, 안지름 1.03센티미터, 두께 0.39센티미터, 홍산문화, 한국요하문명연구소 소장. 작은 구멍이 없는 직사각 옥벽으로 모서리 부분이 둥글다. 연한 녹색의 옥에 갈색 또는 흰색 반점들이 있다. 몸통은 가운데가 가장 두껍고 옆으로 갈수록 점차 얇아져서 안쪽과 바깥쪽 가장자리는 납작하고 칼날처럼 얇다. 유사한 형태의 옥벽이 오한기박물관과 진단예술박물관에 소장되어 있다. 이와 비슷한 형태의 옥벽이 하가점하층문화 유적에서도 발굴되었다.

다. 바람개비 형태의 옥벽

본체는 둥근 심벌즈 모양이고 바깥쪽 가장자리는 바람개비 날개처럼 생겼다. 바람개비 또는 피젯 스피너fidget spinner처럼 생긴 옥벽으로 '삼아벽三牙璧'이라고도 불린다.[167] 피젯 스피너는 ADHD와 자폐증이 있는 아이들을 위한 치료 도구다. 둥근 심벌 모양의 몸체와 세 개의 경사선으로 이루어졌다. 표면은 안쪽과 바깥쪽 가장자리가 평평하고 얇으며 그 중간 부분이 부풀듯이 두껍다. 이런 형태의 옥벽은 중국의 동북 지역인 건창현建昌縣 화상방자향和尙房子鄕, 대연사평산大連四平山에서도 출토되었다.[168]

도판 148 : 바람개비 형태의 옥벽, 바깥지름 6.65센티미터, 안지름 1.26센티미터, 두께 0.73센티미터, 홍산문화, 한국요하문명연구소 소장. 이끼 녹색의 옥으로 검은 반점과 부분 미백이 있다. 중간 부분이 부풀어져 있고 안쪽과 바깥쪽 가장자리는 칼날과 같이 얇아진다.

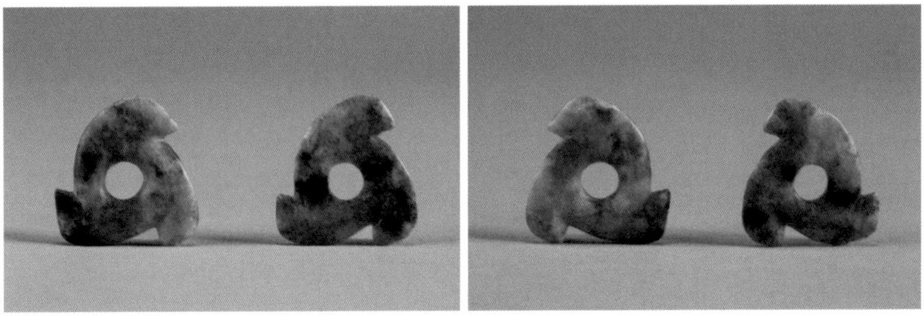

도판 149 : 바람개비 형태의 옥벽 한 쌍, 바깥지름 4.78센티미터, 안지름 1.09센티미터, 두께 0.60센티미터(왼쪽), 바깥지름 4.86센티미터, 안지름 1.06센티미터, 두께 0.33센티미터(오른쪽), 홍산문화, 한국요하문명연구소 소장. 이끼 녹색의 옥에 칼슘화 현상이 생겼다.

167 孫守道, 「中國史前東北玉文化試論」, 『孫守道考古文集』, 131쪽.

168 위의 논문, 130-131쪽.

라. 쌍련옥벽

둥근 옥벽이 두 개 연결된 형태로서 '이공기二孔器' 또는 '쌍련옥벽雙連玉璧'이라고 부른다. 노란 옥색이 부분적으로 갈색으로 변했다. 정교하게 연마되었고 특히 가장자리가 부드럽게 연마되었으며 표면은 고도로 광택이 난다. 중간 부분은 도톰하고 바깥쪽은 칼날처럼 얇은 전형적인 홍산옥기이다. 우하량유적 2지점 1호총 21호 무덤, 16지점 1호 무덤에서 유사한 쌍련옥벽이 발견되어 요녕성문물고고연구소에 소장되어 있다.[169] 쌍련옥벽은 삼련옥벽보다는 수량이 다소 많지만 다른 옥벽에 비해서 드물게 발견된다.

도판 150 : 쌍련옥벽, 길이 6.85센티미터, 너비 4.83센티미터, 안지름 0.97-1.63센티미터, 두께 0.55센티미터, 홍산문화, 한국 요하문명연구소 소장.

169 遙寧省文物考古研究所, 『遙寧省文物考古研究所藏 文物精華』, 34-35쪽.

마. 삼련옥벽

옥벽이 세 개 연결된 형태로서 '삼공기三孔器' 또는 '삼련옥벽三連玉璧'이라고 부른다. 옥의 색은 노랗지만 부분적으로 주홍색과 검정색으로 변했다. 모든 가장자리는 부드럽게 연마되었는데 얇고, 중간 부분은 부드럽고 둥글게 처리되었다. 유사한 삼련옥벽이 우하량 유적 16지점 1호 무덤에서 발견되었다. 요녕성 호두구 묘지 3호 무덤에서도 삼련옥벽이 발굴되었다.[170] 우실하는 삼련옥벽은 '환일현상'에서 나타나는 '세 개의 태양'을 의미한다고 주장한다.[171] 삼련옥벽은 쌍련옥벽보다 더 귀하다.

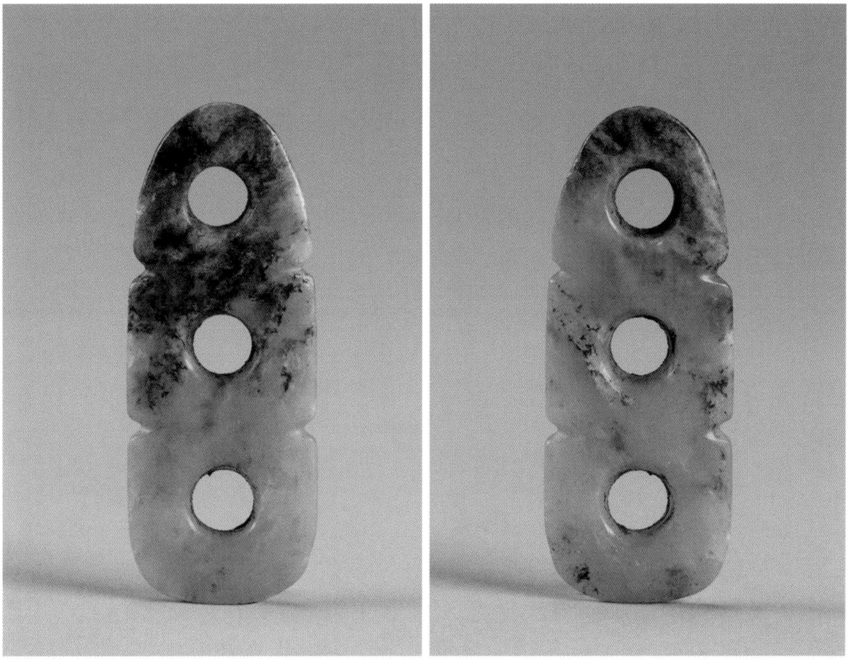

도판 151 : 삼련옥벽, 길이 7.57센티미터, 너비 2.92센티미터, 안지름 0.97-1.03센티미터, 두께 0.63센티미터, 홍산문화, 한국 요하문명연구소 소장.

170 朱宇迅, 앞의 책, 132쪽.

171 우실하, 『3수 분화의 세계관』, 206-208쪽.

4. 팔찌

도판 152는 가늘고 좁으며 단순하고 고급스러운 팔찌이다. 옥은 이끼 녹색으로 일부가 노랗게 변했다. 팔찌의 안쪽은 두껍고 바깥 부분에 가까워질수록 점차 더 날카로워져서 삼각형을 이룬다. 전체적으로 부드럽고 우아하며 따뜻하고 예스러운 광택이 난다. 옥팔찌는 우하량유적 2지점 1호총 7호 무덤, 14호 무덤, 21호 무덤, 23호 무덤, 24호 무덤, 25호 무덤, 26호 무덤, 27호 무덤, 2지점 4호총 8호 무덤, 5지점 1호총 1호 무덤, 16지점 4호 무덤 등지에서 발견되었다. 오한기박물관과 진단예술박물관에도 유사한 옥팔찌가 있다. 홍산옥기 팔찌는 쌍으로 발견되기도 하지만 하나만 발견되기도 한다.

도판 152 : 팔찌, 바깥지름 8.38센티미터, 안지름 6.45센티미터, 두께 0.71센티미터, 홍산문화, 한국요하문명연구소 소장. 우하량유적에서 여러 점 발굴되었다.

5. 옥관

홍산문화 옥관은 우하량유적 2구역 1호총 26호 무덤을 비롯해서 여러 차례 발굴되었다. 옥관은 그 형태, 발굴 위치 등으로 미루어 목, 가슴의 장식이나 팔찌로 사용된 것으로 보인다. 몸통 전체는 윤기있고 매끄러우며 구멍의 안쪽에는 드릴 흔적이 남아 있다. 옥관은 몸과 폭이 일정하고 직선적인 유형과 몸체 중앙이 양단부보다 넓고 볼록한 유형으로 구분된다. 흥륭와문화의 파림우기巴林右旗 파언탑납소목巴彦搭拉蘇木 소달륵蘇達勒 유적 등에서도 형태가 유사한 유물이 발굴되었다.[172]

이와 유사한 유물이 부산 강서구 부산신상 준설토투기장 사업부지 내 가덕도 장항 유적(**도판 153**), 원주시(**국립춘천박물관 소장**), 강원도 양양군(**국립춘천박물관 소장**), 광주 북구 66호 주거지(**국립광주박물관 소장**), 파주 주월리(**도판 154**), 인천 중산동 2-1지역 3호 주거지, 통영 연대도(**도판 155**) 등 한반도의 신석기시대 유적지와 신라 왕조의 무덤에서 발견되었다. 특히 중간 부분이 부풀어 오른 듯한 대추형 옥관은 홍산문화와 한반도의 신석기시대 유적지에서 발굴되었다. 옥관은 홍산문화와 고대 한반도의 관련성을 인정할 수 있는 증거 중 하나이다.

도판 153 : 옥관, 길이 3.7센티미터, 너비 2.0센티미터, 두께 1.7센티미터, 신석기시대, 가덕도 장항 25호 수혈묘 출토, 한국문물연구원 소장. 사진 복천박물관, 앞의 책 32쪽. 이러한 형태의 옥관은 한반도의 신석기시대 유적에서도 발굴되지만 흥륭와문화, 홍산문화유적에서도 발굴되었다.

172 石陽 主編, 앞의 책, 33쪽.

도판 154 : 옥관, 길이 5.7센티미터, 너비 2.6센티미터, 신석기시대, 파주 주월리 출토, 경기도박물관 소장. 사진 복천박물관, 앞의 책, 33쪽. 몸체 중앙이 양단부보다 넓고 볼록하다.

도판 155 : 옥관, 길이 6.0센티미터, 너비 1.4센티미터, 신석기시대, 통영 연대도 14호묘 출토, 국립진주박물관 소장. 사진 복천박물관, 앞의 책, 35쪽. 대형에 속하며 재질은 마노이다. 몸체의 폭이 일정하고 직선적이다.

도판 156 : 옥관, 길이 4.45센티미터, 바깥지름 1.90센티미터, 안지름 0.47센티미터, 홍산문화, 한국요하문명연구소 소장. 한반도에서 발견되는 옥관과 마찬가지로 홍산옥기의 경우에도 몸체의 폭이 일정하고 직선적인 유형과 몸체 중앙이 양단부보다 폭이 넓고 볼록한 유형으로 구분된다. 양쪽이 대칭 형태를 하고 있다.

도판 157 : 옥관, 길이 5.51센티미터, 바깥지름 1.98센티미터, 안지름 0.47센티미터, 홍산문화, 한국요하문명연구소 소장. 끈으로 연결하여 장신구로 사용하던 것이다. 양쪽 끝이 대칭 형태를 하고 있다. 원래 녹색의 옥이 갈색으로 변한 것으로 보인다.

도판 158 : 옥관, 길이 5.70센티미터, 바깥지름 1.52센티미터, 안지름 0.56센티미터, 홍산문화, 한국요하문명연구소 소장. 양쪽 끝이 비대칭적이다. 옥은 짙은 녹색이었지만, 세월의 흐름에 따라 일부분이 짙은 갈색으로 변했다. 원통형이며 상단과 하단이 좁은데 한쪽 끝이 거칠다. 구멍은 두 방향으로 천공되었다. 우하량유적 2지역 1번 총 26호 무덤에서 유사한 옥관이 출토되었다.

도판 159 : 옥관, 길이 5.63센티미터, 바깥지름 2.44센티미터, 안지름 0.58센티미터, 홍산문화, 한국요하문명연구소 소장. 양쪽 끝이 비대칭이고 중간 부분이 볼록한 형태이다.

6. 비상옥기

구두주걱같이 생긴 옥기는 한반도와 중국, 일본에서 발견되는데 대한민국에서는 '봉상棒狀', '유선형수식流線型垂飾', '비상옥기匕狀玉器', 중국에서는 '비형기匕形器', 일본에서는 '비상篦狀'이라고 부른다. 홍산문화 유물 중에서도 비상옥기는 종종 발견되고 진단예술박물관 등에 소장되어 있다. 1976년 대순구향大甸子鄉 왕흥구旺興溝에서 출토된 비상옥기는 오한기박물관에 소장되어 있다.[173] 2005년 오한기 하와자진下洼子鎮 서분방촌西紛房村에서 출토된 비상옥기는 적봉박물관에 소장되어 있다.[174] 파림우기박물관에도 사간락이진查干諾爾鎮 석본포릉묘장錫本包棱墓葬에서 발굴된 2점, 파일도巴日圖 및 홍격력도산洪格力圖山에서 발굴된 각 1점의 비상옥기가 소장되어 있다.[175] 요녕성박물관에는 흥륭와문화 유물은 물론, 부신현 사해문화 유적에서 발견된 비상옥기들이 소장되어 있다.[176]

대한민국에서 발굴된 예는 40여 구의 시신이 매장된 울진 후포리 집단묘가 유일하다. 후포리 비상옥기(**도판 160**)는 구두주걱 형태에 몸체가 활모양으로 굽은 모양을 하고 있다. 용도는 일반적으로 머리치장, 가슴 꾸미개, 머리핀 등으로 추정하고 있으나 구체적인 용도는 불분명하다. 신석기시대 조기에 속하는 것으로 추정된다.[177] 한반도의 가덕도 장항 13호 수혈묘, 인천 중산동 25호 주거지 등에서 발굴된 수옥垂玉은 유사한 형태이지만 몸통이 통통하다.

---

173 敖漢文物精華 編輯委員會, 앞의 책, 53쪽.

174 刘冰 主編, 앞의 책, 4쪽.

175 石陽 主編, 앞의 책, 22-25쪽.

176 遙寧省文物考古研究所, 『遙寧省文物考古研究所藏 文物精華』, 27-28쪽 ; 박진호·복기대, 『요서 지역 초기 신석기문화 연구』, 주류성, 2016, 148쪽.

177 복천박물관, 앞의 책, 36-37쪽.

도판 160 : 비상옥기, 길이 11.5센티미터, 폭 2.8센티미터, 두께 0.5센티미터, 신석기시대, 울진 후포리 출토, 국립경주박물관 소장. 사진 복천박물관, 앞의 책, 37쪽. 한반도에서 발굴된 유일한 비상옥기이다. 이와 같은 비상옥기는 흥륭와문화, 사해문화, 홍산문화에서도 제작되었다.

도판 161 : 비상옥기 3점, 길이 6.80센티미터, 너비 2.46센티미터, 두께 0.51센티미터(왼쪽), 길이 8.40센티미터, 너비 2.98센티미터, 두께 0.54센티미터(중간), 길이 9.71센티미터, 너비 2.70센티미터, 두께 0.54센티미터(오른쪽), 홍산문화, 한국요하문명연구소 소장. 연한 녹색의 옥으로서 표면은 부분적으로 미백이 있고, 갈색 반점이 있다. 길고, 끝이 둥글며, 한쪽은 오목하고 한쪽은 위로 들려 있다. 이러한 형태의 조각들은 보통 여러 개가 함께 발견된다.

7. 칼 형태의 장식

도판 162 내지 164는 통상 '갈고리 형태의 옥기勾形玉器'라고 불리는 옥기이다. 표면은 넓고 얇으며 넓은 곡선으로 이루어져 있다. 손잡이 부분은 짧고, 반대편은 약간 넓어졌다가 다시 점점 좁아진다. 원호 모양의 장식, 부드러운 가장자리, 미세한 두께는 우아한 미관을 드러낸다. '갈고리 형태의 옥기'보다는 '칼 형태의 장식' 또는 '단도형 장식'이라는 이름이 더 정확하다. 그 이유는 다음과 같다. 첫째, 용옥패에서 보듯이 갈고리 형태는 홍산옥기에서 자주 나타나는 중요한 특징 중 하나로서 이 옥기에만 해당되는 것이 아니다. 갈고리 형태는 용의 꼬리를 의미하는 것으로 보인다. 둘째, 후대에 만들어진 창戈의 손잡이와 칼날 끝부분과 닮았다. 요녕성 금주수수영자錦州水手營子에서 출토된 하가점하층문화의 동 손잡이 창銅柄戈, 상나라의 동 손잡이 옥창銅柄玉戈[178] 등이다. 유사한 형태의 유물(**길이 7.1센티미터, 너비 2.5센티미터, 두께 0.7센티미터**)이 오한기 대전자大甸子 하가점하층문화 308호 무덤에서도 출토되어 중국사회과학고고연구소에 소장되어 있고,[179] 상나라의 부호묘에서도 발견되는 것으로 보아 후대에 영향을 미쳤다.

178 郭大順, 「紅山文化勾雲形玉佩研究」, 107-108쪽.

179 郭大順·洪殿旭, 앞의 책, 3, 66쪽.

도판 162

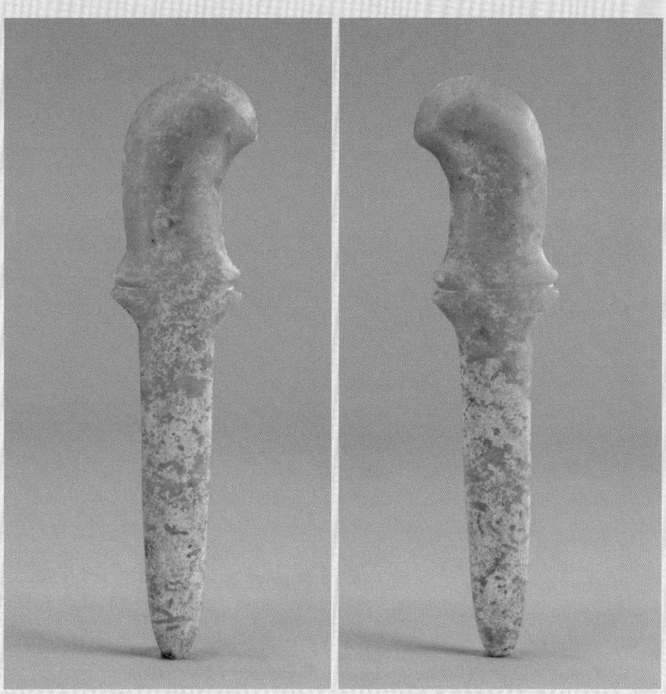

도판 163

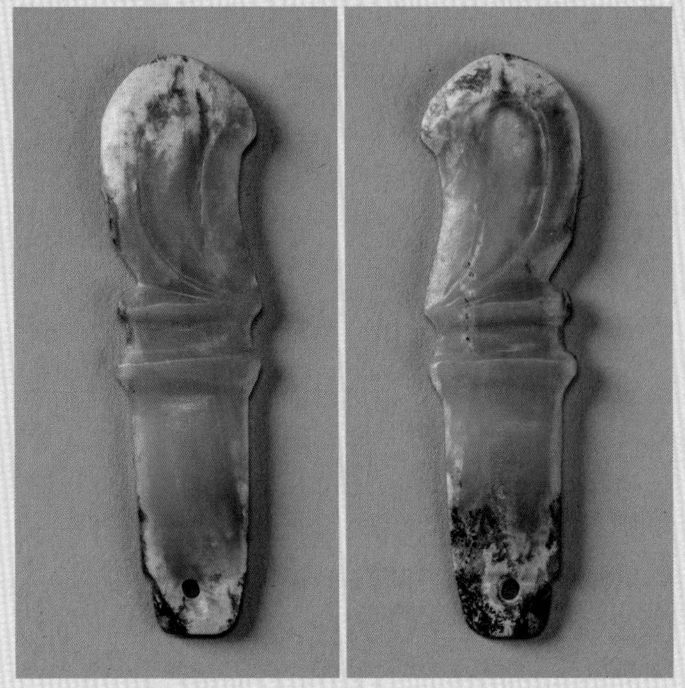

도판 164

도판 162 : 칼 형태의 장식, 길이 17.58센티미터, 너비 3.99센티미터, 두께 0.78센티미터, 홍산문화, 한국요하문명연구소 소장. 옅은 초록색의 옥이 어두운 갈색으로 변한 부분이 있다. 단검과 손잡이의 두 부분으로 나뉜다. 날에 얇은 굴곡이 있다.

도판 163 : 칼 형태의 장식, 길이 13.54센티미터, 너비 3.79센티미터, 두께 0.99센티미터, 홍산문화, 한국요하문명연구소 소장. 작은 갈고리 형태의 조각이다. 연한 녹색의 옥인데 오랜 세월이 지남에 따라 광물과 다른 원소가 섞이면서 색에 변화가 일어났다. 손잡이가 넓고 곧고, 끝이 굽어 있다. 부드러운 선, 둥근 표면, 강한 질감이 특징이다. 유사한 칼 형태의 조각이 진단예술박물관과 요녕성문물총점에 소장되어 있다.[180]

도판 164 : 칼 형태의 장식, 길이 7.73센티미터, 너비 2.15센티미터, 두께 0.49센티미터, 홍산문화, 한국요하문명연구소 소장. 작지만 아름답고 깔끔하며 균형이 잡혀 있어서 품위가 있다. 파림우기 나일사대 유적에서 발굴된 칼 형태의 조각[181]과 유사하다.

---

180 郭大順·洪殿旭, 앞의 책, 156-157쪽.

181 石陽 主編, 앞의 책, 61쪽.

8. 장식형 옥패

홍산옥기 옥패 중에서 작은 것들은 주로 장신구로 사용되었을 것이다. 여기서는 용옥패를 제외한 나머지 장식형 옥패를 소개한다.

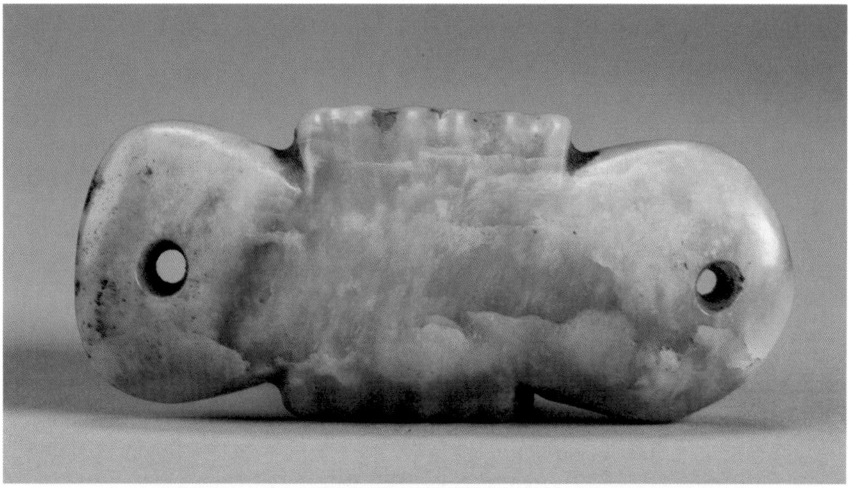

도판 165 : 빗 형태의 옥패, 길이 4.79센티미터, 너비 11.05센티미터, 두께 1.32센티미터, 홍산문화, 한국요하문명연구소 소장. 연한 녹색의 옥인데 일부 색의 변화가 있다. 다른 옥패에 비해서 두껍다. 표면에 광택이 있지만 곱게 연마되지 않은 부분도 있다. 왼쪽과 오른쪽 끝에 구멍이 있다. 1970년대 오한기에서 채집되어 오한기박물관에 있는 옥패[182] 와 유사하다.

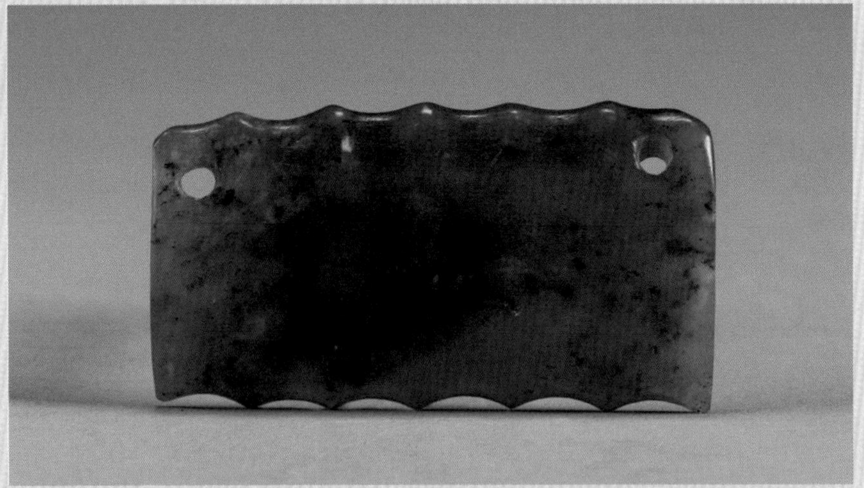

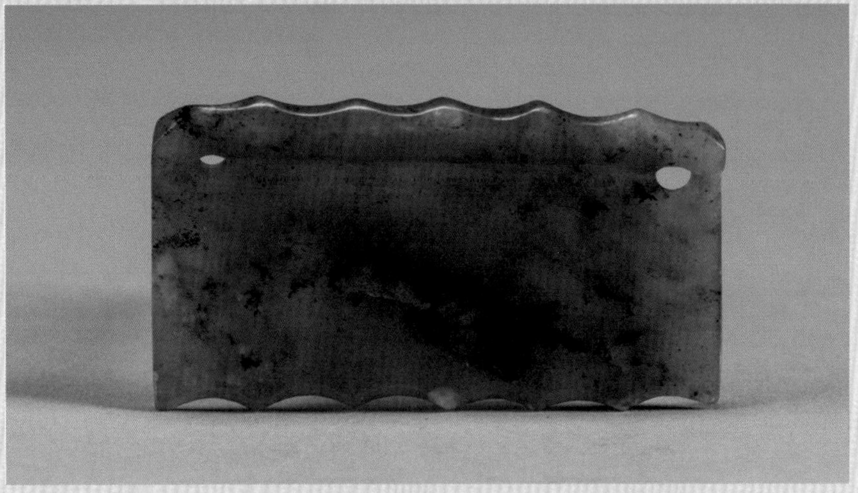

도판 166 : 굽은 면 옥패, 길이 2.96센티미터, 너비 5.51센티미터, 두께 0.49센티미터, 홍산문화, 한국요하문명연구소 소장. 두 개의 작은 구멍이 왼쪽과 오른쪽의 상단 모서리에 있다. 몸체는 타원형이고 다섯 개의 돌출된 평행선은 일종의 패턴을 형성하며 가장자리는 얇다. 양각된 특징은 전형적인 홍산문화 스타일이다. 비슷한 형태의 옥패가 요녕성문물고고연구소(우하량유적 3지점 9호 무덤 출토), 중국사회과학원고고연구소에 소장되어 있다.[183]

182 朱宇迅, 앞의 책, 92쪽.

183 위의 책, 159-160쪽.

9. 갈고리 형태의 장신구

작은 장신구 중에서도 갈고리 형태는 발견된다. 이러한 갈고리 형태는 홍산옥기에서 자주 보이는 특징으로서 용의 꼬리를 의미하는 것으로 보인다. 이러한 장신구의 구체적인 용도는 불분명하다. 사격자무늬가 새겨진 장신구는 드물다.

도판 167 : 굽은 갈고리 형태의 장신구, 길이 4.88센티미터, 너비 4.37센티미터, 두께 1.37센티미터, 홍산문화, 한국요하문명연구소 소장. 갈고리 형태 부분이 볼록하게 부풀어 있다. 크기나 형태로 보아 장신구로 보인다. 양쪽에 있는 사격자무늬가 서로 다르다.

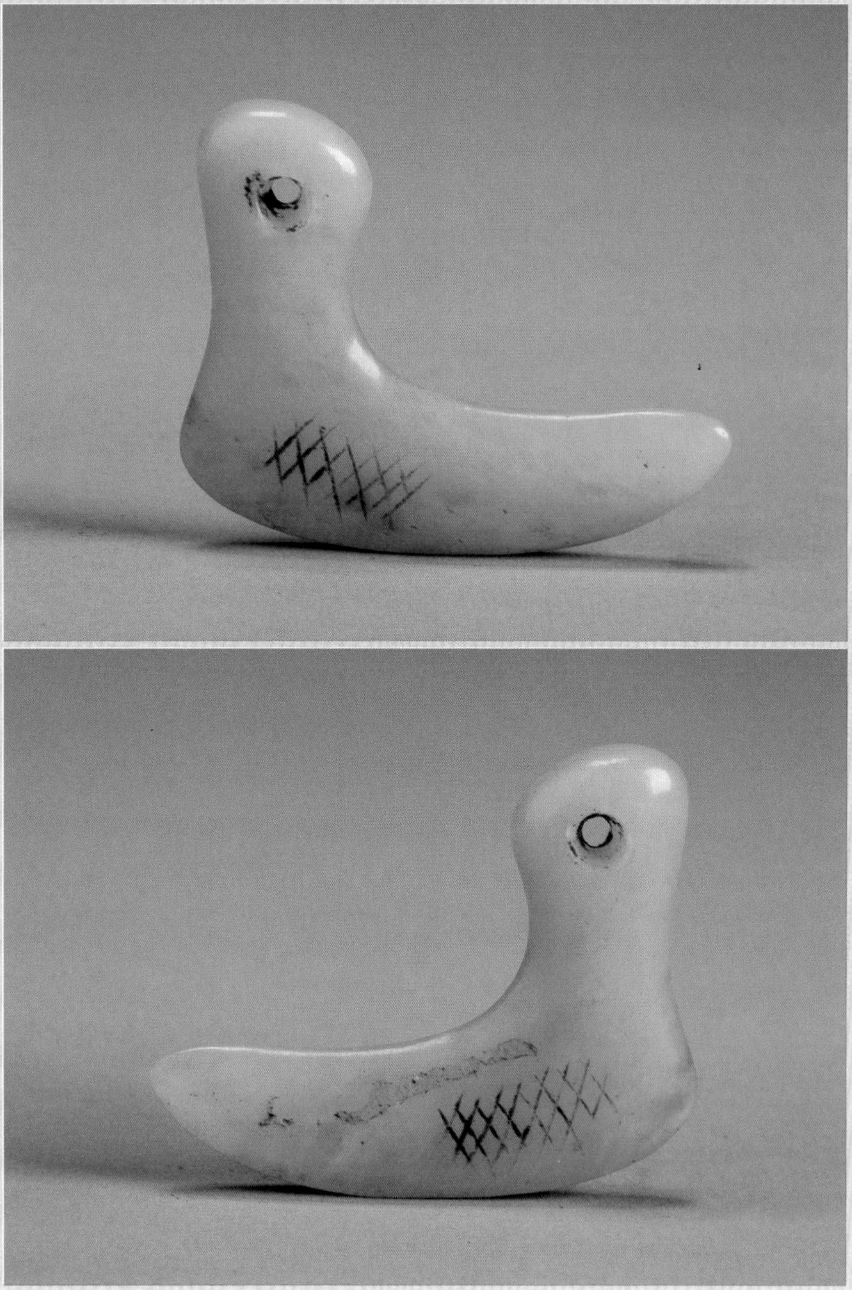

도판 168 : 갈고리 형태의 장신구, 길이 4.49센티미터, 너비 5.81센티미터, 두께 1.01센티미터, 홍산문화, 한국요하문명연구소 소장. 연한 녹색의 좋은 옥을 사용한데다가 양쪽에 사격자무늬가 선명하게 새겨져 있어서 귀한 사람이 소유하던 고급 장신구로 보인다.

10. 사구통형 옥기

도판 169, 도판 170은 기둥 모양의 커다란 옥덩어리에 큰 구멍을 뚫어 만든 옥기로서 모양이 특이하고 가공 기법이 까다롭다. 홍산문화와 하가점하층문화에서만 발견되고 다른 시대에는 발견되지 않는다. '두구통형斜口筒形옥기', '사구통형斜口筒形옥기', '옥고玉箍', '제형기蹄形器' 등으로 불린다. '고箍'는 그릇 따위의 둘레를 메우는 줄인 '테'를 의미한다. 밑 부분은 평평하고 윗부분은 약간 더 넓고 경사가 있다. 내부 및 외부 표면은 광택처리가 되어 있다. 우하량유적 2지점 1호총 4호 무덤, 2지점 1호총 25호 무덤, 2번 지점 1호총 21호 무덤, 4호총 8무덤, 16지점 4호 무덤 등에서 사구통형옥기가 발견되었다. 오한기 대전자大甸子 하가점하층문화 833호 묘에서도 유사한 유물이 출토되어 중국사회과학고고연구소에 소장되어 있다.[184] 곽대순은 사구통형옥기가 홍산옥기의 대표성을 많이 가지고 있다고 주장한다. 그는 홍전욱洪殿旭과 함께 펴낸 『홍산문화옥기감상』의 표지에 사구통형옥기 사진을 넣었다. 사구통형옥기에는 대부분 밑부분에 두 개의 구멍이 뚫려 있는데 그렇지 않은 옥기들이 드물게 있다. 중국의 장위동將衛東은 우하량유적에서 구멍이 없는 사구통형옥기 세 개는 하층 적석총에서 발견되고, 구멍이 있는 사구통형옥기는 상층 적석총에서 발견되었다는 점을 들어 구멍이 있는 것이 후대의 유물이라고 주장한다.[185]

사구통형옥기의 기원은 거북 등껍질이라는 주장이 있다. 2007년 안휘성安徽省 능가탄유적에서 발견된 세 개의 사구통형옥기 때문이다. 두 개의 '거북 모양의 원형 옥기玉龜狀扁圓形器'와 같은 사구통형옥기가 가슴 부분에 놓여 있었고 나머지 한 개는 옥거북이었다.[186] 그러나 거북 등껍질과 사구통형옥기의 형태는 많이 다르다. 다양한 형태인 거북 등껍질 옥기 중 일부가 사구통형옥기와 닮았다고 해서 사구통형옥기가 거북 등껍질에서

184 郭大順·洪殿旭, 앞의 책, 3, 61쪽.

185 將衛東, 「斜口筒形玉器非龜殼說」, 田廣林·劉國祥 編, 앞의 책, 241쪽 ; 孫力·王忠華, 「紅山文化馬蹄形玉箍功能摭談」, 위의 책, 260쪽.

186 郭大順, 「紅山文化斜口筒形玉器龜殼說」, 『郭大順考古文集 上』, 129-132쪽.

유래되었다고 보기는 어렵다. 또, 사구통형옥기는 발굴 위치가 피장자의 머리 쪽인데 능가탄에서 발굴된 거북 등껍질 옥기는 배 부위여서 발굴 위치에 차이가 많다. 장위동將衛東도 같은 입장이다.[187]

사구통형옥기의 용도에 대해서는 점복용구라는 주장도 있지만[188] 국내에서는 한민족 고유의 머리 형태인 상투와 관련이 있다는 주장이 많다. 중국의 손수도, 손력孫力, 왕충화王忠華 등도 머리 위 장식에 사용되었을 것으로 본다.[189] 손수도는 사구통형옥기가 큰 것은 대략 16-18센티미터이고 작은 것은 6-8센티미터로서 용 형태의 작은 관을 머리에 쓴 동상이 관과 유사하다는 것을 근거로 들고 있다. 이 조각은 낙양洛陽 방가구龐家溝에 있는 서주시대 무덤에서 출토되었다.[190] 손력, 왕충화가 그 근거로 들고 있는 것은 다음과 같다. 우하량유적에서 18개의 사구통형옥기가 발굴되었는데 출토 위치가 8건은 피장자의 머리, 5건은 가슴, 2건은 배, 1건의 반완성품은 발이었고 2건은 피장자와 무관한 곳이었다.[191] 손력, 왕충화의 논문에 따르면 보통 옥의 크기에 따라 형대가 달라지는데 사구통형옥기의 경우에는 높은 면과 낮은 면의 차이가 7-8센티미터로서 일정했다.[192] 손력 등은 이 사실은 용도를 추정하는 데 중요하다고 주장한다. 우하량유적에서 발굴된 사구통형옥기와 같은 복제품으로 모의실험을 했는데 중간이 비어서 비교적 가벼운 것도 머리 위에 올리는 용도로 사용하는 데 부합했다는 것이다.

사구통형옥기의 출토 위치가 머리, 가슴, 배 등인 점, 가공이 까다로운 점 등으로 미루어 중요한 용도의 유물이라는 사실은 분명하다. 하지만 정확한 용도에 대해서는 현 상황에서는 결론을 내리기 어렵고 추가적인 연구가 필요하다. 그 이유는 다음과 같다. 첫

187 將衛東, 앞의 논문, 240-245쪽.

188 한국고대사학회 편, 『우리 시대의 한국 고대사』, 주류성, 2017, 171쪽.

189 孫守道, 「紅山文化 '玉祖神' 考」, 『孫守道考古文集』, 249쪽 ; 孫守道, 「紅山玉祖神之衣冠, 乘蹻玉産地尋索」, 『孫守道考古文集』, 261-262쪽 ; 孫力·王忠華, 앞의 논문, 255-261쪽.

190 孫守道, 「紅山文化 '玉祖神' 考」, 249쪽 ; 孫守道, 「紅山玉祖神之衣冠, 乘蹻玉産地尋索」, 261-262쪽.

191 孫力·王忠華, 앞의 논문, 255쪽.

192 위의 논문, 259쪽.

째, 우하량유적에서 피장자의 머리에서 출토된 것보다 가슴, 배, 발 등 다른 곳에서 출토된 것이 더 많다. 둘째, 홍산문화 토기 중에서 바닥이 없는 파이프 모양의 통형기筒形器, 아가리 부분을 비스듬히 잘라낸 사구기斜口器가 종종 발견되는데 이 두 가지를 합해 놓은 형태가 사구통형옥기이다. 이런 토기들은 구역 표시 등으로 사용되어 머리 장식용과는 거리가 멀다. 셋째, 사구통형옥기의 높은 쪽과 낮은 쪽의 차이가 8센티미터 가까이 되거나 윗면의 형태가 머리 장식용으로 부적합해 보이는 사구통형옥기들이 있다. 넷째, 사구통형옥기 밑부분에 있는 두 개의 구멍은 머리 장식보다는 매다는 용도에 가까워 보인다. 다섯째, 높이 18센티미터에 달하거나, 반대로 높이 5센티미터 내외, 안지름 3센티미터 내외의 사구통형옥기들이 있는데[193] 이들은 머리 장식용으로 부적합해 보인다. 여섯째, 서주시대 무덤에서 발견된 동상이 쓰고 있는 관과는 형태가 많이 다르다. 일곱째, 점복의 용도라고 볼만한 자료도 부족하다.

193 柳冬青, 앞의 책, 71쪽.

도판 169 : 사구통형옥기, 높이 10.55센티미터, 바깥지름 8.34센티미터, 안지름 7.03센티미터, 두께 0.74센티미터, 홍산문화, 한국요하문명연구소 소장. 윗부분이 약간 더 넓고 경사각으로 절단되어 있으며 넓은 입구가 있는 실린더 형태의 옥기이다. 연두색의 옥으로서 부분적으로 갈색의 반점이 있다. 사구통형옥기는 주로 밑부분에 구멍이 두 개 뚫려 있는데 구멍이 없는 사구통형옥기들도 우하량유적에서 발굴되었다.

도판 170 : 사구통형옥기, 높이 11.80센티미터, 바깥지름 6.18센티미터, 안지름 5.27센티미터, 두께 0.73센티미터, 홍산문화, 한국요하문명연구소 소장. 높은 면과 낮은 면의 차이가 4.86센티미터이다. 홍산옥기 중에서 보기 드물게 주홍색이다. 가장자리는 반투명하고 내부 및 외부 표면에는 광택이 있다. 사구통형옥기의 용도에 대해서는 상투와 같은 머리 장식을 하는 데 사용되었다는 주장이 많지만 좀더 연구가 필요하다.

도판 169

도판 170

도구

홍산옥기의 용도는 형태, 출토 위치, 후대 유물과의 관계 등을 종합적으로 검토해서 추측하는 방법밖에 없다. 옥은 당시 최고로 귀한 물건이었고 옥기는 제기 또는 예기였다. 따라서 생산력 발전에 직접적인 영향을 미치는 일반 도구를 만드는 데 옥이 사용되었다고 보기 어렵다. 옥으로 만든 도구로 현재까지 발견된 것으로는 신과 소통하는 용도의 제사 용구, 귀족의 소장용으로 만든 도끼 정도이다.

1. 제사 용구

곽대순은 홍산옥기를 사람과 신이 소통하는 도구로 이해했다. 이렇게 보면 상당수의 홍산옥기가 제사 용구였을 것이다. 곽대순은 우하량유적에서 발굴된 길이 18.6센티미터의 옥기를 주검의 제사 때 사용하던 기구로 볼 수 있다고 주장했다. 도판 17의 조각과 유사한 형태이다. 곽대순은 이 조각을 무당이 굿할 때나 점을 칠 때 사용하던 도구로 파악했다. 하지만 나는 형태 등으로 보아 제사를 위한 용도라고 볼 수밖에 없는 유물들만 제사 용구로 분류하는 것이 합리적이라고 본다. 그래서 도판 17의 조각을 전신상으로 분류했다.

제사장이 제사를 지낼 때 사용했던 용구일 가능성이 높은 홍산옥기가 한국요하문명연구소에 소장되어 있다. 도판 171의 조각이다. 이러한 추론의 근거는 다음과 같다. 첫째, 길이 30.20센티미터, 너비 6.43센티미터, 두께 3.27센티미터이고 아랫부분의 형태가 손으로 잡기 적합하며 옆에 있는 뾰족한 부분은 격하게 움직일 때 손에서 빠져나가는 것을 막아주는 용도로 보인다. 즉, 제사장이 제사를 올리면서 손에 들고 춤을 추는 등 격렬하게 움직일 때 사용하기에 적합한 형태이다. 둘째, 윗부분이 뾰족한 형태의 뿔처럼 생겼는데 대한민국에서 최근까지 사용되던 무구巫具 중에 이와 비슷하게 삼지창 등의 형태로 생긴 것들이 있다. 셋째, 윗부분과 중간에 사람 또는 새의 눈으로 보이는 둥근 조각이 있는데 주술적인 느낌을 준다. 넷째, 중간과 아랫부분에 사격사무늬가 새겨져 있고 상당한 공을 들여서 만들었다. 사격자무늬는 주로 중요한 홍산옥기에 있다. 이보다 조금 작고 거의 유사한 형태의 유물이 한국홍산문화학술원에 소장되어 있다.

도판 171 : 제사 용구, 높이 30.20센티미터, 너비 6.43센티미터, 두께 3.27센티미터, 무게 864그램, 홍산문화, 한국요하문명연구소 소장. 칼슘화 현상이 나타났다. 중간과 아랫부분에 사격자무늬가 새겨져 있다.

도판 171

2. 도끼

홍산문화 시기에는 경작이 이루어졌고 이를 위해 도구들이 사용되었다. 일반적으로 돌로 만든 도끼, 끌, 칼, 보습 같은 도구들이 생산을 위해 사용되었다. 1984년 우하량유적 2지점 1호총 9호 무덤에서 발굴된 돌도끼가 요녕성문물고고연구소에 소장되어 있는 등 돌도구들이 종종 발견된다. 한편, 1990년 조양지구에서 발견되어 조양시박물관에 있는 옥도끼처럼[194] 홍산문화 무덤과 주거지에서 옥으로 제작된 도끼, 끌 같은 도구들도 발굴된다. 옥도끼는 돌도끼와 형태면에서 유사하지만 소재와 크기에서 차이가 있다. 무덤에서는 섬석옥閃石玉, 軟玉으로 만든 도구들도 발굴되는 등 주거지에서 발견되는 옥도끼보다 옥의 질이나 형태에서 더 우수하다. 무덤에서 발굴되는 옥도끼는 사용한 흔적이 거의 없어서 신분이 높은 사람들을 위하거나 제사 등을 위해 특별히 제작된 것으로 보인다.

한반도에서는 황해도 궁산, 인천 중산동, 납북동, 부안 계화도, 고성 문암리, 양양 오산리, 울진 후포리, 진안 갈머리유적 등에서 옥도끼가 출토되었다. 한반도에서는 연옥으로 만든 도끼는 확인되지 않았다. 무늬가 있는 옥질의 사문암, 응회암, 편마암 등을 정밀 마연하여 제작하여 마치 표면이 옥과 같은 색조와 광택을 띠는 것이 특징이다.[195]

---

194 郭大順·洪殿旭, 앞의 책, 141쪽.

195 복천박물관, 앞의 책, 43쪽.

도판 172 : 돌칼, 길이 11.7센티미터, 너비 3.6센티미터, 두께 0.8센티미터(왼쪽), 길이 11.3센티미터, 너비 3.7센티미터, 두께 0.9센티미터(오른쪽), 홍산문화, 한국요하문명연구소 소장. 홍산문화 시기에는 주로 돌로 된 도구들이 생산을 위해 사용되었다.

도판 173 : 돌보습, 길이 15.39센티미터, 너비 10.19센티미터, 두께 1.78센티미터, 홍산문화, 한국요하문명연구소 소장. 흥륭와문화, 조보구문화에서도 같은 형태의 돌보습을 만들었다.[196]

196 박진호·복기대, 앞의 책, 132-133쪽 ; 복기대, 앞의 책, 177쪽.

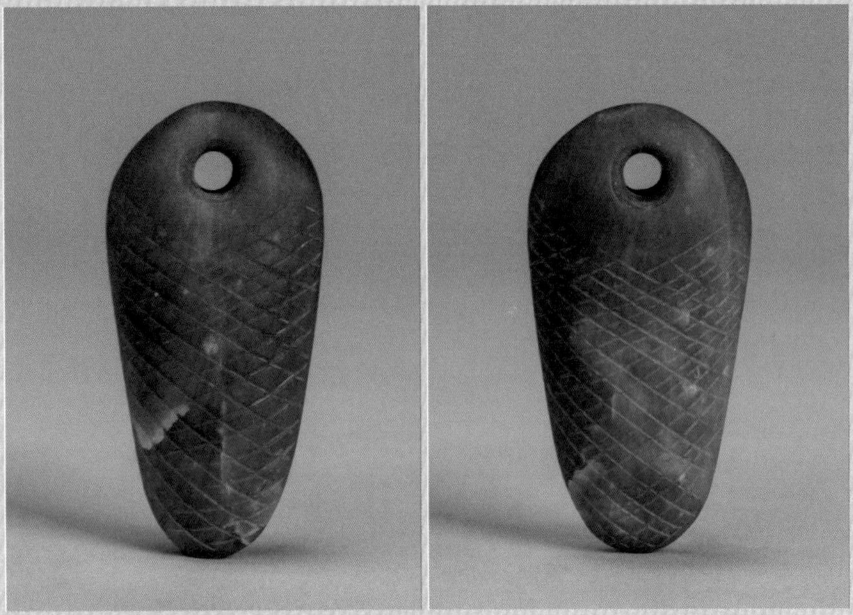

도판 174

도판 175

도판 176

도판 177

도판 178-1

도판 178-2

도판 174 : 옥도끼, 길이 8.21센티미터, 너비 4.00센티미터, 두께 2.08센티미터, 홍산문화, 한국요하문명연구소 소장. 작고 옥질이나 형태가 고급스러운 것을 보면 실제 생산을 위한 도구는 아니고 생활유적이 아닌 무덤에서 발굴되었을 가능성이 높다. 앞뒷면 전체에 사격자무늬가 있다. 사격자무늬가 있는 홍산문화 옥도끼는 현재까지 유일하다.

도판 175 : 옥도끼, 길이 11.76센티미터, 너비 5.23센티미터, 두께 2.15센티미터, 홍산문화, 한국요하문명연구소 소장. 홍산옥기들은 대부분 구멍이 있지만 옥도끼는 그 반대이다. 길이가 짧고 사다리꼴이며 구멍이 없고 평평한 표면에 날카로운 모서리가 있다. 좋은 옥을 사용한 것으로 보아 주거지가 아닌 무덤에서 발굴된 것으로 보인다. 이처럼 한 면을 가공하지 않고 자연스럽게 처리한 홍산문화 옥도끼가 오한기박물관, 파림우기박물관, 조양시박물관에 소장되어 있다. 한쪽 면을 자연스럽게 처리한 돌도끼는 흥륭와문화에서도 제작되었다.[197]

도판 176 : 옥도끼, 길이 11.43센티미터, 너비 4.96센티미터, 두께 1.98센티미터, 홍산문화, 한국요하문명연구소 소장. 연한 녹색의 옥인데 오랜 세월에 따른 색의 변화가 보인다. 양쪽 끝이 뾰족하게 연마되어 있다. 이 옥도끼도 중간 부분이 가장 두껍고 가장자리로 갈수록 얇아진다. 오한기박물관과 진단예술박물관에 형태가 유사한 옥도끼가 있다.

도판 177 : 옥도끼, 길이 10.78센티미터, 너비 4.79센티미터, 두께 2.18센티미터, 홍산문화, 한국요하문명연구소 소장. 구멍이 없고 사다리꼴에 가깝다. 중간 부분이 가장 두껍고 바깥쪽으로 갈수록 얇아져서 날카롭다. 표면은 납작하며 연마가 잘 안 되어 있다. 옥의 질이 좋지 않은 것으로 보아 주거지에서 수집되었을 것이다. 오한기박물관 등에 형태가 유사한 옥도끼가 소장되어 있다.[198]

도판 178-1 : 옥도끼 한 쌍, 길이 11.33센티미터, 너비 4.94센티미터, 두께 1.65센티미터, 옥도끼가 한 쌍으로 나오는 경우는 드물다. 광택이 있고 통통한 옥도끼로서 구멍이 있다. 머리는 날씬하며 평평하지 않다. 몸통 전체에 걸쳐 균일하게 얇고, 직선 상단 및 약간 바깥쪽으로 구부러지는 날카로운 가장자리가 있다. 노란색 옥을 사용했는데 일부분이 변해서 갈색이 되었다.

도판 178-2 : 길이 9.84센티미터, 너비 4.96센티미터, 두께 1.74센티미터, 중간 부분이 가장 두껍고 가장자리로 갈수록 얇아진다. 밑으로 내려올수록 너비가 넓어지는데 밑면은 날카롭다. 유사한 형태의 옥도끼가 오한기박물관에 소장되어 있다.

---

197 조빈복, 앞의 책, 63쪽.

198 朱宇迅, 앞의 책, 95-96쪽.

제2부

홍산문화와 고대 한민족

홍산옥기의 사격자무늬와 한반도

동아시아에서 용과 봉황의 기원

홍산옥기의 사격자무늬와 한반도[199]

1. 무늬의 의미

무늬文樣, pattern는 미적 감각을 불러일으키기 위해 점이나 선, 색채를 도형과 같이 형상화한 것으로 형체形體, form, 색조色調, color combinations와 함께 미적 표현의 3요소로 꼽힌다. 무늬는 인간만이 지닌 의미 있는 상징적인 사고의 표현물로서 의식의 반영이며 정신 활동의 소산임과 동시에 창조적 미화 활동의 결과이다. 무늬의 시원에 대해서는 여러 가지 학설이 있지만 기호설이 유력하다.[200] 무늬의 발생은 원시시대까지 거슬러 올라간다. 고대 인류가 자연에서 일어나는 모든 현상과 사물의 모양을 모방하여 그림을 새겨 의사전달 수단으로 삼게 되었고 혹은 어떤 주술적인 효력을 빌기 위한 방법으로 쓰여지던 일종의 부적을 사용함으로써 비로소 기호와 문자가 나타나게 되었는데, 그 상형은 결국 무늬의 시작이 된다고 할 수 있다. 전통무늬의 배후에는 자연과 우주에 대한 외경심이 깃들

199 제2부에 실는 2편의 논문은 제1부와 독립적으로 작성했고 독자의 이해를 돕기 위해 제1부의 내용이나 도판이 중복되는 부분이 있다.

200 임영주, 앞의 책, 28쪽.

어 있는가 하면 한편으로 자연의 생태를 인간 중심으로 관찰하고 해석하는 인간 중심주의도 함께 자리하고 있다.[201]

무늬의 양식은 크게 기하학적 양식, 식물문 양식, 동물문 양식, 자연문 양식 등으로 나누게 되는데, 이들의 여러 구성법은 모두 좌우상칭과 리듬이라는 기초적인 예술법칙의 순리에 따라 이루어지고 있다. 기하학적무늬는 점과 선으로서 삼각무늬, 사각무늬, 문살무늬, 번개무늬, 방사선무늬, 톱니무늬류와 원무늬, 타원무늬, 동심원무늬, 소용돌이무늬류 등을 만드는데, 이들을 모두 보통 '원시무늬'라고 부른다. 이러한 원시무늬는 곧 주술적인 특징을 지니는데, 크게 일반생활에 유용한 물건의 제작에 따르는 기술적인 작업과정에서 나타나는 예술적 산물이거나, 그와는 달리 특수한 신비적 정신세계와 연관되는 어떤 관념의 표현 또는 이러한 관념에 결부되는 제사적인 목적으로 제작되는 의례적 산물로도 볼 수 있다.

2. 전통무늬의 중요성

순수 감상용 미술이 작가 개인이 주관적 사상과 정서를 표현한 것인 반면에 생활 미술로서의 무늬는 항상 집단적인 가치 감정의 상징형으로 일반화되어 있다.[202] 무늬는 주술적인 것에서 시작되었고 시대가 내려옴에 따라 그 본래의 뜻을 잃는 대신 그 형상이 전통적으로 승계되어 민족적인 특성을 잘 보존한다. 무늬는 본래 한 민족의 미의식, 생활의 여건과 감정, 정신적인 가치를 아울러 반영하는 것이기 때문에 시대와 민족에 따른 특징적인 양상을 보인다. 언어나 문자와 마찬가지로 사용 주체인 민족과 그 민족이 처한 역사적 배경에 따라 고유한 형태로 나타난다. 무늬는 민족 문화의 소산으로서 민족의 자연적,

201 허균, 앞의 책, 19쪽.

202 위의 책, 11쪽.

지리적, 환경에 풍토, 종교, 사상 등이 작용되어 표출된 조형의지이다.[203] 전통무늬는 민족의 삶과 정서적인 가치를 반영하며 전해 내려오는 문화이다. 민족적인 공감을 형성하는 전통무늬의 상징적 의미는 카를 구스타프 융Carl Gustav Jung의 '집단적 무의식Collective unconscious' 개념을 들어 설명할 수 있다. 집단적 무의식은 예술이나 꿈을 통해서도 표현되며 민족정서에도 영향을 미친다.

무늬는 어떤 대상에, 어떤 목적으로, 어느 위치에 배치하고, 어떤 양식으로 구성하느냐를 분명하게 의도한다. 무늬가 베풀어진 대상과 표현방법은 지역문화권과 시대적 특성을 반영하지만 같은 문화권에 속해 있다고 하여도 그 민족 나름대로의 고유 생활문화는 은연중 민족 전통양식을 낳게 마련이다.[204] 그래서 무늬는 일정한 질서에 의해 그 나라나 민족의 독특한 미술양식을 지니게 된다. 무늬는 독특한 지역성이 존재할 수 있으므로 형태적인 속성만큼 지역간의 교류양상을 파악할 수 있는 연구 대상이 될 수 있다. 서구에서는 토기를 통한 문화구분에 있어서 형태적인 속성보다 무늬의 조합에 의한 양식을 기준으로 삼는 예들이 많다. 예컨대, 미국 남서부의 아나사지Anasazi, 모골론Mogollon, 호호캄Hohokam 등 세 문화는 토기의 문양과 색상을 그러한 기준으로 삼고 있다.[205] 대한민국에서는 빗살무늬토기의 연원에 대한 연구가 대표적이다. 소설가 최인호는 고구려토기에서 '#' 형태의 무늬를 우연히 발견하고 그 비밀을 찾기 위해 국내와 중국을 답사하는 등 노력을 기울였다. 그는 1995년 그 사실을 소설로 구성해서 『왕도의 비밀』을 썼는데 자신의 가장 고통의 소산이라고 말했다.[206]

203 안창현, 「고구려 고분벽화에 나타난 기하학문양에 대한 연구」, 서울여자대학교 대학원, 학술저널, 1999, 539쪽.

204 임영주, 앞의 책, 22쪽.

205 김옥순, 「5세기 영남 지역 토기문양의 변화와 교류맥락」, 한국상고사학보, 제71호, 2011, 118쪽.

206 최인호, 『왕도의 비밀』 2, 샘터, 1995, 329쪽.

3. 홍산문화의 무늬

홍산옥기는 직설적이고 단순한 표현을 하는 경향이 있어서 형태의 특징을 조각하는 데 그칠 뿐이고 무늬가 있는 경우는 드물다. 홍산옥기에 새겨진 무늬는 거의 대부분이 옆으로 뉘인 듯한 마름모 형태의 격자 형태이다. 통상 '사격자斜格子무늬', '사선격자문', '그물망무늬', '망격문網格紋' 등으로 불린다. 중국학자들은 홍산옥기에 새겨진 무늬를 주로 '망격문'이라고 부르고[207] 이찬구 등은 '그물망무늬'라고 부르는데[208] 같은 뜻이다. 하지만 직선으로 가파르게 긋는 기법으로 조각되어서 '그물'보다는 '격자'가 맞고 그중에서도 경사가 있으니 '사격자무늬'가 정확한 표현이다. 사격자무늬는 기하학적무늬 중 하나로서 일정한 규칙성을 가진다. 사격자무늬는 그어서 새겼고 다른 무늬와 함께 있는 경우는 드물다. 사격자무늬가 있는 홍산옥기는 전체의 5% 내외로 보인다. 사격자무늬는 다양한 유형의 홍산옥기에서 발견된다. 현재까지 확인된 것은 C형용, 반인반수상, 봉황, 동물신, 제사장, 인물상, 여성상, 얼굴상, 돼지, 매미, 박쥐, 새, 물고기, 용옥패, 머리핀, 제사 용구, 도끼이다.

도판 179 : 통형기, 높이 28.9센티미터, 입지름 32.4센티미터, 밑지름 11.9센티미터, 홍산문화, 우하량유적 제5지점 출토, 요녕성박물관 소장. 사진 遙寧省文物考古研究所, 『遙寧省文物考古研究所藏 文物精華』, 5쪽. 홍산옥기와 동일한 형태와 기법으로 사격자무늬가 새겨져 있다.

207 陳逸民·陳鶯, 앞의 책, 138쪽 ; 鳴棠海, 『中國古代玉器』, 科學出版社, 2012, 78쪽 ; 震旦藝術博物館, 앞의 책, 79, 86, 88쪽 ; 조빈복, 앞의 책, 1996, 59쪽.

208 이찬구, 앞의 책, 235쪽.

도판 180 : 사격자무늬가 새겨진 토기, 높이 18.4센티미터, 입지름 16.1센티미터, 밑지름 10.3센티미터, 홍산문화, 한국요하문명연구소 소장. 사방 네 곳에 걸쳐서 음각으로 사격자무늬가 새겨져 있는데 네 곳의 무늬가 똑같지 않고 자연스럽다. 홍산옥기에 사격자무늬를 새긴 기법과 동일하다.

도판 181 : 사격자무늬가 새겨진 세발토기, 높이 9.59센티미터, 입지름 12.48센티미터, 밑지름 14.29센티미터, 홍산문화, 한국요하문명연구소 소장. 세 개의 다리 부분에 음각으로 사격자무늬가 각획기법으로 새겨져 있는데 모두 길이와 형태가 다르다.

사격자무늬가 새겨진 홍산옥기는 크거나 옥질이 우수하거나 조형이 아름다운 것이 많다. 즉, 주로 수준이 높은 홍산옥기에 사격자무늬를 새겼다.

우하량유적 제5지점에서 발견된 통형기 등 홍산문화 토기에서도 사격자무늬가 발견된다. 홍산토기의 대부분은 어깨와 몸통에 새겨 넣거나 그려 넣은 무늬가 있는데 그 중 하나가 사격자무늬이다.[209] 사격자무늬 이외에 덧띠무늬, 가는 삿자리무늬, 세모무늬, 빗살무늬, 손톱무늬, 찍은 점무늬, 짐승 그림, 원시 부호 등이 사용되었다. 나사대유적에서도 격자무늬가 있는 토기가 발굴되었다.

4. 요하문명의 사격자무늬

사격자무늬는 요하문명인 흥륭와문화, 조보구문화, 소하연문화에서도 발견된다. 이를 보면 사격자무늬는 요하문명을 관통하는 중요한 무늬임을 알 수 있다. 흥륭와문화 시기에는 몸통 전체에 사격자무늬를 새긴 토기들이 종종 발견된다.[210] 사격자무늬는 주로 압인문보다 각획刻劃문 위주이다.[211] 즉, 그어서 새겼다. 흥륭와문화의 원통형 석인상(**도판 182**)에도 이마와 머리 뒤쪽 부분에 사격자무늬가 새겨져 있다.[212] 이 석인상은 높이 8.3센티미터, 밑지름 5.3센티미터로서 현재 오한기박물관에 소장되어 있다.

조보구문화 유물로 알려져 있는 오한기박물관 소장의 녹문존형기鹿紋尊形器(**도판 183**)[213] 등 토기에서도 사격자무늬가 발견된다. 이 녹문존형기는 1983년 남대지南台地

209 조빈복, 앞의 책, 97쪽.

210 우실하, 『동북공정 너머 요하문명론』, 소나무, 2007, 213쪽 ; 우실하, 『요하문명과 한반도』, 63쪽 ; 복기대, 앞의 책, 223쪽 ; 박진호·복기대, 앞의 책, 82, 122, 126, 128쪽.

211 조빈복, 앞의 책, 59쪽.

212 敖漢文物精華 編輯委員會, 앞의 책, 52쪽 ; 于建設, 앞의 책, 32쪽 ; 우실하, 『동북공정 넘어 요하문명론』, 297쪽.

213 敖漢文物精華 編輯委員會, 앞의 책, 54쪽.

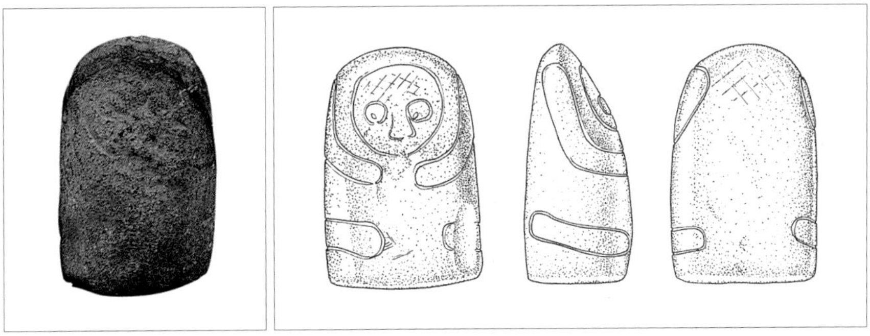

도판 182 : 석인상, 높이 8.3센티미터, 밑지름 5.3센티미터, 흥륭와유적 출토, 오한기박물관 소장. 이마와 머리 뒤쪽에 사격자무늬가 새겨져 있다. 사진 및 그림 于建設, 『紅山玉器』, 遠方出版社, 2004, 32쪽.

도판 183 : 녹문존형기, 높이 20.2센티미터, 밑지름 10.5센티미터, 구경 19.1센티미터, 조보구문화, 남대지유적 출토, 오한기박물관 소장. 사진 敖漢文物精華 編輯委員會, 『敖漢文物精華』, 2004, 54쪽. 사슴무늬 안에 사격자무늬를 가득 새겨 넣었다.

유적에서 출토되었다. 우실하 교수의 『고조선문명의 기원과 요하문명』에서도 소산유적 신령도안 존형기(**높이 25.5센티미터, 구경 25.5센티미터, 밑지름 10.6센티미터, 목 높이 10.3센티미터**)를 소개하고 있다.[214] 조보구문화에서 처음 등장하는 흑도를 바탕으로 도안의 안쪽이나 바깥쪽을 사격자무늬 등을 그어서 제거하고 도안을 도드라지게 만드

214 우실하, 『고조선 문명의 기원과 요하문명』, 335-336쪽.

는 기법은 조보구문화보다 조금 늦은 신석기시대에 한반도 북부 지역과 한강 일대, 연해주 일대의 토기에서도 발견된다.

소하연문화에서도 사격자무늬가 발견되는데 소하연문화의 토기에는 언제나 긋는 무늬(**각획문**) 또는 원시인의 그림과 문자부호가 처리되었다.[215] 이러한 기법은 중원의 황하문명 지역에서는 발견되지 않는다. 이것은 요하문명 지역이 황하문명 지역과는 다른 독자적인 문화권이었고 연해주와 한반도가 요하문명 지역과 밀접하게 연결되어 있다는 사실을 증명해 준다.[216]

중국 동북 지역에서 발견된 신석기 유적은 100여 곳이고 그 중에서 이름이 붙여진 곳은 20여 곳이다. 상대적으로 지리적 폐쇄성을 가진 중국 동북 지역은 하나의 독립적이며 온건한 고고문화 구역으로서 문화 면모가 뚜렷한 자체의 독특함을 가지고 있다.[217] 소주산小珠山중층문화,[218] 소주산상층문화,[219] 좌가산左家山하층문화,[220] 신개류新開流문화[221] 등에서도 사격자무늬를 그어서 새긴 토기가 발견되었다.

---

215 조빈복, 앞의 책, 130쪽.

216 우실하, 『요하문명과 한반도』, 144-145쪽.

217 조빈복, 앞의 책, 46쪽.

218 許玉林·許明綱·高美璿, 「旅大地區新石器時代文化和靑銅時代文化槪述」, 遙寧省博物館 編, 앞의 책, 164쪽 ; 조빈복, 앞의 책, 159쪽.

219 위의 논문, 165쪽 ; 조빈복, 앞의 책, 162쪽.

220 위의 책, 186쪽.

221 위의 책, 226쪽.

5. 홍산옥기에 나타나는 사격자무늬

가. 사람

인물상 중에서 사격자무늬가 발견되는 유물로는 파림우기박물관 소장 얼굴상(**도판 184**), 한국요하문명연구소 소장 인물상 2점(**도판 185, 도판 186**), 여성상(**도판 187**), 북경 국립고궁박물원 소장 제사장(**도판 188**), 한국요하문명연구소 소장 제사장(**도판 189**), 진단예술박물관 소장 인물상 등이 있다. 인물상에서 사격자무늬는 주로 머리나 이마에 새겨져 있다. 도판 188, 도판 189에서 보듯이 제사장 형태의 홍산옥기에서는 소매와 옷 부분에 사격자무늬가 있는데 당시 귀족이나 제사장 등이 입었던 옷의 무늬로 보인다. 도판 187은 남녀 인물상 한 쌍 중에서 여성상에서만 사격자무늬가 있어서 주목된다. 이는 홍산문화가 여성 우위 사회라는 사실에 대한 중요한 증거이다.

도판 184 : 얼굴, 길이 4.3센티미터, 너비 3.8센티미터, 두께 1.7센티미터, 홍산문화, 내몽고 파림우기 출토, 파림우기박물관 소장. 사진 石陽 主編, 앞의 책, 54-55쪽 ; 朱宇迅, 『紅山文化 玉器硏究』, 中國書店出版社, 2012, 71쪽. 입 부분에 사격자무늬가 있다.

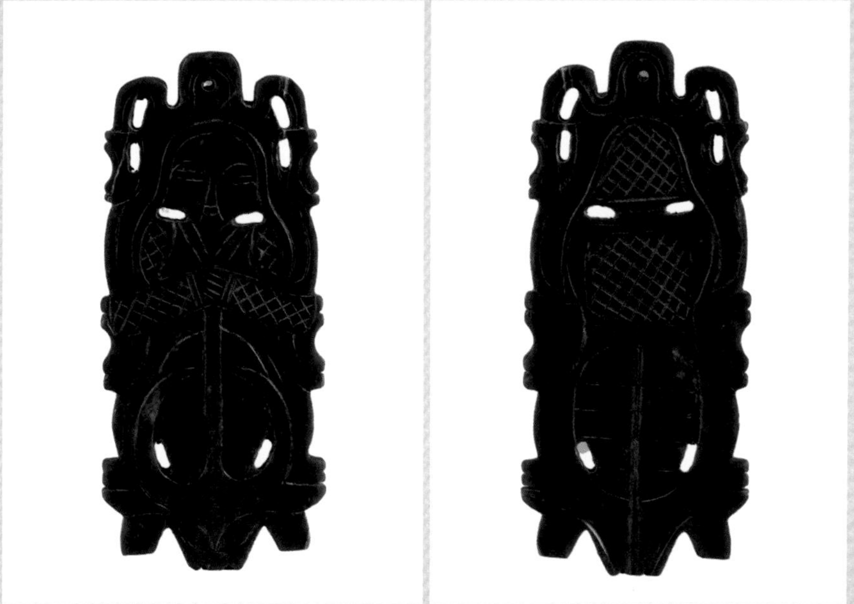

도판 185 도판 186

도판 187 도판 188

도판 189 도판 189

도판 185 : 사람, 높이 11.38센티미터, 너비 4.85센티미터, 두께 2.34센티미터, 홍산문화, 한국요하문명연구소 소장. 인물상에는 주로 머리 부분에 사격자무늬가 있다.

도판 186 : 사람, 높이 8.79센티미터, 너비 3.49센티미터, 두께 2.35센티미터, 홍산문화, 한국요하문명연구소 소장. 머리 부분에 사격자무늬가 있다. 오른쪽 끝부분은 왼쪽 아래를 향한 선은 뚜렷한데 반해 오른쪽 아래를 향한 선은 뚜렷하지 않는 등 자연스럽다.

도판 187 : 여성상, 높이 7.13센티미터, 너비 3.73센티미터, 두께 2.35센티미터, 홍산문화, 한국요하문명연구소 소장. 남성상과 한 쌍인데 여성상의 머리에만 사격자무늬가 있다. 여성상이 남성상보다 더 큰 점, 중요한 유물에 주로 새겨진 사격자무늬가 여성상에만 있는 점을 보면 홍산문화 시기에 여성이 남성보다 우위였을 것이다.

도판 188 : 제사장, 길이 27.7센티미터, 너비 11.7센티미터, 두께 1.5-2.5센티미터, 홍산문화, 북경 국립고궁박물원 소장. 사진 柳冬青, 『紅山文化』, 內蒙古大學出版社, 2002, 251쪽. 앞면과 뒷면의 옷 부분에 사격자무늬가 있다.

도판 189 : 제사장, 길이 20.96센티미터, 너비 9.27센티미터, 두께 0.86센티미터, 홍산문화, 한국요하문명연구소 소장. 옷 부분에 사격자무늬가 있다. 이런 형태의 조각은 후홍산을 비롯한 후대에도 만들어지는데 대부분 사격자무늬가 새겨져 있다.

나. 신

비교적 크거나 형태가 특이한 반인반수상에서는 사격자무늬가 종종 발견된다. 이마 주변, 머리 뒷부분, 목 아랫부분 등 여러 곳에 상당히 넓게 조각된 경우가 많다. 진단예술박물관 소장(**도판 190**), 클리블랜드미술관 소장(**도판 191**), 한국요하문명연구소 소장(**도판 192 내지 194**) 반인반수상이 그 예이다.

현재까지 확인된 동물신 조각은 진단예술박물관 소장 1점(**도판 195**), 한국요하문명연구소 소장 3점(**도판 196, 도판 197**), 개인 소장 2점 등 총 6점이다. 6점밖에 안 되지만 100%에서 사격자무늬가 발견되는 것은 매우 이례적이다. 다른 홍산옥기에서 5%정도 발견되는 것과 비교된다. 이 동물신 조각은 곰을 그대로 형상화한 것은 아니지만 곰을 염두에 두고 만든 것이다. 동물신의 모습과 같은 형태를 가진 동물은 곰밖에 없다. 호랑이 등도 서서 포효하지만 발바닥 전체를 붙이고 서는 동물은 곰과 유인원밖에 없다. 그런데 유인원은 동물신 조각의 형태와 거리가 멀다. 아래에서 살피겠지만 사격자무늬는 '곰' 또는 '곰족'을 뜻하는 것이다. 따라서 동물신 조각에는 반드시 그 동물이 '곰' 또는 '곰족'이라는 표시를 한 것으로 해석된다. 진단예술박물관과 한국요하문명연구소 소장의 동물신 조각은 머리 부분에 사격자무늬가 있다. 한국요하문명연구소 소장의 다른 동물신 조각은 앞뒤의 배, 등 부분에 사격자무늬가 있다.

도판 190 : 반인반수상, 높이 15.5센티미터, 너비 6.5센티미터, 두께 3.2센티미터, 홍산문화, 진단예술박물관 소장. 사진 震旦藝術博物館, 『紅山玉器』, 2007, 87쪽. 도판번호 36. 이마와 뿔, 머리 뒷부분, 목 아랫부분에 사격자무늬가 있다.

도판 191	도판 192
도판 193	도판 193

도판 191 : 반인반수상, 높이 13.2센티미터, 너비 5.3센티미터, 홍산문화, 클리블랜드미술관 소장. 사진 朱宇迅, 앞의 책, 68쪽. 이마에 사격자무늬가 있다.

도판 192 : 반인반수상, 높이 23.80센티미터, 너비 7.63센티미터, 두께 4.95센티미터, 홍산문화, 한국요하문명연구소 소장. 이마와 뿔 부분에 사격자무늬가 있고 뒷면에는 없다.

도판 193 : 반인반수상, 높이 18.19센티미터, 너비 7.07센티미터, 두께 4.52센티미터, 홍산문화, 한국요하문명연구소 소장. 이마와 뿔 등 앞에 2곳, 뒷면에 3곳 등 5곳에서 사격자무늬가 발견된다.

도판 194 : 반인반수상, 높이 10.79센티미터, 너비 4.80센티미터, 두께 2.99센티미터, 홍산문화, 한국요하문명연구소 소장. 이마와 뒷면에 사격자무늬가 있다.

도판 195 : 동물신, 높이 10.5센티미터, 너비 9.2센티미터, 두께 2.1센티미터, 홍산문화, 진단예술박물관 소장. 사진 震旦藝術博物館, 앞의 책, 88-89쪽, 도판번호 37. 뒷머리에 사격자무늬가 있다. 특이하게도 동물신 조각은 100% 사격자무늬가 새겨져 있는데 다른 유형의 옥기에서는 이런 경우가 없다.

도판 196 : 동물신 한 쌍, 높이 14.78센티미터, 너비 10.11센티미터, 두께 4.51센티미터(왼쪽), 높이 15.85센티미터, 너비 11.11센티미터, 두께 3.65센티미터(오른쪽), 홍산문화, 한국요하문명연구소 소장. 모두 머리 윗부분에 사격자무늬가 있다.

도판 197 : 동물신, 높이 8.19센티미터, 너비 4.96센티미터, 두께 3.08센티미터, 홍산문화, 한국요하문명연구소 소장. 배, 등부분에 사격자무늬가 있다.

다. 용과 봉황

C형용도 사격자무늬가 많이 발견되는 유물 중 하나이다. 주로 크고 형태가 특이한 C형용에서 발견되는데 이마와 턱 부분에 사격자무늬가 있는 경우가 많다. '중화제일룡'으로 알려진 중국국가박물관 소장품(**도판 198**), 진단예술박물관 소장품(**도판 199**), 한국요하문명연구소 소장품(**도판 200**), 오당해가 펴낸 『중국고대옥기』 78쪽의 유물도 같은 위치에 사격자무늬가 있다. 한국요하문명연구소 소장의 C형용(**도판 201**)은 이마와 턱은 물론, 옆 부분 2곳에도 사격자무늬가 있다. 옆면의 한쪽에는 왼쪽 아래를 향한 선이 11개, 오른쪽 아래를 향한 선이 10개이며 다른 면에는 왼쪽 아래를 향한 선이 10개, 오른

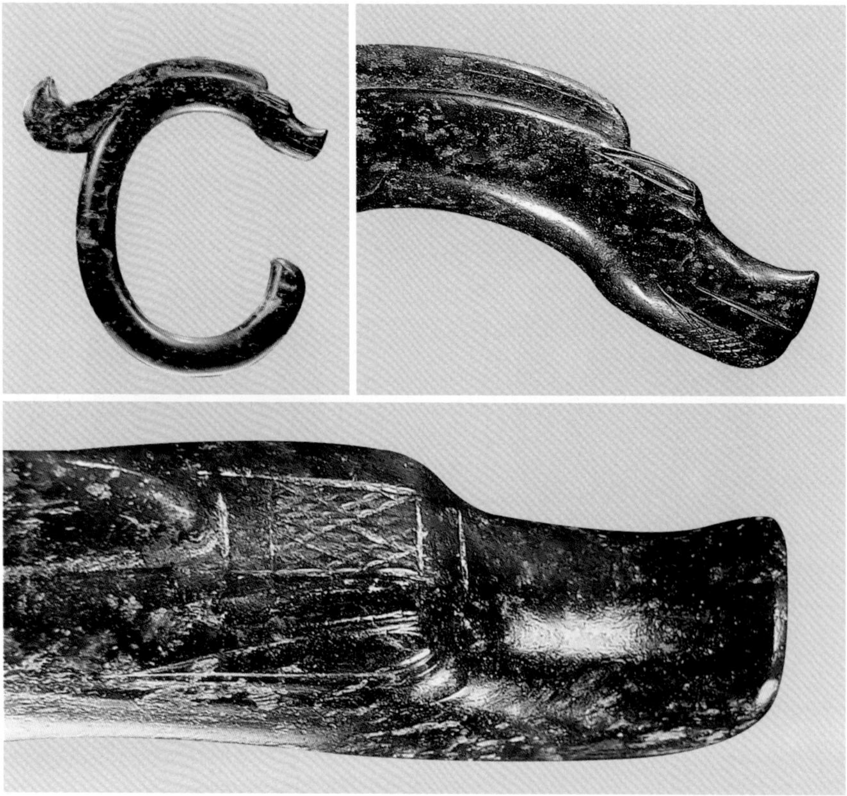

도판 198 : C형용, 높이 26.3센티미터, 너비 29.3센티미터, 두께 2.3-2.9센티미터, 홍산문화, 1971년 삼성타랍 발굴, 중국국가박물관 소장. 사진 郭大順·洪殿旭, 『紅山文化玉器鑑賞』, 文物出版社, 2014, 3, 94-95쪽. 홍산옥기를 대표하는 이 옥기에도 이마와 턱에 사격자무늬가 있다.

도판 199 : C형용, 높이 18.6센티미터, 너비 14.2센티미터, 두께 3센티미터, 홍산문화, 진단예술박물관 소장. 사진 震旦藝術博物館, 앞의 책, 48쪽, 도판번호 1. 이마와 턱 부분에 사격자 무늬가 뚜렷하다.

도판 200 : C형용, 높이 21.2센티미터, 너비 20.8센티미터, 두께 2.43센티미터, 홍산문화, 한국요하문명연구소 소장. 이마와 턱에 사격자무늬가 새겨져 있다.

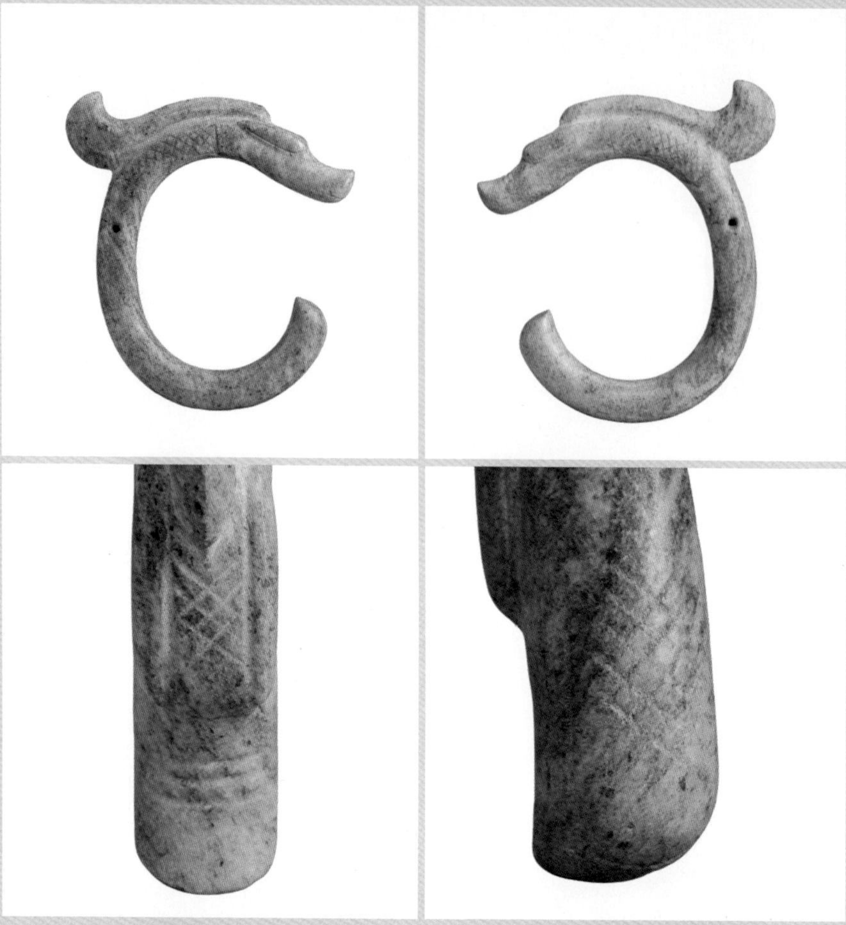

도판 201 : C형용, 높이 26.42센티미터, 너비 24.32센티미터, 두께 3.09센티미터, 홍산문화, 한국요하문명연구소 소장. 사격자무늬가 이마와 턱뿐 아니라 몸통의 양쪽 옆에도 있다. 양쪽 옆부분에 사격자무늬가 새겨진 C형용은 유일하다.

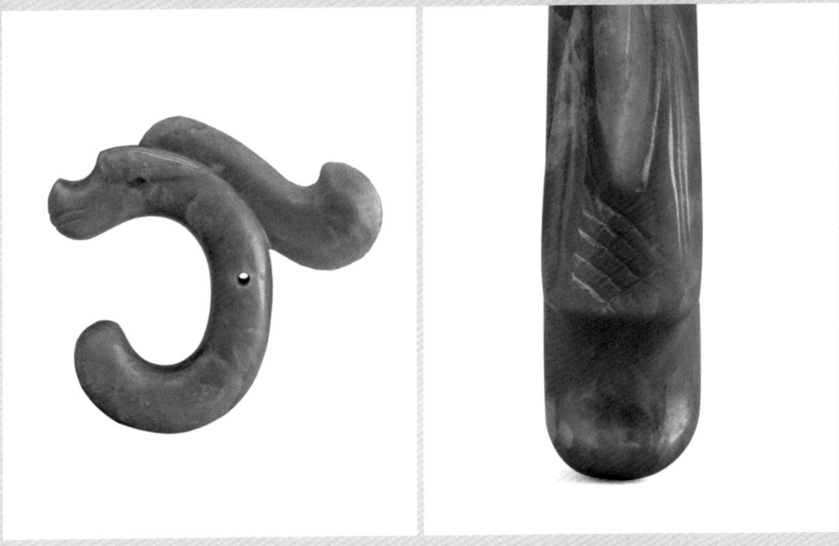

도판 202 : 초기 C형용, 높이 12.29센티미터, 너비 13.17센티미터, 두께 2.18센티미터, 홍산문화, 한국요하문명연구소 소장. 이마 부분에 사격자무늬가 있다.

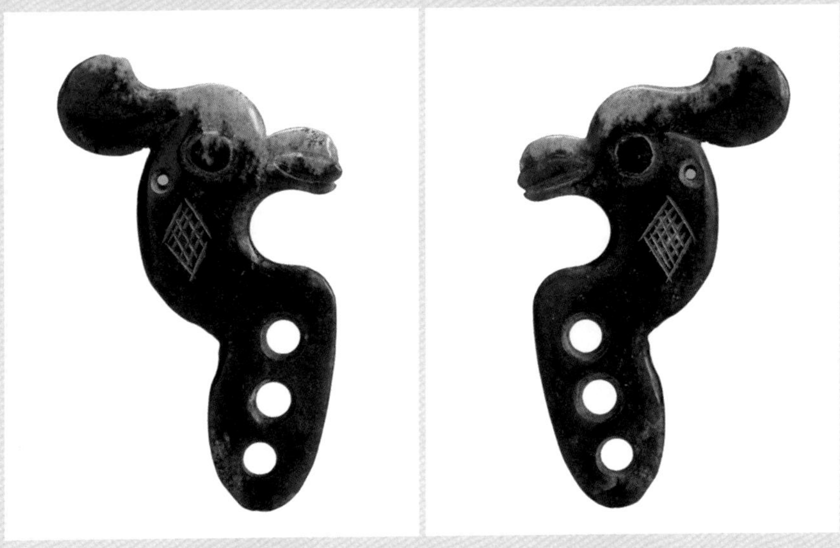

도판 203 : 용 모양의 장신구, 길이 13.32센티미터, 너비 9.33센티미터, 두께 0.91센티미터, 홍산문화, 한국요하문명연구소 소장. 양쪽 옆면에 사격자무늬가 새겨져 있는데 형태가 다르다.

도판 204 : 용옥패, 길이 4센티미터, 너비 1.2센티미터, 두께 0.3센티미터, 홍산문화, 진단예술박물관 소장. 사진 震旦藝術博物館, 앞의 책, 199쪽, 도판번호 146. 윗부분 중간에 사격자무늬가 있다. 용옥패 중에 사격자무늬가 있는 유물은 드물다.

도판 205 : 이빨무늬 옥패(齒邊紋玉佩), 가로 길이 10.5센티미터, 너비 4.5센티미터, 두께 0.3센티미터, 홍산문화, 개인 소장. 사진 震旦藝術博物館, 앞의 책, 271쪽, 도판번호 237. 윗부분 중간에 사격자무늬가 있다.

쪽 아래를 향한 선이 10개이다. 같은 연구소 소장의 작은 C형용(**도판 202**)에서는 이마 부분에서만 사격자무늬가 발견된다. C형용 이외에도 사격자무늬가 새겨진 용 모양의 장신구도 있다(**도판 203**). 용옥패의 수량이 꽤 많은 데 비해 사격자무늬가 있는 유물은 드물다. 진단예술박물관에서 소장 중인 옥패(**도판 204**), 개인 소장의 옥패(**도판 205**), 백악의 『옥해습진』에서 소개하고 있는 옥패[222]에 사격자무늬가 있다.

봉황에서 사격자무늬가 발견된 것은 한국요하문명연구소 소장품(**도판 206**)이 유일하다. 암수로 보이는 한 쌍이 발견되었는데 그 중 암컷으로 보이는 봉황 조각에만 사격자무늬가 있다. 이는 인물상 한 쌍 중에서도 여성상(**도판 187**)에서만 사격자무늬가 있는 것과 관련이 있을 것이다. 즉, 여성 우위의 사회라는 증거이다.

도판 206 : 봉황 암컷, 길이 15.04센티미터, 너비 7.49센티미터, 두께 1.08센티미터, 홍산문화, 한국요하문명연구소 소장. 봉황 한 쌍 중 암컷인 '황(凰)'의 양쪽 면에 사격자무늬가 있다. 한쪽은 선이 큰 다이아몬드 안에서 벗어나지 않았고 다른 한쪽은 많이 벗어났다. 이처럼 홍산옥기에 새겨진 사격자무늬의 조형은 틀에 박히지 않고 자유분방하다.

222 柏岳, 앞의 책, 78쪽, 도판번호 112.

라. 새

무늬는 어떤 대상에, 어떤 목적으로, 어느 위치에 배치하고, 어떤 양식으로 구성하느냐를 분명하게 의도한다. 다른 유형의 홍산옥기들은 대개 일정한 위치에 사격자무늬가 있다. 그런데 새 조각은 다양한 위치에서 사격자무늬가 발견된다. 북경 국립고궁박물원 소장의 새 조각(**도판 207**)에는 목 부분, 천진시예술박물관 소장의 새 조각(**도판 208**), 한국요하문명연구소 소장의 새 조각(**도판 209**)에는 꼬리 부분, 진단예술박물관 소장의 새 머리 조각(**도판 210**)에는 이마 부분, 같은 박물관 소장의 새 조각(**도판 211**)에는 몸통과 부리 부분에 사격자무늬가 있다. 같은 박물관 소장의 새 조각(**도판 212**)에는 몸통 윗부분, 개인 소장의 새 조각(**도판 213**)은 날개 윗부분에 사격자무늬가 보인다. 한국요하문명연구소 소장의 새 조각(**도판 214**)에도 양쪽 날개 윗부분에 있는데 왼쪽 아래를 향한 선이 왼쪽은 다섯 개, 오른쪽은 네 개로써 차이가 있고 다이아몬드 형태의 크기가 서로 다르다. 백악이 저술한 『옥해습진』에 나오는 새 조각,[223] 까마귀 형태 조각,[224] 서강이 지은 『홍산문화고옥감정』에 나오는 새 조각,[225] 진일민, 진행이 쓴 『홍산옥기도감』에 나오는 매 형태 조각[226]에도 사격자무늬가 있다.

---

223 위의 책, 49쪽, 도판번호 69.

224 위의 책, 62쪽, 도판번호 85.

225 徐强, 앞의 책, 156쪽, 도판번호 219.

226 陳逸民·陳鶯, 앞의 책, 138쪽, 도판번호 170.

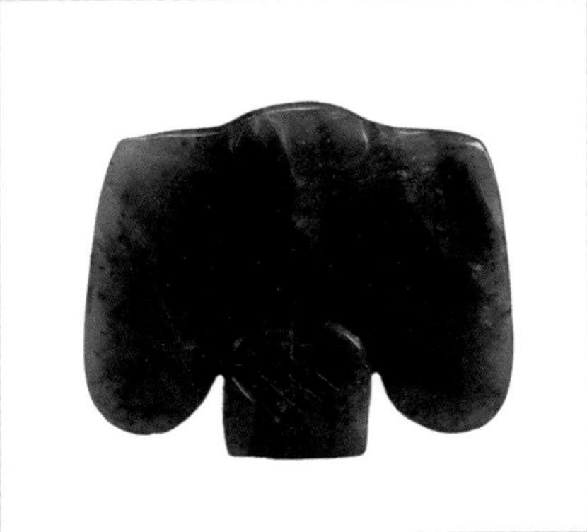

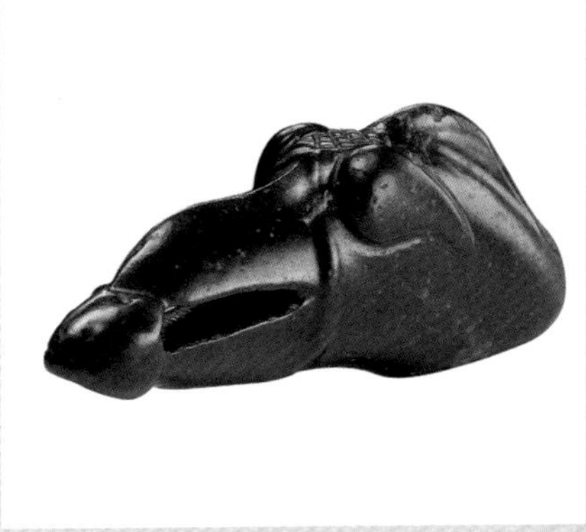

도판 207	도판 208
도판 209	도판 210

도판 207 : 새, 길이 7.3센티미터, 너비 5.8센티미터, 홍산문화, 북경 국립고궁박물원 소장. 사진 震旦藝術博物館, 앞의 책, 136쪽, 도판번호 81. 목 부분에 사격자무늬가 있다.

도판 208 : 새, 길이 5.7센티미터, 너비 5.2센티미터, 홍산문화, 천진시예술박물관 소장.[227] 꼬리 부분에 사격자무늬가 있다. 다른 유형의 홍산옥기들은 대개 일정한 위치에 사격자무늬가 있는데 반해 새 조각은 다양한 위치에 나타난다.

도판 209 : 독수리, 길이 4.56센티미터, 너비 5.67센티미터, 두께 0.72센티미터, 홍산문화, 한국요하문명연구소 소장. 꼬리 부분에 사격자무늬가 있다.

도판 210 : 새 머리, 길이 11센티미터, 너비 4센티미터, 두께 2.4센티미터, 홍산문화, 진단예술박물관 소장. 사진 震旦藝術博物館, 앞의 책, 157쪽, 도판번호 102. C형용처럼 이마 부분에 사격자무늬가 있다.

227 郭大順·洪殿旭, 앞의 책, 172쪽.

도판 211	도판 212
도판 213	도판 214

도판 211 : 새와 물고기(鳥魚佩), 길이 6.6센티미터, 너비 3.3센티미터, 두께 1.5센티미터, 홍산문화, 진단예술박물관 소장. 사진 震旦藝術博物館, 앞의 책, 137쪽, 도판번호 82. 몸통과 부리 부분에 사격자무늬가 있다.

도판 212 : 새, 길이 3.8센티미터, 너비 2.5센티미터, 두께 0.9센티미터, 홍산문화, 진단예술박물관 소장. 사진 震旦藝術博物館, 앞의 책, 134쪽, 도판번호 78. 몸통 윗부분에 사격자무늬가 있다.

도판 213 : 새, 높이 7.3센티미터, 너비 5.5센티미터, 두께 0.5센티미터, 홍산문화, 개인 소장. 사진 震旦藝術博物館, 앞의 책, 138쪽, 도판번호 83. 날개 윗부분에 사격자무늬가 있다.

도판 214 : 독수리, 길이 8.56센티미터, 너비 7.82센티미터, 두께 2.85센티미터, 홍산문화, 한국요하문명연구소 소장. 양쪽 날개 위쪽에 사격자무늬가 선명하게 보인다.

마. 동물

진단예술박물관 소장의 물고기(**도판 215**)와 한국요하문명연구소 소장의 물고기(**도판 216**)는 꼬리 부분에 사격자무늬가 있다. 개인 소장의 누에(**도판 217**)는 이마와 아랫목, 개인 소장의 누에(**도판 218**)는 머리와 몸통 앞부분에 있다. 개인 소장의 박쥐(**도판 219**)는 날개 윗부분에서 발견된다. 진단예술박물관 소장의 동물 모양의 옥패(**도판 220, 도판 221**)는 이마와 팔, 목 뒷부분에서 사격자무늬가 발견된다. 도판 222의 소머리 옥패는 이마 부분에 사격자무늬가 새겨져 있다. 『홍산문화고옥감정』에 나오는 매미,[228] 호랑이 형 옥패,[229] 『옥해습진』에 나오는 매미,[230] 동물 얼굴[231]에도 사격자무늬가 있다.

도판 215 : 물고기, 길이 13.5센티미터, 너비 5.5센티미터, 두께 0.5센티미터, 홍산문화, 진단예술박물관 소장. 사진 震旦藝術博物館, 앞의 책, 162쪽, 도판번호 108. 꼬리 부분에 사격자무늬가 있다.

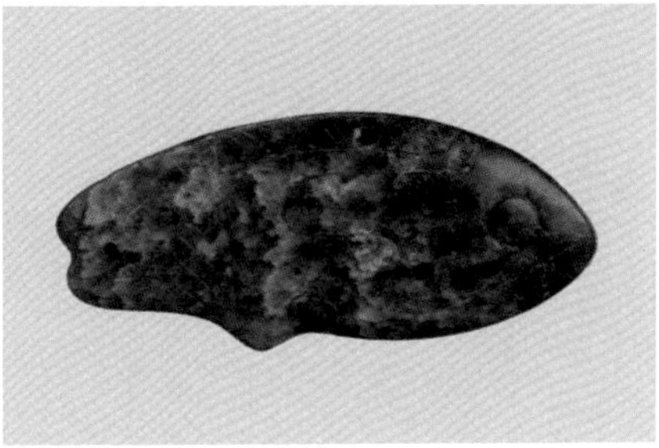

도판 216 : 물고기, 길이 7.87센티미터, 너비 3.58센티미터, 두께 0.99센티미터, 홍산문화, 한국요하문명연구소 소장. 꼬리 부분에 사격자무늬가 새겨져 있다.

---

228 徐强, 앞의 책, 126쪽, 도판번호 128.

229 위의 책, 29쪽, 도판번호 23.

230 柏岳, 앞의 책, 64쪽, 도판번호 89.

231 위의 책, 65쪽, 도판번호 90.

도판 217 도판 218

도판 219

도판 217 : 누에, 길이 5.3센티미터, 너비 2.2센티미터, 두께 2.2센티미터, 홍산문화, 개인 소장. 사진 震旦藝術博物館, 앞의 책, 111쪽, 도판번호 56. 이마와 아랫목 부분에 사격자무늬가 있다.

도판 218 : 누에, 길이 6센티미터, 너비 2센티미터, 두께 2센티미터, 홍산문화, 개인 소장. 사진 震旦藝術博物館, 앞의 책, 115쪽, 도판번호 60. 머리와 몸통 앞부분에 사격자무늬가 있다.

도판 219 : 박쥐, 길이 7.3센티미터, 너비 5.8센티미터, 두께 0.7센티미터, 홍산문화, 개인 소장. 사진 震旦藝術博物館, 앞의 책, 129쪽, 도판번호 73. 날개 윗부분에 사격자무늬가 있다.

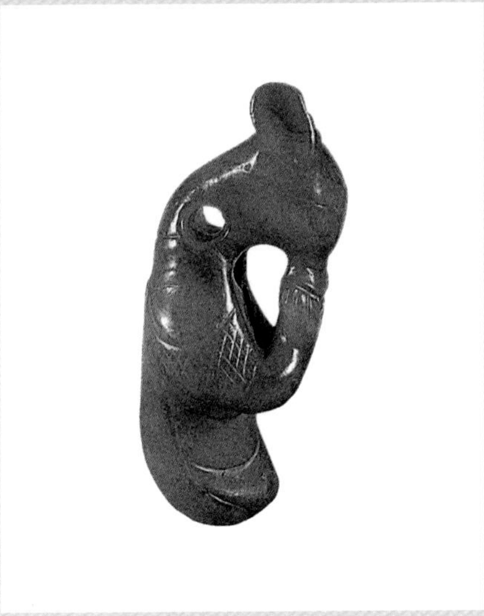

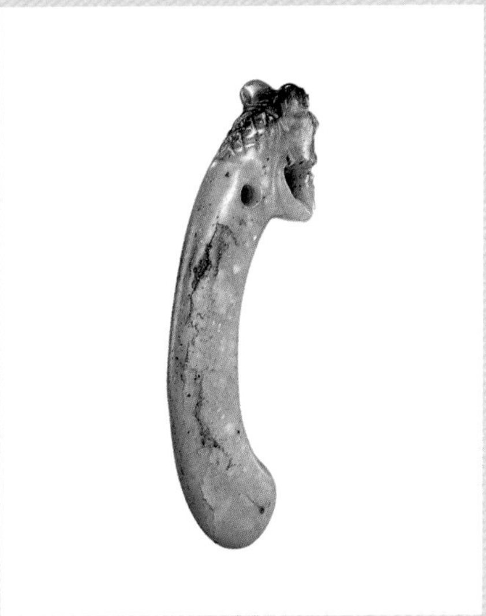

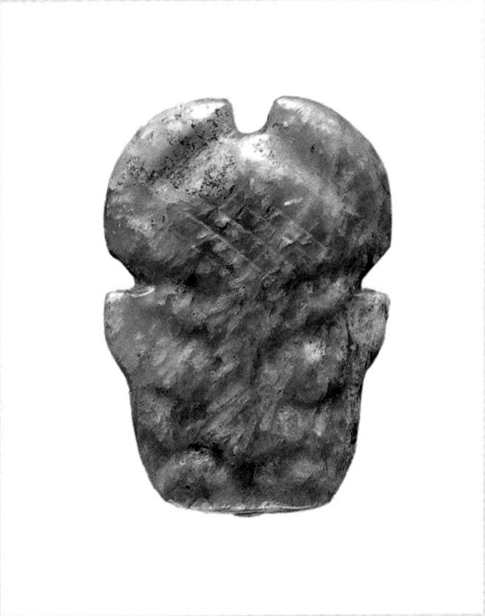

도판 220 도판 221

도판 222

도판 220 : 동물 모양의 패(獸形佩), 길이 6.25센티미터, 너비 2.8센티미터, 두께 2.6센티미터, 홍산문화, 진단예술박물관 소장. 사진 震旦藝術博物館, 앞의 책, 106쪽, 도판번호 51. 이마와 팔 부분에 사격자무늬가 있다.

도판 221 : 동물 모양의 패(獸形佩), 높이 8.3센티미터, 너비 1.3센티미터, 두께 0.8센티미터, 홍산문화, 진단예술박물관 소장. 사진 震旦藝術博物館, 앞의 책, 107쪽, 도판번호 52. 목 뒷부분에 사격자무늬가 있다.

도판 222 : 소머리 옥패(牛首玉佩), 길이 5.0센티미터, 너비 3.5센티미터, 두께 0.8센티미터, 홍산문화, 진단예술박물관 소장. 사진 震旦藝術博物館, 앞의 책, 79쪽, 도판번호 31. 이마 부분에 사격자무늬가 있다.

바. 장신구

진단예술박물관 소장 중인 새머리의 비녀에서는 윗부분 또는 몸통 부분에서 사격자무늬가 발견된다(**도판 223**, **도판 224**). 한국요하문명연구소 소장인 장신구 2점(**도판 225**, **도판 226**)에도 사격자무늬가 새겨져 있다.

도판 223 : 새머리 옥잠(鳥首玉簪), 길이 16.0센티미터, 너비 3.1센티미터, 두께 1.15센티미터, 홍산문화, 진단예술박물관 소장. 사진 震旦藝術博物館, 앞의 책, 219쪽, 도판번호 165. 윗부분에 사격자무늬가 새겨져 있다.

도판 224 : 새머리 옥잠, 길이 8.5센티미터, 너비 3.2센티미터, 두께 0.7센티미터, 홍산문화, 진단예술박물관 소장. 사진 震旦藝術博物館, 앞의 책, 221쪽, 도판번호 168. 몸통 중간에 사격자무늬가 있다.

도판 225 : 굽은 갈고리 형태의 장신구, 길이 4.88센티미터, 너비 4.37센티미터, 두께 1.37센티미터, 홍산문화, 한국요하문명연구소 소장. 양쪽 면의 사격자무늬가 서로 다르다.

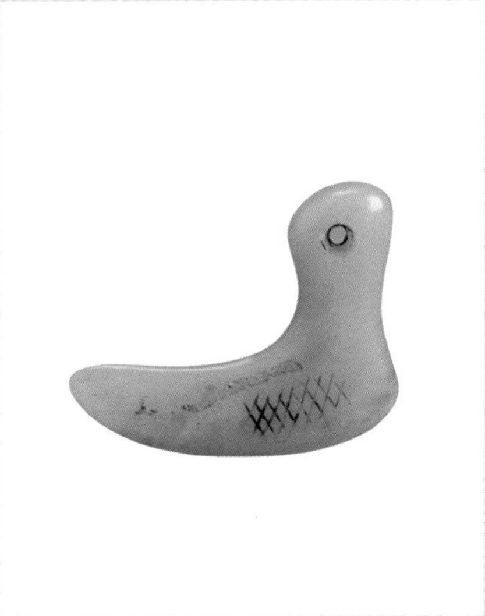

도판 226 : 갈고리 형태의 장신구, 길이 4.49센티미터, 너비 5.81센티미터, 두께 1.01센티미터, 홍산문화, 한국요하문명연구소 소장. 장식을 위해서라면 굳이 이 위치에 사격자무늬를 새길 이유가 없는 것으로 보아 특별한 의도를 가지고 새긴 것이 분명하다.

사. 도구

도판 227-1은 제사장이 제사를 올릴 때 사용했던 용구로 보인다. 이와 같은 추론의 근거는 다음과 같다. 첫째, 길이 30.20센티미터, 너비 6.43센티미터, 두께 3.27센티미터이고 아랫부분이 손에 쏙 들어오고 옆에 있는 뾰족한 부분은 격렬하게 움직일 때 손에서 빠져나가는 것을 막아주는 용도로 보인다. 즉, 제사장이 제사를 올리면서 손에 들고 춤을 추는 등 격하게 움직일 때 사용하기에 적합한 형태이다. 둘째, 윗부분이 뾰족한 형태의 뿔처럼 생겼는데 대한민국에서 최근까지 사용되던 무구巫具 중에 이와 비슷하게 삼지창 형태 등으로 생긴 것들이 있다. 셋째, 윗부분과 중간에 사람 또는 새의 눈으로 보이는 둥근 조각이 있는 등 주술적인 느낌을 준다. 넷째, 중간과 아랫부분에 사격자무늬가 새겨져 있고 상당한 공을 들여서 만들었다. 이보다 조금 작고 유사한 형태의 옥기가 한국홍산문화학술원에 소장되어 있는데 아랫부분에 사격자무늬가 새겨져 있다. 하늘과 소통하는 도구에 사격자무늬가 있는 것은 사격자무늬의 중요성을 알려주는 단서이다.

한국요하문명연구소에서 소장 중인 옥도끼(**도판 227-2**)는 작지만 옥질이나 형태가 고급스럽다. 몸통 전체에 사격자무늬가 있는데 한쪽 면에는 왼쪽 아래를 향한 선이 19개, 오른쪽 아래를 향한 선이 16개이며 다른 면에는 왼쪽 아래를 향한 선이 22개, 오른쪽 아래를 향한 선이 18개이다. 따라서 두 개의 다이아몬드 형태의 사각형이 서로 크기와 숫자에서 차이가 난다.

도판 227-1

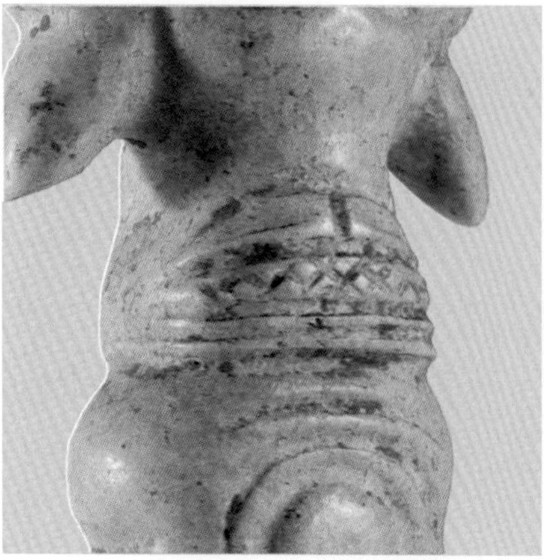

도판 227-1 : 제사 용구, 높이 30.20센티미터, 너비 6.43센티미터, 두께 3.27센티미터, 무게 864그램, 홍산문화, 한국요하문명연구소 소장. 중간과 아랫부분에 사격자무늬가 새겨져 있다.

도판 227-2 : 옥도끼, 길이 8.21센티미터, 너비 4.00센티미터, 두께 2.08센티미터, 홍산문화, 한국요하문명연구소 소장. 홍산문화 옥도끼 중에서 사격자무늬가 있는 유일한 유물이다.

아. 기타

그 밖에도 중국에서 발간된 홍산옥기 책들에는 사격자무늬가 있는 옥기들이 소개되어 있다. 그 예로 『옥해습진』에 나오는 여성 생식기[232]를 들 수 있다.

---

232 위의 책, 3쪽, 도판번호 5.

6. 사격자무늬의 의미

무늬는 인간만이 지닌 의미 있는 상징적인 사고의 표현물이다. 따라서 홍산옥기의 사격자무늬는 반드시 어떤 의미를 담고 있었을 것이다. 이찬구는 홍산옥기 새 조각에 새겨진 사격자무늬를 새 그물망으로 추측할 수 있다고 주장한다.[233] 하지만 반인반수상, 인물상, C형용, 용옥패, 봉황, 물고기, 매미, 새, 장신구, 제사 용구, 도끼 등 홍산옥기 대부분의 유형에서 사격자무늬가 발견되는 점, 홍산옥기 자체가 제사용, 의례용인 점, 그 중에서도 상당히 정성을 들여서 만든 옥기에 주로 새겨진 점에 비추어 보면 사격자무늬를 새 그물로 보는 것은 맞지 않다.

사격자무늬는 곰토템과 연관이 있고 '곰' 또는 '곰족'을 의미하는 표시로 보인다. 그 이유는 다음과 같다. 첫째, 홍산옥기는 당시 최고로 귀한 물질이었던 옥이 재료로 사용되었고 그 용도는 제사 또는 의례 등이다. 그 중에서도 사격자무늬가 있는 홍산옥기들은 옥의 재질이 뛰어나거나 정교하고 아름다운 것들이 많은데 이런 옥기들은 당시 최고 지배층이 사용했을 것이다. 따라서 그곳에 장식된 무늬는 종족의 표시 또는 최고 지배층의 상징이었을 것이다. 둘째, 고대 무늬의 탄생은 자연현상이나 사물의 모양을 모방했다. 그런데 홍산문화 시기에는 곰이 토템의 대상으로 숭배되었기 때문에 사격자무늬는 곰을 상징했을 가능성이 높다. 셋째, 사격자무늬가 100% 발견되는 홍산옥기가 있는데 '옥수신玉獸神', '동물신'이라고 불리는 조각이다. 현재까지 알려진 홍산옥기 동물신 조각은 진단예술박물관 소장 1점, 한국요하문명연구소 소장 3점을 포함해서 6점으로서 100% 사격자무늬가 있다. 다른 홍산옥기(5% **내외**)에 비해서 크게 높은 비율이다. 동물신 조각에 새겨진 동물과 사격자무늬는 분명한 관련성이 있을 것이다. 그런데 목에 장식이 되어 있고 다리와 발 부분에 과장된 장식이 있으며 크고 조각이 화려해서 단순한 동물이 아

233 이찬구, 앞의 책, 43쪽.

닌 신격화된 동물을 표현한 것으로 보인다. 곰을 그대로 형상화한 것은 아니지만 동물신이 서 있는 모습은 곰의 형태와 유사해서 곰을 기초로 한 것으로 보인다. 호랑이 등도 서서 포효하지만 발바닥 전체를 붙이고 서는 동물은 곰과 유인원밖에 없다. 그런데 유인원은 형태가 많이 다르다. 넷째, 대부분 유형의 홍산옥기에서 사격자무늬가 발견되는데 유독 C형곰, Y형곰 등 곰 조각에서는 발견되지 않는다. 사람, 신, 용, 봉황, 물고기, 호랑이, 매미, 장신구, 도끼 형태의 조각에서도 발견된다. 토템의 대상이었던 새 조각에서도 발견된다. 특히 크기가 크거나 옥질이 뛰어나거나 조각이 섬세하고 세련된 옥기에서는 그렇지 않은 옥기보다 사격자무늬가 많이 발견된다. 홍산옥기 중에서 크거나 옥질이 뛰어나고 정성이 많이 들어간 옥기는 사람, 신, C형용, 옥패, C형곰 정도이다. 그런데 나머지에서는 모두 사격자무늬가 발견되는데 유독 곰 형태의 옥기에서만 발견되지 않는다. 이는 곰 조각과 사격자무늬가 '동어반복'이나 중복이라고 보아서 곰 조각에는 사격자무늬를 새기지 않은 것으로 보인다. 곰 조각에 사격자무늬를 새기는 것은 곰 조각에 '곰'이라고 쓰는 것과 같이 불필요한 일이기 때문이다.

7. 사격자무늬의 유래

사격자무늬는 무엇을 보고 만들었을까? 단서가 부족하기 때문에 상상력을 발휘해서 조심스럽게 추론하면 곰이 걷는 모습을 보고 만들었을 가능성이 있다. 이러한 추정의 근거는 다음과 같다. 첫째, 사격자무늬는 곰과 관련된 것이기 때문에 곰의 어떤 모습을 보고 만들었을 가능성이 높다. 둘째, 사격자무늬의 형태가 곰이 걷는 모습과 닮았다. 대부분의 네발 동물들은 발가락 끝으로만 땅을 디디고 발뒤꿈치는 땅에서 한참 떨어뜨린 채 서거나 걷는데, 걸을 때 발뒤꿈치가 결코 땅에 닿지 않는 이 자세를 발가락보행이라고 한다. 그런데 곰과 영장류는 일어서고 걸을 때는 발뒤꿈치가 땅에 닿는데 이를 발바닥보행이라고 한다.[234] 곰은 몸통이 크고 털이 길어서 다리의 관절 아랫부분이 주로 보인다. 따라서 곰이 걷는 모습을 보면 곧게 뻗은 네 다리가 '∧ ∧'와 같은 형태를 이룬다. 곰 여러 마리가 걷는 모습을 보면 사격자무늬처럼 보인다. 더구나 홍산옥기에서는 사격자무늬가 각획되어 있어서 흐느적거리는 그물무늬(**망격문**)와 달리 곧게 뻗은 선으로 이루어져 있다.

도판 228 : 곰이 걷는 모습. 사진 김순식. 곰이 걸을 때 다리는 곧게 펴져 있고 X자 형태가 된다. 이것을 보고 사격자무늬를 만들었을 가능성이 있다.

8. 고대 중국에 있어서 사격자무늬

중국 고대 유물 중에서 사격자무늬가 있는 것은 드물다. 홍산옥기의 사격자무늬와 유사한 무늬가 새겨진 유물들은 후대에 그 홍산옥기를 본떠서 만들었거나 홍산문화의 중심지였던 곳이어서 그 영향을 받은 경우가 많다. 그 이외에도 중국 고대 유물 중에 사격자문이 새겨진 경우가 발견되기는 하지만 수량이 적고 대부분 다른 무늬들과 함께 새겨졌으며 단독으로 새겨졌다고 해도 간격이 넓고 일정해서 홍산옥기의 사격자무늬와는 다르다.

사격자무늬가 있는 옥기는 홍산문화 이외에는 드물고 그나마 다른 무늬들과 함께 새겨진 것들이 대부분이다. 서주시대의 사람과 용무늬 패人龍紋佩拓片는 산서성 진후晋侯 묘지8호묘에서 출토되었는데 옷 부분에 사격자무늬가 있고 나머지 옷 부분에도 다른 무늬

234 엘리엇 골드핑거, 안영진 옮김, 『미술가를 위한 동물해부학』, 비즈엔비즈, 2013, 32쪽.

가 있다.[235] 전국시대에는 용무늬 패鏤空龍紋佩가 있는데 여러 무늬들과 함께 사격자무늬가 조각되어 있다.[236] 같은 전국시대에 사람 모양의 패人形佩에도 일부 사격자무늬가 있고 다른 무늬들도 있다.[237] 전국시대 말기부터 한나라 사이의 유물인 옥검봉玉劍棒에도 아주 작은 부분에 사격자무늬가 있고 다른 부분에는 다른 무늬가 있다.[238] 명나라와 청나라시대의 옥기에서도 사격자무늬가 보이지만 14세기 이후여서 여기서 논할 바가 못 된다.

옥기가 아니더라도 사격자무늬가 새겨진 중국 고대 유물은 찾기 어렵다. 미국 워싱턴에 있는 후리어미술관 소장 청동백유문정에 유사한 무늬가 있지만[239] 홍산옥기에서 발견되는 사격자무늬와는 많이 다르다. 1910년 7월부터 9월까지 동경국립박물관에서 열린 "탄생! 중국문명" 전시에 나온 박산개준博山蓋樽은 신양시 평교구 사산향에서 출토되어 신양시문물국에 소장 중으로 한나라 당시인 기원전 1세기부터 기원후 2세기 사이의 유물로 보인다.[240] 이 유물의 용 몸통과 봉황의 일부분에 사격자무늬가 보인다. 그런데 다른 동물을 묘사하면서 무늬 같은 것을 많이 넣어서 이는 특별한 무늬라기보다는 용의 비늘과 봉황의 몸을 묘사한 것으로 보인다. 홍산옥기에서 보이는 사격자무늬와 유사한 것은 오한기박물관에 소장 중인 망격문동패식網格紋銅牌飾(**도판 229**)에서 볼 수 있다. 이 유물은 1981년 강가영자향康家營子鄕 강가영자촌康家營子村 동사지東沙地에서 출토되었고 동한에서 위진시대 사이라고 되어 있다.[241] 이 지역은 내몽고 적봉시 오한기의 북서부로서 홍산문화의 중심 지역이다. 따라서 홍산문화의 영향을 받았을 가능성이 높다.

---

235 鳴棠海, 『中國古代玉器』, 148-149쪽 ; 鳴棠海, 『認識古玉新方法』, 上海書畫出版社, 2010, 81쪽.

236 鳴棠海, 『中國古代玉器』, 170쪽.

237 위의 책, 174쪽.

238 鳴棠海, 『玉見設計』, 四海圖文播服份有限公司, 2018, 66쪽.

239 와타나베 소슈, 유덕조 옮김, 『중국고대문양』, 법인문화사, 2000, 307쪽.

240 東京國立博物館 外. 『誕生, 中國文明』, 2010, 122-123쪽.

241 敖漢文物精華 編輯委員會, 앞의 책, 93쪽.

도판 229 : 망격문동패식, 길이 6.1센티미터, 너비 3.6센티미터, 두께 0.2센티미터, 동한-위진, 강가영자향 강가영자촌 동사지 출토. 사진 敖漢文物精華 編輯委員會, 앞의 책, 93쪽. 사격자무늬가 새겨져 있는데 이 지역은 홍산문화의 중심 지역이었던 곳이어서 홍산문화의 영향을 받았을 것이다.

기와 중에는 전국시대의 사격문반원막새(**도판 230**)와 한나라의 운문수막새(**도판 231**)가 있는데 사격문반원막새는 선의 간격이 넓고 일정한 점에서, 운문수막새는 구름무늬의 테두리를 사격자무늬로 채웠고 크기가 일정하다는 점에서 홍산옥기의 사격자무늬와는 다르다.

도판 230 : 사격문반원막새, 너비 17.1센티미터, 높이 8.5센티미터, 두께 1.9센티미터, 현재 길이 10.4센티미터, 전국시대, 국립중앙박물관 소장.[242] 사격자무늬만 있는 중국의 기와는 드물다. 또, 사격자무늬의 간격이 넓고 일정해서 홍산옥기에서 보이는 사격자무늬와 다르다.

도판 231 : 운문수막새, 지름 15.5센티미터, 두께 2.7센티미터, 한대, 국립중앙박물관 소장.[243] 이런 형태의 기와는 종종 발견된다. 구름무늬의 테두리에 사격자무늬가 있지만 간격이 넓으며 일정해서 홍산옥기의 사격자무늬와 차이가 있다.

242 국립중앙박물관, 『국립중앙박물관 기증유물 유창종 기증』, 2007, 241, 402쪽, 도판번호 1219.

243 위의 책, 263, 404쪽, 도판번호 1321.

9. 고대 한국의 사격자무늬

사격자무늬는 한반도 신석기시대의 빗살무늬토기, 한국의 고대국가인 고조선, 부여, 가야, 신라, 고구려, 백제, 통일신라 등의 토기, 기와, 동경을 비롯한 여러 유물에서 자주 발견된다. 즉, 고대 한국에서 자주 그리고 끊임없이 등장하는 무늬이다. 이는 홍산문화와 고대 한민족이 특별한 연관성을 가졌다는 사실을 알려주는 중요한 단서이다. 앞서 말했지만 무늬는 언어나 문자와 마찬가지로 사용 주체인 민족과 그 민족이 처한 역사적 배경에 따라 고유한 형태로 나타난다. 무늬는 일정한 질서에 의해 그 나라나 민족의 독특한 미술양식을 지니게 된다. 전통무늬는 민족의 삶과 정서적인 가치를 반영하며 전해 내려오는 문화이다.

가. 신석기시대

신석기시대의 빗살무늬토기 중에는 사격자무늬가 새겨진 조각들도 종종 발견된다. 결상이식이 발견된 것으로 유명한 강원도 양양군 문암리유적에서 사격자무늬가 있는 토기들이 발견되었다.[244] 사격자무늬가 있는 빗살무늬토기는 대동강 유역, 한강 유역, 강원도 양양군 오산리유적, 강릉 지변동유적, 강릉 교동이나 안현동, 명주군 송림리, 판교리, 양양 송전리 1지점 등에서 발견되었다.[245] 이 사격자무늬들은 때로는 크고 때로는 작아서 균일하지 않다. 중서부 지방의 빗살무늬토기의 무늬로는 사격자무늬, 사열점무늬, 열점무늬, 과형무늬, 점선중과무늬 등이 있다.[246] 충청북도 청원군에서 발굴되어 국립청주박물관에 소장되어 있는 빗살무늬토기(**높이 10.9센티미터, 입지름 14.3센티미터, 몸통지름 20.3센티미터**)는 몸통 전체에 사격자무늬가 있다. 부산 영도구 동삼동패총 1-3차 유적에서는 사격자무늬가 있는 빗살무늬토기 파편(**도판 234**)이 많이 발굴되었다. 이처

---

244 우실하, 『고조선 문명의 기원과 요하문명』, 216-218쪽.

245 임상택, 「빗살무늬토기문화의 지역적 전개 : 중서부 지역과 강원영동 지역을 대상으로」, 한국신석기연구 창간호, 2001, 3, 6, 9쪽.

246 한병삼·윤병무, 「즐문·무문토기」, 한병삼 외, 『토기』, 중앙일보사, 1988, 제5판, 166쪽.

럼 사격자무늬가 있는 토기 파편들이 많이 발견되는 것으로 미루어 몸통 전체에 사격자무늬가 있는 빗살무늬토기는 실제로는 훨씬 많았을 것으로 보인다.

도판 232 : 빗살무늬토기. 바닥지름 8.2센티미터, 높이 7.9센티미터, 두께 1.0센티미터, 신석기시대, 서울 강동구 출토, 국립중앙박물관 소장. 몸통 전체에 사격자무늬가 있다.

도판 233 : 빗살무늬토기, 높이 15.2센티미터, 입지름 16.6센티미터, 두께 0.6-1.4센티미터, 신석기시대, 부산 영도구 동삼동패총 1-3차 유적 출토, 국립중앙박물관 소장.

도판 234 : 빗살무늬토기, 현재 길이 19.4센티미터, 두께 1.1센티미터, 신석기시대, 부산 영도구 동삼동패총 1-3차 유적 출토, 국립중앙박물관 소장. 동삼총패총 1-3차 유적에서 사격자무늬가 있는 빗살무늬토기 파편들이 많이 발견되었다.

나. 고조선

사격자무늬가 확인되는 고조선의 유물로는 요녕성 여대시에 있는 강상무덤(**기원전 8세기-기원전 7세기**)에서 출토된 토기(**도판 235**), 요녕성 심양시 정가와자 3지점의 나무곽무덤(**기원전 7세기-기원전 5세기**)에서 발견된 청동도끼(**도판 236**), 평안남도 온천군 성현리의 어을동 토성(**기원전 2세기**)에서 발견된 기와와 벽돌(**도판 237**) 등이 있다.

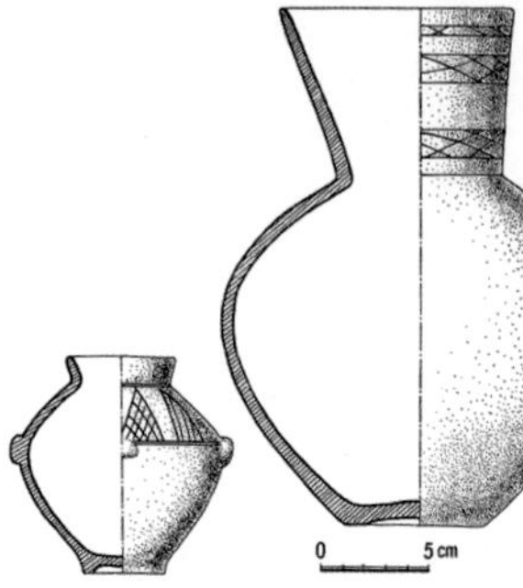

도판 235 : 질그릇, 기원전 8세기-기원전 7세기, 요녕성 여대시 강상무덤. 사진 조선유적유물도감편찬위원회, 『조선유적유물도감』, 동광출판사, 1990, 32쪽, 도판번호 27. 강상무덤에서 출토된 토기 2점에서 사격자무늬가 발견된다.

도판 236 : 청동도끼, 기원전 7세기-기원전 5세기, 요녕성 심양시 정가와자 3지점의 나무곽무덤 출토. 사진 조선유적유물도감편찬위원회, 앞의 책, 69쪽, 도판번호 114. 몸통 중 1/2 이상의 부분에 걸쳐 사격자무늬가 있다.

도판 237 : 기와, 벽돌, 기원전 2세기, 평안남도 온천군 성현리의 어을동 토성 출토. 사진 조선유적유물도감편찬위원회, 앞의 책, 189쪽, 도판번호 459. 어을동 토성에서는 몸통 전체에 사격자무늬가 있는 기와와 벽돌이 발견되었다.

화순 대곡리에서 1971년 동네 배수로를 설치하다 나무관이 놓여 있는 토광묘에서 청동검, 청동잔무늬거울 등이 발견되었다. 청동기시대인 기원전 3세기에서 기원후 1세기 때의 것으로 추정된다. 6종 11점이 국보 제143호로 지정되었으며 국립광주박물관에 소장되어 있다. 작은 거울은 가운데무늬띠가 그냥 여덟 줄의 동심원으로만 돌려진 특징을 보이며, 바깥무늬띠에는 사방 한 쌍씩의 작은 동심원무늬를 보인다. 작은 동심원무늬는 동심원의 안쪽을 사격자무늬로 메우고 있다.

다. 부여·진국

부여의 유물로는 연길 왕둔유적(**기원전 5세기-기원전 4세기**)에서 발굴된 좁은 놋단검(『**조선유적유물도감**』, **216쪽**, **도판번호** 551)이 있다. 손잡이 부분에 사격자무늬가 있다. 진국辰國의 유물로는 경상북도 월성군 외동읍 입실리 유적(**기원전 2세기**)에서 발견된 동탁(**같은 책**, **237-238쪽**, **도판번호** 593, 595)들이 있는데 이 동탁들의 몸통에 모두 사격자무늬가 새겨져 있다.

도판 238 : 동탁, 기원전 2세기, 경주 평리 유적 발굴. 사진 조선유적유물도감편찬위원회, 앞의 책, 238쪽, 도판번호 595. 동탁의 몸통 전체에 사격자무늬가 있다. 평리 유적에서 발굴된 유물은 그 수는 적지만 진국 무기의 특징과 그 변천과정을 일정하게 엿볼 수 있다.

라. 초기 철기시대

초기 철기시대 유물로서 널리 알려진 농경문청동기(**보물 제1823호, 국립중앙박물관 소장, 도판 239**)에도 사격자무늬가 보인다. 초기 철기시대의 토기에서도 사격자무늬가 발견되는데 각획기법과 타날기법을 사용했다. 타날기법은 기벽 속의 공기를 빼서 소성 시에 생길 수 있는 기포의 형성을 방지하며 접합부를 단단하게 굳히고 기벽을 얇게 하면서 환저화하는 공정에 사용되는 기법이다. 타날무늬는 토기의 제작과정에서 부수적으로 생긴 것이나, 무늬를 의식하며 타날하여 장식적인 효과를 내기도 한다.[247] 도판 241의 흑색토기호에는 홍산옥기와 같은 형태로 사격자무늬가 새겨져 있는데 이런 토기는 고려대학교박물관, 한성백제박물관 등에 소장되어 있고 그 외에 개인 소장품들도 있다.

도판 239 : 농경문청동기, 길이 13.5센티미터, 초기 철기시대, 대전 출토, 보물 제1823호, 국립중앙박물관 소장. 자주 인용되는 중요한 유물로서 중간 왼쪽 부분에 사격자무늬가 있다.

도판 240

도판 241

247 박천수, 『가야토기』, 진인진, 2010, 35쪽.

도판 240 도판 241

도판 240 : 격자문토기쌍이호, 높이 24.3센티미터, 입지름 15.7센티미터, 몸통지름 21.9센티미터, 원삼국시대, 경주시 조양동 출토, 국립경주박물관 소장. 사진 한병삼 외, 『토기』, 중앙일보사, 1988, 제5판, 26쪽. 큰 격자무늬가 타날되어 있다.

도판 241 : 흑색토기호, 높이 16.8센티미터, 입지름 9.3센티미터, 밑지름 9.0센티미터, 4세기, 원삼국시대, 서울 가락동2호분 출토, 고려대학교박물관 소장. 백제 초기의 것으로 보인다.[248] 사진 한병삼 외, 앞의 책, 27쪽. 홍산옥기와 같이 각획기법으로 사격자무늬를 새겼다.

마. 원삼국시대

원삼국시대 토기는 종래 김해식 토기로 불리던 것으로서 선사시대 무문토기와 고신라토기의 과도기에 해당하는 토기를 말한다. 표면에 승석무늬나 격자무늬 같은 인문이 있는 토기이다.[249] 특히 원저단경호의 특징으로 격자무늬나 사격자무늬가 새겨져 있다.[250] 원삼국시대 토기 중에서 사격자무늬는 주로 찍은 형태가 많은데 그어서 넣은 경우도 있다. 최영도가 국립중앙박물관에 기증한 토기 중 화로모양토기 2점(**높이 13.8센티미터 및 높이 10.3센티미터**)에는 그어서 사격자무늬를 새겼다.[251]

도판 242 : 격자무늬토기바닥, 길이 15.4센티미터, 두께 0.4-0.6센티미터, 원삼국시대, 나주시 출토, 국립나주박물관 소장. 원삼국시대의 토기에서는 사격자무늬가 많이 발견된다.

248 한병삼 외, 앞의 책, 27, 218쪽.

249 한병삼, 「제작기법으로 본 토기의 변천」, 위의 책, 161쪽.

250 위의 논문, 162쪽.

251 국립중앙박물관, 『국립중앙박물관 기증유물 최영도 기증』, 2010, 12쪽, 도판번호 8, 10.

도판 243 : 격자무늬토기바닥, 원삼국시대, 나주시 출토, 국립나주박물관 소장.

도판 244 : 토기 조각, 현재 길이 12.8센티미터, 현재 너비 17.2센티미터, 현재 길이 11.1센티미터, 현재 너비 5.4센티미터, 원삼국시대, 국립중앙박물관 소장.

바. 신라

중국화가 늦게 진행되어 6세기 초까지 한민족의 특성을 잘 간직했던 신라에서 홍산옥기와 동일한 형태의 사격자무늬가 각획된 유물들이 다수 발견되는데 이는 중요한 의미를 가진다. 나는 『어린아이 한국인』(**2015, 김영사**)에서 법흥왕 재위(**514년~540년**) 이전, 즉 6세기 초까지의 고신라(**古新羅, 통일 이전의 신라**)는 중국화가 되지 않았고 따라서 삼국 중에서 고조선 등 한민족의 특성을 가장 잘 간직하였다고 주장했다. 이런 인식을 바탕으로 6세기 초 이전의 고신라 글씨들을 분석해서 한민족 고유의 글씨체를 찾아냈다. 6세기 초 이전의 고유의 글씨로는 이사지왕尒斯智王 고리자루 큰 칼(**5세기 중반-6세기 초, 도판 245**), 포항중성리신라비(**501년, 보물 제1758호**), 영일냉수리신라비(**443년 또는 503년, 국보 제264호**) 등이 있다.

6세기 초 이전의 신라가 중국의 영향을 많이 받지 않고 고대 한민족의 특성을 잘 간직했다는 근거는 다음과 같다. 첫째, 신라의 건국 주체에 대한 기록이다. 『삼국사기三國史記』 「신라본기」 첫 머리에는 신라는 '고조선의 유민'들이 내려와 여섯 촌락을 이루어 시

도판 245 : 이사지왕 고리자루 큰 칼(글씨 부분), 5세기 중반-6세기 초, 신라, 금관총 출토, 국립중앙박물관 소장. 중국화 되기 이전의 신라 글씨는 어린아이가 쓴 것처럼 자유롭고 천진하다.

작되었고 이것이 진한의 6부가 되었다고 기록되어 있다. 둘째, 최고통치자에 대해 '왕'이라는 중국의 칭호를 사용하지 않았다. 고구려는 동명성왕, 백제는 온조왕 등 모두 '왕'의 칭호를 사용하였지만 신라는 혁거세거서간, 남해차차웅, 유리이사금, 눌지마립간 등과 같이 1대는 거서간居西干, 2대는 차차웅次次雄, 3-16대는 이사금尼斯今, 17-21대는 마립간麻立干이라는 칭호를 사용하였다. 셋째, 불교 수입에 대해 매우 저항적이었다. 고구려(**372년**)와 백제(**384년**)가 4세기에 불교를 받아들인 것과 달리 신라는 불교 수용을 오랫동안 거부해 오다가 결국 528년 이차돈의 순교가 있는 후에야 불교를 공인하였다. 불교는 원래 인도에서 시작된 것이지만 신라에 전래된 것은 중국화된 불교였다. 김원룡은 불교의 전래는 한국인들을 사상적으로 뒤흔들고 중국화 세뇌에 결정적 역할을 하였기 때문에 고대 한국문화 형성상 마지막 대사건이라고 본다. 불교는 단지 종교가 아니라 불경의 이해상 한자 보급에 큰 공이 있으며 일종의 '중국학'의 모체로 작용하였고 건축, 조각, 회화, 공예 등 모든 면에서 중국미술의 전매 수입자였고 우리나라를 일종의 소중국으로 만드는 데 절대적인 공헌을 했다는 것이다.[252] 넷째, 중국식 간지력이나 연호를 사용하지 않았다. 고구려나 백제는 10간 12지로 된 중국력을 사용했는데, 신라만은 간지력을 일절 사용하지 않고 '○○왕 ○년 ○월 ○일'로 로마력에 가까운 표기법을 사용하였다. 고구려에서는 광개토대왕이 4세기 말 '영락永樂'이라는 연호를 썼지만 신라는 중국식 연호를 사용하지 않았다. 다섯째, 신라 고유의 이름을 고집했다. 〈울진봉평신라비蔚珍鳳坪新羅碑〉에는 법흥왕이 모즉지라는 순신라식 이름을 가지고 있던 사실이 기록되

252 김원룡, 『한국문화의 기원』, 개정판, 탐구당, 1984, 25-26쪽, 63-64쪽.

어 있다. 김춘추, 김유신이 중국화된 이름을 가진 첫 번째 인물일 것이다. 여섯째, 동이족 고유의 의복을 고집했다. 『삼국사기』 「잡지雜志」에는 신라의 색복色服에 대하여 "법흥왕 때에 처음으로 6부 사람들의 복색의 존비 제도를 정하였지만, 오히려 동이의 풍속 그대로였다."라고 기록하고 있다. 김춘추가 당태종을 만나 중국 복식을 따르겠다고 하여 당태종을 감동시켰고 진덕대왕 3년(**서기 649년**)에 남자들의 복식을, 문무왕 4년(**서기 664년**)에 여자들의 복식을 중국식으로 바꾸었다. 일곱째, 신라는 진한 시절부터 6세기 초에 이르기까지 중국과의 교류를 거의 하지 않았다. 고구려와 백제가 훨씬 이전부터 중국과 교류를 활발하게 한 것과 비교할 때 특이한 현상이다.

도판 246 : 서봉총 금관. 높이 35센티미터, 지름 10.5센티미터, 451년 추정, 신라, 보물 제339호, 국립중앙박물관 소장. 신라 금관은 나뭇가지, 사슴뿔 모양의 장식, 곡옥이 특징인데 이는 중국에서는 찾을 수 없는 것들이다.

『진서晋書』에 따르면 진한은 280년, 281년, 286년에 서진西秦에 사절을 파견하였고 그 후 91년간 국교가 공백이었다. 신라가 중국과 교류한 최초의 기록은 377년으로서 『자치통감』에 "태원 2년 봄 고구려, 신라, 서남 이족夷族은 모두 사신을 파견하고 진秦으로 들어가서 조공을 했다."라고 되어 있다. 그후 382년에 전진前秦에 사신을 보낸 기록이 있은 후 126년 동안 대중국 외교가 문헌에 보이지 않는다. 특이하게도 『삼국사기』와 『삼국유사』에는 6세기 중엽까지 신라와 중국과의 관계에 대한 기록이 발견되지 않는다. 심지어 『진서晋書』, 『진서秦書』, 『위서魏書』, 『양서梁書』 등에 기록된 신라 관련 기사에 대응하는 기록조차 없다. 해마다 중국에 조공했던 고구려나 백제에 비하면 신라와 중국의 교류는 거의 없다고 할 수 있는 정도였다.

도판 247 : 경주 노서동 금목걸이, 5세기-6세기 전반, 신라, 보물 제456호, 국립중앙박물관 소장. 이런 금제 장식품들은 중국문화권에서는 찾을 수 없다.

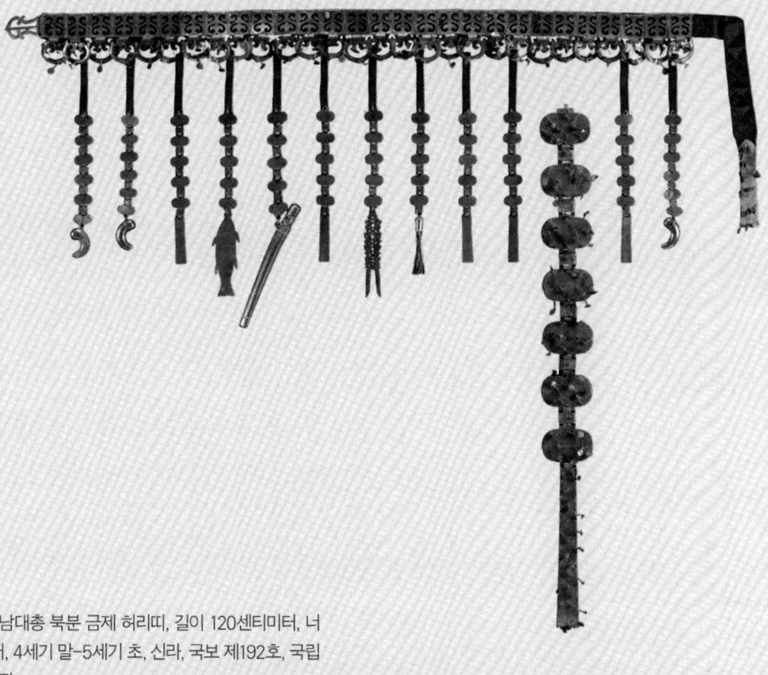

도판 248 : 황남대총 북분 금제 허리띠, 길이 120센티미터, 너비 3.6센티미터, 4세기 말-5세기 초, 신라, 국보 제192호, 국립경주박물관 소장.

도판 249 : 경주 98호 남분 유리병, 4세기 말-5세기 초, 신라, 국보 제193호, 국립경주박물관 소장. 그리스의 오이노코에(Oinocoe)라고 불리는 유리병과 형태, 제작 기법이 유사하다. 신라가 중국보다는 그리스 로마문화권과 교류가 많았다는 증거이다.

여덟째, 6세기 초까지의 고신라인들이 중국의 영향을 거의 받지 않았다는 사실은 무덤 양식과 유물에서도 확인된다. 고유섭高裕燮은 역사적으로 문화계통상 대양적 요소가 가장 현저하게 발달했던 시기는 고신라기였다고 지적했는데,[253] 정확히 말하면 6세기 초 이전의 고신라에서는 중국의 영향은 찾기 어렵고 다른 나라들의 영향을 받은 것들만 발견될 뿐이다. 무덤은 인간의 죽음에 대하여 의미를 부여하고, 또 죽음을 애도하는 과정에서 생겨나는 속성상 오랫동안 유지되어 왔던 전통적인 사상의 토대 위에서 만들어지기 때문에 구조나 모양이 그 집단별로 독특한 형태를 가지는 경향이 있다. 따라서 무덤 양식은 민족의 기원 등을 밝히는 데 중요한 자료가 된다. 고구려의 재래식 무덤은 땅 위에 돌더미를 쌓고 그 안에 피장자를 넣어두는 돌무지무덤(**적석총**)이었는데 4세기 말경부터 중국식의 돌방무덤(**석실묘 石室墓**)으로 바뀌고 백제가 곧 그것을 따른 것[254]에 비해 신라는 비교적 늦은 시기까지 독특한 무덤 양식을 가지고 있었다. 신라에서는 4세기 이전에는 토광묘, 지석묘, 옹관묘 등이 사용되다가 4세기 중엽부터 6세기까지 돌무지 밑에는 목곽이 있고 목곽 안에 시신을 안치하는 나무관과 부장품을 격납하는 구역이 설치되어 있는 돌무지덧널무덤(**적석목곽분 積石木槨墳**)이 유행한다. 아홉째, 돌무지덧널무덤에서 발굴되는 유물들도 특이한 양상을 보인다. 그중 관심을 끄는 것은 눈부신 황금빛의 금관인데 이처럼 화려하고, 신비스럽고, 상징성이 강한 금관은 세계적으로도 찾아보기 어렵다. 세계 각지에서 알려진 고대사회의 금관은 모두 합해 10여 점이 조금 넘는다고 하는데 그중 5점이 경주의 신라 무덤 출토품이

253 고유섭, 『조선미술사 상 총론편』, 열화당, 2007, 82쪽.

254 위의 책, 64쪽.

다.[255] 그간 출토된 금관 5점은 머리띠 모양의 관테에 나뭇가지나 사슴뿔 모양의 장식, 주렁주렁 매달린 비취색 곡옥이라는 뚜렷한 특징을 공유하고 있는데 이는 중국문화권 국가의 왕관에서는 보이지 않는 것이다. 동양미술 사학자인 존 카터 코벨Jon Carter Covell은 곡옥을 '쉼표 모양의 물건'이라고 부르는데 요하문명, 한반도, 일본에서만 발견되고 중국에서는 발견되지 않는다. 평양 청암리 토성에서 출토된 고구려 금관이나 몇 점 알려진 금동관들은 신라 금관과는 판이한 모양을 하고 있고 화려한 세움 장식이나 곡옥은 물론 사슴뿔 모티브를 찾아볼 수 없다. 선비족이 남긴 삼연三燕 지역의 금제 관식은 세움 장식이 간단하고 관모 꼭대기에 장식되는 달개와 이마에 장식되는 네모난 투조판이 중심을 이루고 있어 나뭇가지, 사슴뿔, 곡옥을 중심으로 하는 신라 금관과 연결하기는 어렵다. 이처럼 고신라의 유물은 중국과는 확실히 다른 특징을 보인다.

고신라의 사회제도와 일상 관습은 6세기 초를 시작으로 거대한 변혁의 소용돌이를 맞게 되는데 그 정체는 그동안 거부해 왔던 '중국화'였다. 최고 통치자에 대해 중국식 호칭인 '왕'의 사용(**503년**), 중국식 시호의 사용(**514년**), 율령의 반포(**520년**), 불교 공인(**528년**), 중국식 연호의 사용(**536년**), 중국식 이름의 사용(**6세기**) 등은 모두 중국화를 의미하는 변화로서 모두 6세기 초반 이후에 생겼다. 7세기 전반에는 경주에 돌무지덧널무덤 대신 중국식 석실분이 나타난다. 김원룡은 법흥왕의 치세, 즉 6세기 전반 무렵은 전통 신라가 중국식으로 바뀌는 첫 전환기로서 중요하다고 강조한다. 이는 곧 북방적 고대국가에서 중국적 근대 체제로 방향을 전환했고 이것을 계기로 한민족의 고유한 전통은 크게 바뀌기 시작했다는 것이다.[256] 요시미즈 츠네오가 쓴 『로마문화 왕국, 신라』도 신라가 6세기 초부터 중국문화를 수용하는 것으로 보고 그 이전까지의 신라 문화만을 다루고 있다.[257]

신라의 사격자무늬는 기와와 토기에서 주로 보인다. 신라 토기에서 사격자무늬는 조

---

255 이한상, 『황금의 나라 신라』, 김영사, 2004, 46쪽.

256 김원룡, 『한국문화의 기원』, 223쪽.

257 요시미즈 츠네오, 앞의 책, 22쪽.

밀한 '세細사격자무늬'와 약간 성근 '사격자무늬'로 구분할 수 있는데 세사격자무늬는 5세기 중엽부터 후반까지, 사격자무늬는 5세기 말경에 이선문二線紋과 함께 유행했다.[258] 신라 토기에서 사격자무늬는 출토량이 많은데 대부분이 고배와 개蓋를 중심으로 새겨진 것이 특징이다. 경주 월성로 나-8호분에서는 고배개를 중심으로 5점이 출토되었다. 포항 안계리 22호나 월성로 다-6호분의 경우처럼 고배와 고배개에 함께 새겨지면서 34점의 유물이 확인되었다.[259] 충북 충주시 누암리 고분에서도 사격자무늬가 있는 토기가 40개 이상 발견되었다. 충북대학교 박물관은 누암리 고분에서 발견된 토기의 사격자무늬에 대해서 토기를 제작한 사람의 이름, 부장용의 특수한 용도, 토기를 생산한 가마나 지역의 표시 중 하나로 해석했다. 하지만 이러한 무늬가 다른 곳에서도 많이 발견되었기 때문에 사람 또는 가마나 지역의 표시라는 주장은 맞지 않다. 경남 양산 북정리 유적, 충북 영동군 가곡리에서도 사격자무늬가 있는 토기가 발굴되었다. 5세기 대 영남 지역 토기 무늬에서 사격자무늬는 개, 고배, 대부완, 장경호, 기대에서 발견된다.[260] 5세기 대 영남 지역 토기 중 형기대에서 발견되는 복합무늬는 다음과 같다. 격자무늬와 원무늬, 원권점무늬가 발견되는 예는 창녕, 양산, 황남대총 남분, 천마총, 봉길리, 괴시리, 병성동, 불로동 임당G5호분, 사격무늬와 **(연속)**반원권점무늬가 발견되는 예는 봉길리, 황남대총 남분, 금관총, 괴시리 16호분, 삼각격자무늬와 원무늬가 발견되는 예는 도항리6호분이다.[261] 경주의 사천왕사 출토 기와에서도 사격자무늬가 나타난다. 경주시 인왕동에서 발견된 독(**경희대박물관 소장**)에도 사격자무늬가 있다. 국보 제189호인 금제관모(**국립경주박물관 소장**)에는 다른 무늬도 있지만 사격자무늬가 선명하다.

---

258 김옥순, 「5세기 영남 지역 토기문양의 변화와 교류맥락」, 한국상고사학보, 제71호, 2011, 124-125쪽.

259 이재화, 「신라토기 문양의 변천 연구」, 동아대학교 교육대학원 석사학위 논문, 1993, 62, 72쪽.

260 김옥순, 앞의 논문, 121쪽.

261 위의 논문, 130쪽.

도판 250

도판 251

도판 250 : 뿔잔, 높이 24.4센티미터, 삼국시대, 국립중앙박물관 소장. 삼국시대 뿔잔은 경주, 부산, 창녕, 달성 등 낙동강 유역을 중심으로 발견된다. 뿔의 여러 곳에 사격자무늬가 뚜렷하게 새겨져 있다.

도판 251 : 토기동물문대부장경호, 높이 41.0센티미터, 입지름 17.9센티미터, 밑지름 24.1센티미터, 신라, 전 경주 울주 삼광리 출토, 국립중앙박물관 소장.[262] 동물무늬가 새겨진 토기인데 목 부분에 사격자무늬가 있다.

---

262 한병삼 외, 앞의 책, 49, 222쪽.

도판 252
도판 253
도판 254

도판 255

도판 252 : 토기기대, 높이 33.6센티미터, 입지름 35.8-38.9센티미터, 밑지름 24.3-25.7센티미터, 신라, 경주시 출토, 국립경주박물관 소장. 원권무늬, 밀집선무늬, 사격자무늬가 돌아가면서 있다.[263]

도판 253 : 토기기대, 높이 47.2센티미터, 입지름 49센티미터, 밑지름 24.4센티미터, 신라, 호림미술관 소장. 몸통의 2조의 선 네 개를 긋고 2단과 4단에 음각으로 사격자무늬를 새겼다.[264]

도판 254 : 토기기대, 높이 47.6센티미터, 5-6세기, 신라, 호림미술관 소장.[265] 중국화가 늦게 진행되어 한민족 고유의 특성을 잘 보존했던 6세기 이전 신라의 토기에서 홍산옥기와 같은 사격자무늬가 많이 발견되는 사실은 중요하다. 이를 보면 사격자무늬는 고대 한민족 고유의 부호였던 것으로 보인다.

도판 255 : 뚜껑 있는 굽다리 접시, 높이 15.7센티미터, 뚜껑 지름 12.3센티미터, 밑지름 8.4센티미터(왼쪽), 높이 14.8센티미터, 뚜껑 지름 12.1센티미터, 밑지름 8.3센티미터(오른쪽), 신라, 한국요하문명연구소 소장. 이처럼 굽다리 접시의 몸통과 뚜껑에 사격자무늬가 있는 토기들은 수량이 많고 국립중앙박물관, 호림미술관[266] 등 여러 곳에 소장되어 있다.

263 위의 책, 54, 223쪽.

264 성보문화재단, 『호림미술관소장품선집(토기)』, 1985, 73, 140쪽, 도판번호 65.

265 위의 책, 75, 152쪽, 도판번호 68.

266 위의 책, 65, 151쪽, 도판번호 55.

토기의 경우에는 7세기 초까지도 기형의 변화는 있었으나 무늬는 아직도 전형적인 신라의 전통을 따르고 있다. 중국화 되기 이전인 6세기 초 이전 신라의 유물에서 사격자무늬가 많이 보이는 것은 고유문화의 영향이며 그 고유문화의 뿌리가 홍산문화를 위시한 요하문명임이 확인된다. 이재화는 신라 토기의 사격자무늬는 고기를 잡을 때 필요한 그물 모양의 무늬로 풍어를 기원하는 어부들의 간절한 마음이 표현된 무늬라고도 볼 수 있다고 주장하고,[267] 이러한 주장은 다른 논문에서도 인용되었다.[268] 하지만 신라와 가야의 토기에 새겨진 사격자무늬는 홍산문화의 사격자무늬의 전통을 이은 것인데 홍산문화시대에 고기잡이를 중요하게 여겼다는 증거가 없고 그물무늬라고 볼 근거도 부족하다.

사. 가야

가야도 신라와 마찬가지로 고대 한민족의 고유문화를 잘 보존한 국가였다. 그 근거는 다음과 같다. 첫째, 가야가 중국과 직접 교류하였다는 기록은 단 한 번 나온다. 『남제서南齊書』에는 가락국왕 하지荷知가 479년에 남제에 사신을 보내고 '보국장군본국왕輔國將軍本國王'이라는 작호를 제수받았다고 기록되어 있다. 중국의 각종 사서에 가야에 대한 기록이 있고,[269] 고구려나 백제가 수많은 교류를 한 것에 비하면 교류 기록이 지나치게 적다. 둘째, 앞서 설명했듯이 6세기 초 이전의 신라는 고유색을 잘 지켰고 그 특징이 유물에 잘 나타나는데 그 유물이 가야와 매우 유사하다. 즉, 가야의 유물에 한민족 고유의 특징이 잘 드러난다. 셋째, 가야는 6세기 중엽까지 존속했는데 이는 신라가 중국화 되기 시작한 시기이다. 따라서 가야는 중국화가 거의 진행되지 않았거나 진행되었다고 해도 그 정도가 미미했을 것이다.

중국과의 교류가 거의 없었고 중국화가 거의 안 되었던 가야에서 홍산옥기와 동일

267 이재화, 위의 논문, 24쪽.

268 유재만, 「가야·신라 동물형 토기에 관한 연구」, 단국대학교 석사학위 논문, 1990, 27쪽.

269 국립가야문화재연구소, 『가야문헌사료편』, 2018, 28-31쪽.

한 형태의 사격자무늬가 각획된 유물들이 다수 발견된다는 사실은 중요한 의미를 가진다. 사격자무늬가 있는 가야 토기는 수량이 꽤 되고 다양한 유형에서 발견된다. 4세기에 이르러 금관가야양식, 아라가야양식, 신라양식으로 구분되는데 신라양식과 금관가야양식의 특징 중 하나가 격자타날호가 특징이다.[270] 아라가야 양식의 통형기대에는 몸통 부분에 사격자무늬나 삼각거치무늬를 시문하기도 했다.[271] 사격자무늬가 있는 가야토기는 디자인이 뛰어나고 경질인 경우가 많다. 박천수가 지은 『가야토기』(**진인진, 2010**)에는 '가야토기 명품해설'이라고 하여 109점을 소개하고 있는데 그 중 20점에 사격자무늬가 있다.

원통모양그릇받침(**5세기 후반, 높이 40센티미터, 지름 21센티미터, 함안 지역 제작 추정, 삼성미술관 소장**)의 굽다리에는 가는 선을 돌려 4단으로 구성했는데 첫째 단과 셋째 단에 사격자무늬가 있다.[272] 뿔잔(**4세기 후기, 길이 22.1센티미터, 지름 4.6센티미터, 함안 지역 제작 추정, 아모레퍼시픽미술관 소장**)의 입언저리에서부터 중간에 해당하는 곳까지 사격자무늬 띠를 3군데 새겼다.[273] 집모양토기(**5세기 중기, 높이 14.1센티미터, 함안 지역 제작 추정, 아모레퍼시픽미술관 소장**)에는 맞배지붕에 가는 선 4줄을 그어 5단으로 나누고 위로부터 2, 4단에 사격자무늬를 새겼고 나머지에는 삼각띠무늬를 넣었다. 세 벽에는 전면에 세로로 세 줄의 사격자무늬 띠를 넣었다.[274] 집모양상형용기(**5세기 전반, 창원 석동 415호묘 출토, 국립김해박물관 소장**) 출입구 좌우에는 송엽문, 나머지 벽에는 사격자무늬와 삼각점선문으로 장식하였다.[275] 바퀴모양장식배모양토기(**4세기 후반, 높이 20.1센티미터, 길이 28.6센티미터, 폭 7.8센티미터, 함안 지역 제작 추정, 삼**

---

270 박천수, 앞의 책, 47쪽.

271 위의 책, 151쪽.

272 위의 책, 360-361쪽.

273 위의 책, 366-367쪽.

274 위의 책, 442-443쪽.

275 국립중앙박물관, 『가야 : 동아시아 교류와 네트워크의 중심지들』, 2019, 298쪽.

성미술관 소장)에는 배의 전면에 걸쳐 사격자무늬와 점줄무늬로 장식하였다.[276] 배 모양 상형 용기(**창원 현동 387호묘 출토, 국립중앙박물관 소장**)에는 현판과 횡판, 배 좌우현에 침선으로 삼각집선, 사격자, 집선문을 빼곡하게 조각했다.[277] 바퀴장식뿔잔(**5세기 전기, 높이 17.1센티미터, 함안 지역 제작 추정, 아모레퍼시픽미술관 소장**)의 위쪽에는 2군데에 사격자무늬를 둘러 새겼다.[278] 말장식장(**4세기 후기, 높이 19센티미터, 지름 6.8센티미터, 아모레퍼시픽미술관 소장**)에는 몸 전체에 음각으로 말 갑옷을 표현했는데 윗단에는 삼각띠무늬를 그리고 아랫단에는 사격자무늬를 새겼다.[279] 말장식뿔잔(**4세기 후기, 높이 21.5센티미터, 길이 14.5센티미터, 삼성미술관 소장**)에는 말의 배에 사격자무늬의 토판이 달려 있다.[280] 소장식뿔잔(**4세기 말, 높이 30센티미터, 밑지름 9.3센티미터, 개인 소장**)에는 소의 등을 사격자무늬로 장식했다.[281] 오리모양토기(**4세기 후반, 높이 13.5센티미터, 호림미술관 소장**)에는 오리의 몸통 날개 부분에 사격자무늬가 새겨져 있다.[282] 자라장식뿔잔(**4세기 후기, 높이 20센티미터, 길이 15.4센티미터, 함안 지역 제작 추정, 삼성미술관 소장**)에는 자라의 등 양 옆에 사격자무늬를 새겨 장식했다.[283] 인물토우서수모양토기(**5세기 후기, 높이 16.2센티미터, 해남군 민의총 출토, 동신대학교박물관 소장**)에서 구멍항아리의 몸통 중간에는 두 줄의 돌대를 돌리고 그 사이에 사격자무늬를 넣었다.[284] 사슴뿔 모양의 잔(**국립중앙박물관 소장**)에도 뿔의 위쪽을 사격자무늬로 장식했다.

---

276 박천수, 앞의 책, 448-449쪽.

277 국립중앙박물관, 『가야 : 동아시아 교류와 네트워크의 중심지들』, 304쪽.

278 박천수, 앞의 책, 468-469쪽.

279 위의 책, 482-483쪽.

280 위의 책, 486쪽.

281 위의 책, 496-497쪽.

282 위의 책, 500-501쪽.

283 위의 책, 522-523쪽.

284 위의 책, 524-525쪽.

도판 256 : 기마인물형토기, 높이 23.2센티미터, 바닥지름 9.2센티미터, 길이 13.1센티미터, 너비 14.7센티미터, 4세기 후기,[285] 가야, 국보 제275호, 국립경주박물관 소장. 큰 두 개의 뿔잔이 있는데 뿔잔 윗부분에 사격자무늬를 두 군데씩 둘렀다.

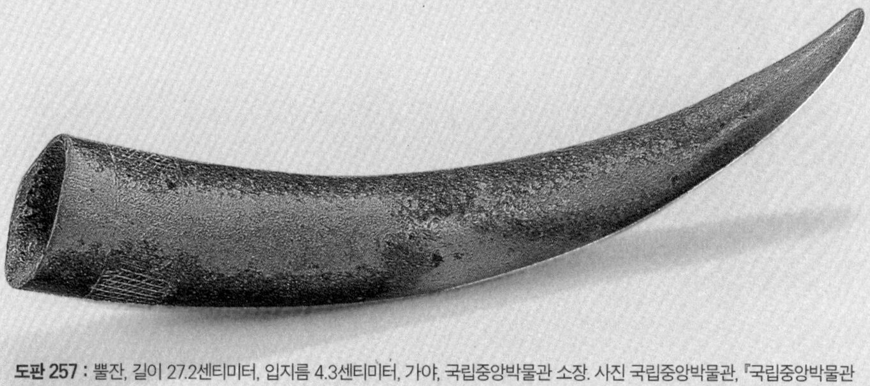

도판 257 : 뿔잔, 길이 27.2센티미터, 입지름 4.3센티미터, 가야, 국립중앙박물관 소장. 사진 국립중앙박물관, 『국립중앙박물관 기증유물 최영도 기증』, 2010, 108쪽, 도판번호 360. 가야의 뿔 모양의 잔에는 사격자무늬가 있는 경우가 많다.

---

285 위의 책, 478-479쪽.

도판 258	도판 259
도판 260	

도판 258 : 집모양토기, 높이 15.7센티미터, 5세기 중기, 가야, 함안 지역 제작 추정,[286] 호림미술관 소장.[287] 사격자무늬가 돌대로 구분한 지붕의 1단과 2단, 귀때를 붙인 벽 이외의 세 벽에 각 세 개씩 새겨져 있다.

도판 259 : 토기기대, 높이 46.4센티미터, 입지름 23.9센티미터, 밑지름 32.3센티미터, 가야, 경남 합천 출토, 부산대학교박물관 소장.[288] 몸통에 사격자무늬가 새겨져 있다.

도판 260 : 토기저상각배, 높이 24.6센티미터, 가야, 경상도 출토, 개인 소장.[289] 각배에 격자무늬가 뚜렷하게 새겨져 있다. 김정학은 이 동물을 멧돼지 또는 곰이라고 설명한다.

도판 261 : 손잡이 달린 토기 호, 높이 17.6센티미터, 너비 18.7센티미터, 밑지름 11.7센티미터, 가야, 한국요하문명연구소 소장. 구연부 주변에 사격자무늬가 있다. 홍산옥기의 물고기 조각이나 새 조각에 사격자무늬를 새긴 것과 같은 형식이다.

---

286 위의 책, 440-441쪽.

287 성보문화재단, 앞의 책, 91, 142, 143쪽, 도판번호 90.

288 한병삼 외, 앞의 책, 76, 226쪽.

289 위의 책, 86, 228쪽.

도판 262

도판 263

도판 262 : 토기, 높이 20.4센티미터, 윗지름 19.8센티미터, 밑지름 13.1센티미터, 가야, 한국요하문명연구소 소장. 구연부 주변에 있는 사격자무늬는 홍산옥기와 동일한 형태이다.

도판 263 : 토기 잔, 높이 7.6센티미터, 너비 13.4센티미터, 윗지름 10.3센티미터, 밑지름 8.1센티미터, 가야, 한국요하문명연구소 소장. 몸통 전체에 두 개의 선을 긋고 그 안에 사격자무늬를 넣었다.

아. 고구려

고구려 유물 중 사격자무늬가 있는 대표적인 유물은 호우총 청동그릇으로써 장수왕이 부친인 광개토대왕의 업적을 기리기 위해 만든 제사용 그릇이다. 윗부분 중앙에 사격자무늬가 있다. 국립박물관장 김재원은 이 무늬가 무슨 의미를 가진 것은 아니고 빈 여백을 메우기 위한 하나의 장식으로 보았다. 하지만 광개토대왕의 제사를 위해 만든 기물인 점, 글씨체가 광개토대왕비와 같은 점, 신라의 고위층 무덤으로 보이는 호우총에서 발굴된 점, 무늬가 위쪽 중앙에 위치한 점에 비추어 보면 아무런 의미가 없는 장식이라는 주장은 받아들이기 어렵다. 위쪽 중앙에 새겨진 것을 보면 이 무늬는 고구려에서 매우 중요하게 여겨졌음이 분명하다. 최인호는 호우총 청동그릇, 토기 등에 새겨진 '#' 형태의 무늬를 광개토대왕을 기념하는 하나의 휘장이며 고유 문장으로 보았다. 그러면서 이 무늬가 우물 정#자와 닮았으므로 이를 변형시킨 무늬라고 주장했다. 최인호는 인류의 탄생 이래로 가장 인간에게 소중한 물을 무늬로 한 것이고, 물의 신 하백의 유화부인, 즉 농업의 신을 가리키는 고유문양으로 본다.[290] 하지만 이 무늬는 광개토대왕의 휘장이나 고유 문장으로 보기 어렵다. 첫째, 이 무늬는 광개토대왕이 처음 사용한 것이 아니고 광개토대왕 이전인 홍산문화를 포함한 요하문명 시기부터 널리 사용되었다. 둘째, 이 무늬는 고구려 이외에 백제, 신라, 가야 등에서도 사용되었는데 그 중에는 광개토대왕 재위 이전의 유물들도 있다. 셋째, 고구려와 종종 적대 관계에 있던 백제, 고신라, 더구나 통일신라에서 광개토대왕의 휘장이나 고유 문장을 사용했다는 것은 납득하기 어렵다. 최인호의 주장대로 이 무늬가 우물(물)을 상징하는 것도 아니다. 첫째, 이 무늬가 우물 정#자와 형태가 비슷할 뿐으로 방향이 다르고, 유물에 따라서 여러 가지 방향으로 나타난다. 둘째, 고구려에서 우물이 상징이 될 만한 별다른 이유가 없다. 물이 인간에게 소중한 것은 고구려에만 국한된 사실이 아니다. 셋째, 이 무늬는 홍산문화 등 요하문명에서 처음 사용되었는데 당시에도 우물이 당시 문화의 상징이 될 만한 근거를 찾기 어렵다.

---

290 최인호, 『왕도의 비밀』 3, 샘터, 1995, 124, 225, 250, 272쪽.

도판 264 : 호우총 청동그릇. 고구려. 415년, 높이 19.4센티미터, 보물 1878호, 국립중앙박물관 소장. 맨 윗부분 중앙에 사격자무늬가 있다. 당시 이 무늬는 매우 중요한 역할을 담당했을 것이다.

격자무늬는 승문繩紋계열과 함께 고구려를 상징하는 대표적인 무늬이다. 백종오는 「고구려 기와 연구」에서 격자무늬를 정격자무늬와 사격자무늬로 나누고 다시 세정격자무늬와 태정격자무늬, 세사격무늬와 태사격무늬로 나누어 분석하고 있다.[291] 백종오에 따르면 국내성기에는 격자무늬가 54.5%였다가 평양성기에는 15%로 줄어들었고, 승문계열은 반대로 평양성기에 57%로 급증했다.[292] 사격자무늬가 새겨진 기와는 중국의 동북지방에 널리 흩어져 있는 고구려 산성을 중심으로 많은 유적에서 출토되고 있다. 국내성에서 출토된 기와 중에는 격자무늬와 석문席紋이 서로 혼용된 것으로 보이는 사례가 확인된다. 사격자무늬가 있는 지붕기와, 토기 등 여러 점이 중국 요녕성 요양시 요양박물관에 소장되어 있다.

도판 265 : 기와 파편, 고구려, 요양박물관 소장. 사진 김경상. 기와 몸통 전체에 사격자무늬가 있다.

도판 266 : 토기 파편, 고구려, 요양박물관 소장. 사진 김경상. 몸통 전체에 사격자무늬만 있는 토기의 파편으로 보인다.

고구려 벽화에서도 사격자무늬가 발견된다. 장천1호분과 동암리 고분벽화에 사격자무늬의 옷을 입은 사람들이 있다. 고구려의 일반적인 복식은 점무늬이지만 사격자무늬도 사용된 것으로 보인다. 장천1호분은 중국 길림성 집안현에 있는 고구려시대의 벽화고분으로 5세기경으로 알려져 있다. 동암리 고분은 평안남도 순천시(**옛 지명: 순천군 선소면**) 동암리 방촌마을에 있는 고구려시대의 고분벽화로 4세기 말로 알려져 있다. 집안 삼실총(**5세기**), 평안도 수산리 고분(**5세기**), 평안도 고산리 1호 고분(**6세기**)에서도 사격자

291 백종오, 「고구려 기와 연구」, 단국대학교 박사학위 논문, 2005, 38쪽.

292 위의 논문, 127쪽.

무늬가 발견된다. 삼실총의 사격자무늬는 제일 묘실 오른쪽 벽화의 인물군상도와 수렵도 사이에 바둑판 모양으로 나타난다. 수산리 고분의 사격자무늬는 현실 서벽의 주인공과 부인이 시중군들을 거느리고 교예를 구경하는 모습 속에 나타난다. 현식 동벽 하단에는 건고를 짊어진 악사와 뿔나발을 부는 사나이가 등장하는 행렬도에서도 사격자무늬가 나타난다. 고산리 1호 고분에서는 현실의 사신도 바로 밑에 격자형무늬가 나타난다.[293]

자. 백제

백제의 경우 한성 시기와 웅진 시기의 와전에서 사격자무늬가 많이 발견된다. 서울 풍납토성(**도판 267**),[294] 서울 석촌동 고분군,[295] 포천 자작리 유적,[296] 화성 마하리 유적,[297] 인천 불로동요지(**도판 268**),[298] 화성 화산고분군[299] 등 유적지에서 발굴된 한성 시기의 암키와에서 사격자무늬가 발견된다. 한성 시기의 평기와의 외면무늬는 크게 격자무늬, 사격자무늬, 종장격자무늬, 횡선부가평행선문, 승문, 평행선무늬 등 6종이다. 풍납토성에서 발굴된 출토품에서 가장 많은 비중을 보이는 것은 격자문과 무문으로 각 약 40%에 달한다.[300]

공주 무령왕릉의 벽돌(**도판 269, 도판 270**)에는 양쪽 끝에 연꽃이 있고 중간에 사격자무늬가 있다. 공주 대통사 유적에서도 무령왕릉 묘실의 벽돌과 무늬가 닮은 사격자무늬 전돌이 발견되었다. 2018년 발굴된 공주 소재 교촌리 3호 전축분, 공주 정지산 유적(**도판 271**), 광양 마로산성에서 발견된 막새 기와에도 사격자무늬가 있다.

293 안창현, 「고구려 고분벽화에 나타난 기하학문양에 대한 연구」, 서울여자대학교 대학원, 학술저널, 1999, 546-547쪽.
294 국립부여박물관, 『백제와전』, 30-34쪽.
295 위의 책, 41쪽.
296 위의 책, 43쪽.
297 위의 책, 45쪽.
298 위의 책, 47, 49쪽.
299 위의 책, 51쪽.
300 정치영, 「백제 한성기 제와술의 시말」, 국립부여박물관, 『백제와전』, 2010, 336쪽.

도판 267 도판 268

도판 269

도판 267 : 암키와, 길이 24.0센티미터, 백제, 서울 풍납토성 경당지구 발굴, 한신대학교박물관 소장. 사진 국립부여박물관, 『백제와전』, 2010, 31쪽, 도판번호 36. 암키와 전체에 사격자무늬가 새겨져 있다. 이러한 사격자무늬는 백제의 토기에서도 같은 모양으로 발견된다.

도판 268 : 암키와, 길이 13.5센티미터, 백제, 인천 불로동요지 발굴, 국립중앙박물관 소장. 사진 국립부여박물관, 『백제와전』, 2010, 47쪽, 도판번호 72.

도판 269 : 무령왕릉 벽돌, 백제, 공주 무령왕릉 출토, 사진 김경상. 양쪽 끝에 연꽃이 있고 중간에 사격자무늬가 있다.

도판 270 : 연꽃격자무늬 벽돌, 높이 35.3센티미터, 백제, 공주 무령왕릉 출토, 국립공주박물관 소장. 사진 국립부여박물관, 앞의 책, 59쪽, 도판번호 90. 벽돌의 양쪽 끝에 연꽃으로 무늬를 놓고 가운데는 사격자무늬를 새겼다.

도판 271 : 사격자무늬 벽돌, 현재 높이 8.0센티미터, 백제, 공주 정지산유적 출토, 국립공주박물관 소장. 사진 국립부여박물관, 앞의 책, 75쪽, 도판번호 125. 백제의 와전에서는 사격자무늬가 많이 발견된다.

백제의 토기에서 발견되는 사격자무늬는 신라와 가야의 토기에서 보이는 것과 같이 각획기법, 즉, 그은 것이 아니라 타날기법을 사용했다. 사격자무늬가 있는 마한 및 백세 토기는 해남 신금, 고창 부곡리, 담양 태목리, 광주 외촌, 광주 산정동, 광주 동림동, 광주 하남동, 광주 향등, 나주 운정동, 나주 장등, 함평 소명, 함평 중랑, 장흥 삼방촌, 화순 용강리 등의 유적에서 광범위하게 발견되었다.[301] 사격자무늬가 있는 백제의 직구단경호는 서울 석촌동, 원주 법천리, 서울 풍납토성, 용인 대덕골, 천안 용원리, 화성 마하리 등에서 발견되었다.[302] 백제의 발형토기 중에서 사격자무늬가 있는 토기가 발견된 유적은 전주 송천동, 정읍 관청리, 장수 침공리, 영광 마전, 광주 세동, 광주 향등, 함평 용산리, 함평 소명, 함평 중랑, 나주 랑동, 영암 선황리, 해남 신금, 승주 낙수리, 승주 대곡리, 보성 조성면 우천리 안심유물산포지, 고흥 한동, 고흥 방사 등이다.[303] 백제의 전시대에 걸쳐 토기 옹관이 나타나는데 여기에서도 사격자무늬가 자주 발견된다.[304]

301 최명희, 「화순 용강리유적 토기문양 연구」, 목포대학교 석사학위 논문, 2013, 8쪽.

302 김조윤, 「백제 직구단경호의 변천」, 전남대학교 석사학위 논문, 2010, 42, 44쪽.

303 송공선, 「삼국시대 호남 지역 발형토기 고찰」, 전남대학교 석사학위 논문, 2008, 9, 10, 12, 15, 16, 21, 22, 24, 25, 29, 33, 34, 37, 39, 40, 44, 47, 48쪽.

304 이금연, 「백제토기 옹관에 관한 연구」, 단국대학교 석사학위 논문, 1992, 28쪽.

도판 272 : 짧은 목 항아리, 높이 28.5센티미터, 입지름 20.0센티미터, 백제, 국립중앙박물관 소장. 타날기법으로 사격자무늬를 새겼다. 백제 토기의 사격자무늬는 주로 타날기법으로 새겨져 있다.

도판 273 : 사격문토기호, 높이 19.3센티미터, 입지름 11.4센티미터, 몸통지름 23.3센티미터, 백제, 서울 가락동 2호분 출토, 고려대학교박물관 소장. 사진 한병삼 외, 앞의 책, 94쪽. 1969년 가락동 2호분에서 발굴된 백제 초기 토기의 걸작이다. 기저부에는 사격자무늬가 있고 나머지에는 무늬가 없다.[305]

도판 274 : 사격자토기호, 높이 21.4센티미터, 입지름 14.4센티미터, 몸통지름 28.4센티미터, 백제, 충청도 출토, 충남대학교박물관 소장. 사진 한병삼 외, 앞의 책, 94쪽. 몸통 전면에 사격자무늬가 타날되어 있다. 가락동 2호분보다는 늦은 5세기경으로 보고 있다.[306]

도판 272	도판 273
	도판 274

305 한병삼 외, 앞의 책, 94, 230쪽.

306 위의 책, 94, 230쪽.

차. 기타 삼국시대

고구려, 백제, 신라, 가야 중 어느 국가의 유물인지 명확하지 않지만 당시 유물들에서도 사격자무늬는 광범한 지역에서 지속적으로 발견되고 그 숫자도 적지 않다. 그 중 하나가 경기 하남의 이성산성에서 발견된 토기들(**국립중앙박물관 소장**)이다. 서울 몽촌토성에서 발굴된 나팔항아리와 토기, 경기 여주군 매룡리의 용강골 고분군에서 발굴된 토기에도 사격자무늬가 새겨져 있다. 충북 충주시 탑평리에 있는 7층 석탑 부근 유적에서도 사격자무늬가 있는 토기 7점이 발굴되었다.

카. 통일신라

이러한 사격자무늬는 통일신라의 토기에서도 발견된다. 통일신라시대에는 토기의 형태나 무늬가 많이 바뀌었지만 사격자무늬는 지속된다. 경주 안압지에서 발굴된 유물에서도 사격자무늬가 있는 토기가 많이 발견된다. 홍산옥기와 동일하게 그어서 새긴 사격자무늬이다. 기와로는 구수산 출토 기와, 화차사華次寺명 기와(**길이 34.5센티미터, 안성 봉업사지 출토, 경기도박물관 소장**) 등이 있다. 고구려, 백제, 신라, 통일신라 기와에 모두 공통된 무늬로는 격자무늬, 선문線紋, 승문 정도가 있다.

도판 275 : 토기장경호형유개발(골호), 높이 27.4센티미터, 몸통지름 22.5센티미터, 밑지름 14.0센티미터, 통일신라 전기, 경주시 출토, 국립경주박물관 소장. 장삼각형을 겹친 것처럼 사격자무늬를 새겼다.[307]

도판 276 | 도판 277

도판 276 : 토기탑형유개발(골호), 높이 28.1센티미터, 몸통지름 20.9센티미터, 밑지름 13.0센티미터, 통일신라, 국립경주박물관 소장. 사진 한병삼 외, 앞의 책, 112쪽. 뚜껑 중심부에 3층의 탑형 꼭지가 있고 여기서부터 사방으로 사격자무늬가 구연부 가까이까지 조각되어 있다[308]

도판 277 : 병, 높이 19.1센티미터, 입지름 6.4센티미터, 바닥지름 9.9센티미터, 통일신라, 국립중앙박물관 소장.[309] 사격자무늬는 통일신라 초기의 토기에서 자주 보이는데 홍산옥기처럼 그어서 무늬를 새겼다.

---

307 위의 책, 113, 233쪽.

308 위의 책, 112, 233쪽.

309 국립중앙박물관, 『국립중앙박물관 기증유물 최영도 기증』, 266, 379쪽, 도판번호 1100.

10. 사격자무늬의 조형적 특징

무늬는 어떤 대상에, 어떤 목적으로, 어느 위치에 배치하고, 어떤 양식으로 구성하느냐를 분명하게 의도한다. 무늬가 베풀어진 대상과 표현방법은 지역문화권과 시대적 특성을 반영한다. 그래서 무늬는 일정한 질서에 의해 그 나라나 민족의 독특한 미술양식을 지니게 된다. 따라서 고대 무늬는 그 속성상 매우 규칙적이다. 하지만 홍산옥기와 홍산토기에 새겨진 사격자무늬는 틀에 박히지 않고 마무리가 정확하지 않으며 자연스럽고 단순하다. 도판 180, 도판 181, 도판 216, 도판 225, 도판 227-1, 도판 227-2 등에서 보듯이, 같은 유물에 새겨진 사격자무늬끼리도 똑같은 경우가 거의 없다. 사격자무늬를 구성하는 선의 개수가 다르거나 길이가 다르고 때로는 방향이 다르기도 하다. 자유분방함과 자연스러움이 홍산옥기와 홍산토기에 새겨진 사격자무늬의 규칙이다. 이는 사람과 자연의 관계를 중요시하는 것으로 보인다. 홍산옥기와 홍산토기에 새겨진 사격자무늬의 미감은 신석기시대로부터 통일신라에까지 면면히 이어지는 한반도의 사격자무늬와 미감과 같

도판 278 : 분청사기 철화 제기, 높이 9.2센티미터, 조선, 국립중앙박물관 소장. 흥에 겨운 도공이 낙서한 듯 어리광과 익살이 묻어난다. 홍산옥기의 사격자무늬도 이와 유사한데 한민족의 미감과 통한다. 홍산옥기가 제사용, 의례용이어서 형식이 강조될 수밖에 없다는 점을 감안하면 더욱 그렇다.

다. 학자들은 한국미술의 특징으로 '자연성'(**김원룡**)[310] '만들어진 것이 아니라 태어난 것', '자연에 맡겨져서 미망이나 주저가 없음'(**다나카 토요타로 田中豊太郞**), '세부보다는 전체적인 조화와 효과'(**콤퍼츠**), '생명력과 즉흥성'(**제켈 D. Seckel**), '자연과 자연스러움에의 경도'(**안휘준**),[311] '자연의 미', '자연의 예술'(**야나기 무네요시**)[312] 등으로 표현하고 있다.

11. 그 밖에 홍산문화의 무늬와 한반도

홍산문화와 한반도의 관련성은 사격자무늬 이외의 다른 무늬에서도 발견된다. 우하량유적 여신묘의 벽화(**도판 279**), 조양현朝陽縣 십이대영자十二台營子에서 출토된 동경[313] 등에서 발견되는 번개무늬와 동일한 무늬가 다뉴세문경,[314] 빗살무늬토기에서 종종 발견된다. 번개무늬는 한반도에서 발견되는 빗살무늬토기의 무늬 중 하나이다.[315]

도판 279 : 번개무늬가 있는 벽화, 우하량유적 여신묘, 홍산문화, 遙寧省文物考古研究所, 『牛河梁遺址』, 學苑出版社, 2004, 15쪽. 우하량유적 여신묘에는 벽화가 있는데 그중 번개무늬가 선명하게 드러난다.

310 김원룡, 『한국미의 탐구』, 47-48쪽.

311 안휘준, 『한국의 미술과 문화』, 시공사, 2000, 28-29쪽.

312 김원룡·안휘준, 앞의 책, 4쪽.

313 이찬구, 앞의 책, 152쪽.

314 박선화, 「고대 한국의 기하학 문양의 기원과 유형 탐색」, 인하대학교 석사학위 논문, 2018, 30-31쪽.

315 위의 논문, 7쪽.

도판 280 : 번개무늬 토기, 높이 13.9센티미터, 신석기시대, 국립중앙박물관 소장. 한반도의 신석기토기에서는 우하량유적 여신묘의 벽화와 같은 번개무늬가 종종 발견된다.

12. 결론

그동안 홍산문화와 한민족과의 연관성을 주장하는 학설들은 주로 홍산문화가 고조선의 영역과 지역적으로 같은 점, 한반도의 다양한 석관묘, 계단식 적석총, 토광적석묘 등과 홍산문화의 묘제가 동일하다는 점, 단군신화에서 등장하는 곰이 홍산문화 당시 토템의 대상이었다는 점 등을 근거로 들고 있다.[316] 하지만 복기대가 지적했듯이, 대한민국 학계의 연구가 홍산문화와 한민족의 관련 부분을 아직은 구체적으로 제시하지 못한 것이 사실이다.[317] 소병기가 1994년 「서요하 지역의 고문화를 논함論西遼河古文化」에서 홍산문화를 중국문화 기원을 구성하는 한 계통으로 제시한 이래 '통일적 중화민족'이라는 관점이 꾸준히 이어져 왔고 최근 중국에서는 정부 지원 아래 중국문화 기원에 관한 연구가 적극적으로 진행되고 있는 것과 비교된다.[318]

식민주의 사학이나 중국의 동북공정에 대응해야 한다는 명목으로 역사적 사실을 자의적으로 해석하는 것은 정당화될 수 없지만,[319] 민족의 정체성을 찾기 위한 노력을 기울여야 한다. 이러한 시도들에 대해 단지 홍산문화 당시 '한민족'이 형성되지 않았기 때문에 의미가 없다고 보는 사람들도 있다. 하지만 종족적 혈통만이 아닌 문화를 포괄하는 의미로 본다면 이 문제는 해결될 수 있다. 근대에 이르러 민족이 탄생했다는 주장은 일찍부터 중앙집권국가를 수립하지 못한 나라에서나 타당한 것이다. 한국이나 중국은 일찍부터 언어, 혈연의 측면에서 주족主族이 객족客族을 아우르는 집권체제를 구축하였다.[320]

무늬는 본래 한 민족의 미의식, 생활의 여건과 감정, 정신적인 가치를 아울러 반영하

316 우실하, 『요하문명과 한반도』, 141-145쪽.

317 복기대, 앞의 책, 62쪽.

318 위의 책, 63쪽.

319 한국고대사학회 편, 『우리 시대의 한국고대사』, 주류성, 2017, 50쪽.

320 한창균 엮음, 앞의 책, 302쪽.

는 것이기 때문에 시대와 민족에 따른 특징적인 양상을 보인다. 언어나 문자와 마찬가지로 사용 주체인 민족과 그 민족이 처한 역사적 배경에 따라 고유한 형태로 나타난다. 무늬는 그것을 향유하는 집단 사이에서 약속된 부호와 같은 성격을 지닌다.[321] 따라서 홍산문화의 핵심 중 핵심인 옥기에 나타나는 주된 무늬인 사격자무늬가 한반도의 신석기시대, 고조선, 부여, 진국, 신라, 가야, 고구려, 백제, 통일신라에 이르기까지 면면히 이어져 왔다는 사실은 중요하다. 특히, 중국화가 늦게 진행되었던 신라, 중국과의 교류가 거의 없었던 가야에서 홍산옥기나 홍산토기와 동일한 형태의 사격자무늬가 각획된 유물들이 상당히 많고 지속적으로 발견된다는 사실은 중요한 의미를 가진다. 사격자무늬 이외에도 우하량유적 여신묘의 벽화에서 발견되는 번개무늬와 동일한 무늬가 한반도의 신석기 빗살무늬토기에서 종종 발견된다. 이러한 무늬의 동일성은 홍산문화를 위시한 요하문명이 고대 한민족과 깊은 관련이 있었다는 중요한 증거이다.

321 허균, 앞의 책, 15쪽.

동아시아에서 용과 봉황의 기원

1. 용과 봉황의 의미

용은 동아시아의 신화 및 전설에 등장하는 상상의 동물로 여겨지지만 수많은 역사 기록에 남아 있다. 모든 실제 동물과 상상 속 동물들의 능력과 장점을 취합하여 용을 만들었다고 한다. 용은 만물 조화의 능력을 갖춘 영물, 권위의 상징 그리고 벽사와 수호의 능력을 갖춘 영험한 동물로서 영수靈獸 중에서도 특히 귀하게 여겨져, 용이 모습을 드러내면 세상이 크게 변할 전조라고 믿었다. 동아시아에서 용은 동물 중에서 가장 높은 위치에 있다.

태양에서 유래되었다고 알려진 봉황은 동아시아 신화에서 발견된 다른 모든 새들을 다스리는 신화속의 새로서 지혜와 고귀함을 상징한다. 이 새는 최고의 평화와 번영 혹은 행복으로 축복받은 지역이나 장소에서만 나타난다고 믿었다. 봉황은 긍정적인 의미를 지니고 있고 높은 미덕, 하늘에서 보낸 권력을 상징하기도 한다.

동아시아에서 용과 봉황은 요하문명 시기에 처음 나타났다. 용으로 보이는 사해문화의 유물과 유적이 발견되었고 봉황으로 보이는 조보구문화의 토기가 적봉박물관에 소장되어 있다. 용과 봉황의 기원은 결국 요하문명 유적과 유물에 대한 연구로 밝혀야 한다. 여기에 20세기 후반 이후 발견된 홍산문화 옥기들이 희망을 준다. 용과 봉황이 본격적으로 나타난 것은 홍산문화의 옥기이다. 홍산옥기만큼 용과 봉황을 다양하고 멋지게 만들어낸 고대 유물도 없다. 이 옥기들을 분석하면 진실에 접근할 수 있을 것이다.

2. 요하문명에서 처음 나타난 용

동아시아에서 용은 언제 어디에서 기원했을까? 그동안 많은 연구들이 있었지만 최근 들어서 요하문명에서 기원했다는 주장이 강력하다. 용으로 보이는 사해문화의 유물과 유적이 발견되었다. 1994년 발견된 석소룡石塑龍(**도판 281**)은 용의 형태 유적으로 알려져 있는데 사해문화 시기에 속한다. 6,000년 전 매우 많은 수의 잔돌을 깔아서 만든 유적은 길이가 19.7미터, 폭이 1-2미터에 달한다.[322] 이를 두고 중국에서 발견된 최초의 용 흔적이라고 평가한다.[323] 한참 후대이기는 하지만 요녕성 금주錦州시 북진北鎭에 있는 북진묘北鎭廟(**도판 282**)에서 보듯이 이러한 형태의 용 유적이 중국 여러 곳에서 발견되었다. 앙소仰韶문화의 유적으로 조개를 쌓아서 만든 방소룡蚌塑龍도 그 중 하나이다. 또 사해문화 토기에서 용무늬가 발견되었는데 구부러진 형태에 비늘이 있어서 용의 몸체와 꼬리로 보인다.[324]

---

322 郭大順, 『龍出遼河源』, 29-30쪽.

323 위의 책, 56쪽.

324 위의 책, 29, 56쪽.

도판 281 : 석소룡, 사해문화, 사진 김경상. 1994년 처음 발견되었을 때는 용 형태가 뚜렷했다고 한다. 이런 형태의 용 유적이 사해문화 후대에도 많이 만들어졌다.

도판 282 : 북진묘의 돌로 쌓은 용 유적, 사진 김경상. 요녕성에 있는 북진묘의 북쪽에는 몽골어를 음차해서 적은 '의무려산(醫巫閭山)'이라는 산맥이 있다. 석소룡과 유사한 형태의 유적이다.

3. 홍산옥기에 나타나는 용

요하문명에서 시작된 용이 본격적으로 조각된 것은 홍산문화 시기부터이다. 1980년대에 홍산문화가 주목을 받은 이유 중 하나가 용으로 보이는 옥기가 발견되었기 때문이다. 그 근거로 주목받는 것은 C자형으로 굽은 옥기이다. 여기에는 두 가지 형태가 있는데 우선 뱀같이 생긴 몸체가 알파벳 C와 같이 보이고 끝부분에 주둥이가 있으며 휘날리는 머리채가 달린 것이다. 머리는 우아하고 긴 형태로서 머리 부분에 조형이 집중되어 있다. 주름진 코, 주름진 입, 눈물이 떨어지는 모양의 눈이 특징이다. 통상 'C형용', '옥조룡玉雕龍', '옥룡玉龍'이라고 부르는데 여기서는 편의상 일단 'ㄱ형 옥기'라고 부르기로 한다. 또 다른 하나는 몸체가 두껍고 휘날리는 머리채가 없는 C자형 옥기이다. 중국학자들은 이 옥기를 '옥저룡玉猪龍', '옥웅룡玉熊龍', '옥낭용玉狼龍', '옥룡玉龍', '옥조룡玉雕龍', '옥수형결玉獸形玦'이라고 부른다. '돼지용', '곰용', '이리용', '용', '동물'이라고 해석할 수 있다. 여기서는 편의상 일단 'ㄴ형 옥기'라고 부른다.

325 郭大順·洪殿旭, 앞의 책, 120쪽.

도판 283 | 도판 284

도판 283 : 'ㄱ형 옥기', 길이 16.7센티미터, 너비 7.2센티미터, 두께 1.8센티미터,[325] 홍산문화, 1990년대 적봉시 옹우특기 광덕공향(廣德公鄉) 황곡둔(黃谷屯) 채집, 적봉박물관 소장. 사진 朱宇迅, 앞의 책, 36쪽. 몸통이 알파벳 C와 같이 보이고 끝부분에 주둥이가 있고 휘날리는 머리채가 달렸다. 머리는 우아하고 긴 형태인데 머리 부분에 조형이 집중되어 있다.

도판 284 : 'ㄱ형 옥기', 길이 24.6센티미터, 너비 19.8센티미터, 무게 720그램, 홍산문화, 1956년 10월 15일 심양노신미술학원에서 구입. 사진 郭大順·洪殿旭, 『紅山文化玉器鑑賞』, 文物出版社, 2014, 149쪽. 주름진 코, 주름진 입, 눈물이 떨어지는 모양의 눈이 특징이다.

손수도, 곽대순, 진일민, 진앵,[326] 엽서헌[327] 등 중국학자들은 'ㄱ형 옥기'와 'ㄴ형 옥기'를 모두 용이라고 보고 있다. 대한민국 학자들 중에는 이러한 중국학자들의 주장을 그대로 받아들이는 경우가 많다. 그 중 하나인 우실하는 'ㄱ형 옥기'는 옥저룡으로, 'ㄴ형 옥기'는 옥웅룡으로 본다.[328] 반대로 'ㄱ형 옥기'와 'ㄴ형 옥기' 모두 용이 아니라고 보는 학자들이 있다. 김선자는 중국학자들이 용이나 용과 봉황이라는 말을 남발하는 것은 북방 샤머니즘과의 연계를 꺼리는데서 이유가 있다고 보고 있다.[329] 김선자는 홍산문화의 구부러진 옥의 머리 형태를 한 가지 동물로 규정짓는 것은 불가능해 보인다고 주장하면서, 가장 친연성을 가진 것 그리고 가장 많이 등장하는 것을 꼽으라면 돼지를 들 수 있다고 한다.[330] 복기대는 'ㄱ형 옥기'와 'ㄴ형 옥기'를 구별하지 않고 용이 아니라 동물의 태아, 돼지 또는 뱀장어라고 주장한다.[331]

결론부터 말하면 'ㄱ형 옥기'는 용, 'ㄴ형 옥기'는 곰을 형상화한 것이다. 우선 'ㄱ형 옥기'를 용으로 보는 이유는 다음과 같다. 첫째, 곰이나 돼지로 보기에는 몸체가 너무 가늘다. 긴 주둥이, 휘날리는 머리채, 눈물이 떨어지는 모양의 눈을 보아도 곰이나 돼지와는 거리가 멀다. 홍산옥기들은 사실적, 직설적으로 만들어졌다. 둘째, 도판 285, 도판 286과

---

326 陳逸民·陳鶯, 앞의 책, 36-51쪽.

327 葉舒憲, 『雄圖騰 : 中華祖先神話探源』, 30-34쪽.

328 우실하, 『고조선 문명의 기원과 요하문명』, 451쪽.

329 김선자, 앞의 논문, 224쪽.

330 위의 논문, 183, 185쪽.

331 복기대, 앞의 책, 348-352쪽.

도판 285

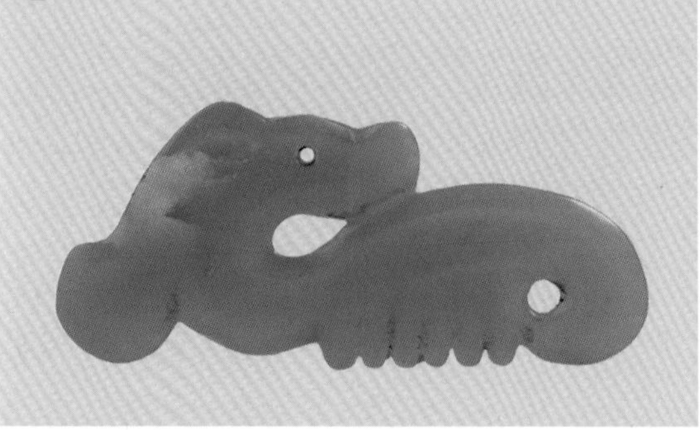

도판 286

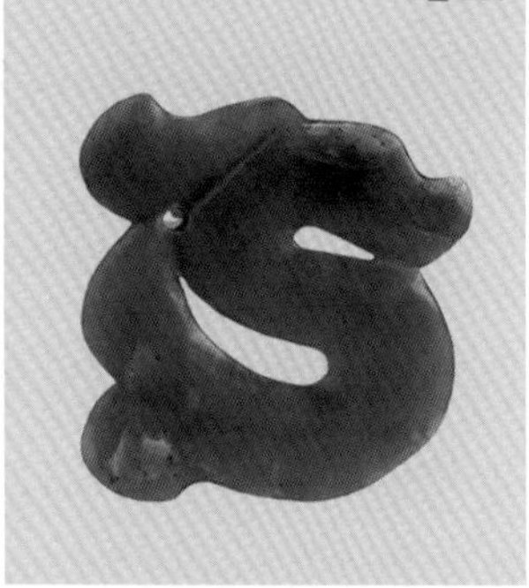

도판 285 : 용옥패, 길이 5.0센티미터, 너비 11.62센티미터, 두께 0.52센티미터, 홍산문화, 한국요하문명연구소 소장. 주둥이, 휘날리는 머리채, 몸통, 꼬리 등 완연한 용의 모습이다.

도판 286 : 용옥패, 길이 8.39센티미터, 너비 7.81센티미터, 두께 0.68센티미터, 홍산문화, 요하문명연구소 소장. 용 한 마리를 S자 형태로 배치했다.

같이 꼬리까지 표현한 조각들이 있는데 이 조각들은 용의 형태가 완연하다. 진단예술박물관의 『홍산옥기』에 나오는 용 두 마리가 있는 쌍용머리패(**雙龍首佩, 길이 6센티미터, 너비 4.5센티미터, 두께 0.5센티미터, 진단예술박물관 소장**),[332] 용 두 마리가 왼쪽과 오른쪽을 보고 있는 쌍용머리패(**雙龍首佩, 길이 6센티미터, 너비 2.5센티미터, 두께 1센티미터, 개인 소장**),[333] 용의 모습을 한 반원 형태의 조각(**龍形佩, 길이 6센티미터, 너비 0.5센티미터, 두께 0.2센티미터, 진단예술박물관 소장**)[334] 등도 마찬가지이다. 그런데 이 유물들의 동물과 'ㄱ형 옥기'의 동물이 서로 다른 것이라고 보기 어렵다.

셋째, 중국에서 발견된 홍산문화 후대의 용 유물들은 주둥이가 길고 귀가 짧거나 거의 없고 휘날리는 머리채가 있다. 그 중 둥근 몸체를 하고 있는 것들도 많다. 상나라의 유적인 부호묘婦好墓에서 출토된 굴체룡屈體龍을 비롯하여, 섬서성陝西省 봉상현鳳翔縣 유담

332 震旦藝術博物館, 앞의 책, 58쪽, 도판번호 8번.

333 위의 책, 58쪽, 도판번호 9번.

334 위의 책, 59쪽, 도판번호 10번.

도판 287 : 옥룡, 지름 3.8센티미터, 두께 0.6센티미터, 서주시대, 섬서성 봉상현 유담촌 출토. 사진 시안시문물보호고고학연구소, 중국문물전문번역팀 옮김, 『옥기』, 한국학술정보, 2016, 71쪽.

촌劉淡村(**도판 287**),[335] 남방의 유적인 능가탄凌家灘 유적 16호 묘, 호북湖北 천문天門 석가하石家河 초가옥추肖家屋脊, 등주滕州 전장대서주묘前掌大西周墓, 서주徐州 사자산獅子山 한묘漢墓, 서주시대의 유적인 장안현長安縣 장가파張家坡, 보계寶鷄 죽원구竹園溝, 장안현長安縣, 춘추전국과 서한시대의 유적인 상촌령춘추묘上村嶺春秋墓, 수주증후을묘隨州曾侯乙墓, 정현定縣 40호 서한묘西漢墓 등에서 출토된 유물이 그 예이다.[336] 주우신은 홍산문화 C형용 → 이리두 녹송석용→상주시대 옥룡→춘추전국시대 옥룡→한대 옥룡→당대 옥룡→송대 옥룡→원대 옥룡→명대 옥룡→청대 옥룡 순으로 변화해 왔다고 주장한다.[337] 'ㄱ형 옥기'와 비슷한 형태를 가진 후대의 조각들이 용을 형상화한 것이 명백한데 홍산문화 시기에 만들어진 'ㄱ형 옥기'만 용이 아니라는 주장은 맞지 않는다.

넷째, 'ㄱ형 옥기'들은 크거나 좋은 옥을 사용했고 조형이 빼어난 경우가 많다. 삼성타랍에서 발견된 '중화제일룡'(**도판 198**)은 높이 26.3센티미터, 너비 29.3센티미터, 두께 2.3-2.9센티미터이고 색이 아름다우며 강한 옥을 사용했다. 1956년 10월 15일 심양노신미술학원에서 구입한 옥기(**도판 284**)는 높이 24.6센티미터, 너비 19.8센티미터, 무게

---

335 시안시문물보호고고학연구소, 앞의 책, 71쪽, 도판번호 40.

336 孫機, 「蜷體玉龍」, 田廣林·劉國祥 編, 앞의 책, 153-158쪽.

337 朱宇迅, 앞의 책, 37-40쪽.

720그램이다.[338] 국립고궁박물원에 소장된 옥기는 직경이 22-24센티미터이다.[339] 전충모傳忠謨의 집에 있었다가 1996년 가을 북경 한해瀚海경매에 나왔던 옥기는 직경이 28.2센티미터, 무게가 502그램이다.[340] 한국요하문명연구소에 소장된 옥기는 높이 26.42센티미터, 너비 24.32센티미터, 두께 3.09센티미터이다. 다섯째, 비늘이 표현되어 있는 'ㄱ형 옥기'가 한국홍산문화학술원에 소장되어 있다. 곰이나 돼지에 비늘이 있을 이유가 없다. 따라서 'ㄱ형 옥기'는 일반적인 동물이 아닌 상서로운 동물을 형상화한 것으로서 용이 맞고 그 명칭으로 기존의 'C형용'이 정확하다.

C형용이 '용'이라는 사실을 인정한다고 해서 홍산문화가 중국 화하족의 것이라는 사실을 인정하는 것이 아니다. 화하족이 용과 봉황을 만들었다거나 용과 봉황이 화하족의 전유물이라는 그 어떤 증거도 없다. 오히려 요하문명에서 용과 봉황이 탄생했으며 용은 곰토템에서, 봉황은 새토템에서 나온 것이다. C형용이 '용'인지 아닌지에 따라 요하문명의 주인공이 달라지는 것은 아니다.

4. 속칭 '옥저룡' 또는 '옥웅룡'은 '용'이 아닌 '곰'이다

'ㄴ형 옥기'는 홍산문화 옥기 중에서 가장 많이 발견되는 것 중 하나이다. 이러한 옥기는 우하량유적 2지점 1호총 4호 무덤, 16지점 14호 무덤 등지에서 여러 차례 발굴되었고 북경 국립고궁박물원, 오한기박물관,[341] 파림우기박물관(**도판 288**), 요녕성박물관, 진단예술박물관, 기메박물관(**도판 289**) 등 여러 박물관에 소장되어 있다. 곽대순은 'ㄴ형 옥

---

338 郭大順·洪殿旭, 앞의 책, 148-149쪽.

339 위의 책, 168쪽.

340 朱宇迅, 앞의 책, 35쪽 ; 傳忠謨, 『古玉精英』, 中華書局, 1989, 20-21쪽 ; 郭大順·洪殿旭, 앞의 책, 200쪽에서 재인용.

341 敖漢文物精華 編輯委員會, 『敖漢文物精華』, 2004, 66-67쪽.

도판 288

도판 289

도판 288 : 'ㄴ형 옥기', 높이 16.8센티미터, 너비 11.5센티미터, 두께 2.8센티미터, 홍산문화, 1974년 내몽고 파림우기 양장향(羊場鄉) 액이근물소촌(額爾根勿蘇村) 채집, 파림우기박물관 소장. 사진 朱宇迅, 앞의 책, 45쪽. 몸체가 두껍고 휘날리는 머리채가 없는 C자형 옥기이다.

도판 289 : 'ㄴ형 옥기', 높이 15.3센티미터, 홍산문화, 기슬러(Giessler) 구장, 파리 기메박물관 소장. 사진 郭大順·洪殿旭, 앞의 책, 191쪽. 중국학자들은 이 옥기를 '옥저룡(玉猪龍)', '옥웅룡(玉熊龍)', '옥낭용(玉狼龍)', '옥룡(玉龍)', '옥조룡(玉雕龍)', '옥수형결(玉獸形玦)'이라고 부른다. '돼지용', '곰용', '이리용', '용', '동물'이라고 해석할 수 있다.

기'를 홍산문화의 대표적인 옥기라고 한다.[342] 중국의 옥기전문가 손수도와 곽대순은 이 유물을 처음에는 '돼지용玉猪龍'이라고 했다. 새로 발견한 용 형상의 옥과 동물 모양의 옥이 제공하는 단서로 볼 때, 용의 몸이 뱀과 관련 있는 것을 제외하면 용의 머리 모양은 인류의 일상생활과 관계가 밀접하고 사람들이 가장 잘 아는 돼지 같은 동물과 관련이 있다고 하였다.[343] 그후 손수도와 곽대순은 '곰용'이라고 입장을 바꾸었다. 손수도는 '곰의 머리를 가진 용 옥기熊首龍形玉'라고 바꾸어 불렀고,[344] 곽대순도 곰의 머리를 닮았다고 하여 '웅룡熊龍'이라는 입장으로 바뀌었다.[345] 현재는 옥웅룡이라고 부르는 학자가 많지만

342 郭大順, 「猪龍與熊龍」, 275쪽.

343 孫守道·郭大順, 「論遼河流域的元始文明與龍的起源」, 遙寧省博物館 編, 앞의 책, 97쪽.

344 孫守道, 「紅山文化 '玉潛神' 考」, 『孫守道考古文集』, 232-233쪽.

345 郭大順, 「猪龍與熊龍」, 275-277쪽.

옥저룡이라고 주장하는 학자도 있다.[346] 어쨌든 손수도, 곽대순, 진일민陳逸民, 진앵陳鶯,[347] 엽서헌[348] 등 중국학자들은 모두 'ㄴ형 옥기'를 용이라고 보고 있고 홍산옥기를 소개하고 있는 중국의 책들도 모두 같은 입장이다. 즉, 중국학자들은 이 옥기가 '용'이라는 전제 하에 그 머리 형태에 따라 '돼지용', '곰용', '이리용', '동물용'이라고 부르는 것이다. 대한민국의 학자 중에는 이에 반대하는 견해가 있다. 김선자는 속칭 '옥저룡' 혹은 '옥웅룡'이라고 불리는 조각이 돼지인가 곰인가에 앞서 먼저 제기되어야 할 것이 바로 "그것은 과연 용인가?" 하는 문제라고 주장한다.[349] 김선자는 중국학자들이 용이나 봉황이라는 말을 남발하는 것은 북방 샤머니즘과의 연계를 꺼리는 데 이유가 있다고 본다.[350] 복기대는 'ㄱ형 옥기'와 'ㄴ형 옥기'를 구별하지 않고 용이 아니라 동물의 태아, 돼지 또는 뱀장어라고 주장한다.[351]

우선 'ㄴ형 옥기'는 용이 아니다. 그 이유는 다음과 같다. 첫째, '곰용'이든 '돼지용'이든 용의 몸체에 다른 동물의 머리를 가진 동물은 홍산옥기를 포함하여 중국 동북부 지역의 신석기 문화의 옥기에서 발견된 적이 없고 다른 유물, 유적에서도 발견된 바 없으며 그 후에도 찾기 어렵다. 만일 '곰용', '돼지용'이 상상 속에서라도 존재했다면 굽은 형태 이외의 다른 형태로도 조각되었을 것이다. 둘째, '옥웅룡', '옥저룡'이라고 부르려면 '곰용', '돼지용'이 무엇을 의미하는지 설명해야 하는데 설명하는 사람이 없다. 곰과 용을 하나의 조각에 새길 만한 이유를 찾기 힘들다. 셋째, 용은 C형용이나 후대의 용 형태의 옥기에서 보는 바와 같이 주둥이가 길고 귀가 없으며 휘날리는 머리채가 있다. 그런데 이 유물은 주둥이가 짧고 귀가 크며 휘날리는 머리채가 없고 몸통이 짧으며 두껍다. 홍산옥기가 대체

346 吕軍, 앞의 논문, 108쪽.

347 앞의 책, 36-51쪽.

348 葉舒憲, 『雄圖騰 : 中華祖先神話探源』, 30-34쪽.

349 김선자, 앞의 논문, 179쪽.

350 위의 논문, 224쪽.

351 복기대, 앞의 책, 348-352쪽.

로 사실적이고 직설적인 표현기법을 사용한 사실을 감안하면 이 옥기가 용을 표현하고 있다고 보기 어렵다.

'ㄴ형 옥기'는 곰을 형상화한 것이다. 그 이유는 다음과 같다. 첫째, 눈, 귀, 코가 서로 가까이 있고 코가 역삼각형 형태를 가졌으며 둥근 귀를 가지고 있고 입 부근에 주름이 있다. 둥근 형태의 몸을 가지고 발끝 부분을 안쪽으로 오므리고 있다. 이는 곰의 특징으로서 곰이 웅크리고 있는 모습을 보면 이 조각과 유사하다. 이 옥기는 돼지와는 귀, 입, 코, 이빨의 형태가 다르며 만일 돼지를 형상화했다면 코를 강조했을 것이다.

도판 290 : 곰과 'ㄴ형 옥기' 비교. 나무에 매달린 실제 곰과 도판 47의 'ㄴ형 옥기'를 비교한 것이다. 곰은 이렇게 둥근 모습인데 'ㄴ형 옥기'와 매우 유사하다.

둘째, 'ㄴ형 옥기' 중에는 높이가 15센티미터를 넘는 경우가 종종 있고, 특히 그 두께와 무게에 있어서 다른 옥기들과 비교하기 어려울 정도이다. 게다가 이런 옥기들은 최고급 옥을 사용했고 조각에 정성이 많이 들어간 경우가 많다. 예를 들어 1974년 파림우기 양장향羊場鄉 액이근물소額爾近勿蘇 유적에서 수집되어 현재 파림우기박물관에 소장된 유물(**도판 288**)은 높이 16.8센티미터, 너비 11.5센티미터, 두께 2.8센티미터이다. 전세품으로 수도박물관首都博物館에 소장된 옥기는 높이 16센티미터, 너비 11센티미터, 안지름 2.7센티미터, 두께 2.3센티미터이다.[352] 1970년대 요녕성 건평현建平縣에서 수집되어 요녕성박물관에 소장 중인 유물은 높이 15.8센티미터, 너비 10.5센티미터, 두께 4.3센티미터이다.[353] 청나라 황실에 있다가 현재 북경 국립고궁박물원에서 소장중인 것은 높이 15.4

352 郭大順·洪殿旭, 앞의 책, 164쪽.

353 朱宇迅, 앞의 책, 46-47쪽.

센티미터, 너비 10.5센티미터, 두께 4.5센티미터이다.[354] 현재 파리 기메박물관에 있는 유물(**도판 289**)은 높이 15.3센티미터이다.[355] 1984년 건평建平 부산향富山鄕 장복점張福店에서 발굴된 옥기는 높이 15센티미터, 너비 10.2센티미터, 두께 3.8센티미터이다.[356] 한국요하문명연구소 소장품은 높이 21.9센티미터, 너비 16.3센티미터, 두께 5.44센티미터, 무게 2,726그램이다. 도판 290의 조각은 고급의 흑옥을 사용했다. 크고 좋은 옥을 사용했다는 사실은 조각된 동물이 매우 중요한 것임을 알려준다. 이런 유물들을 보면 홍산문화인들은 'ㄴ형 옥기'를 C형용, 봉황, 사람 얼굴의 신상, 반인반수상, 용옥패와 같은 수준으로 중요하게 생각했음을 알 수 있다. 그런데 C형용과 용옥패는 용이고, 사람 얼굴의 신상, 반인반수상은 신神이다. 그렇다면 'ㄴ형 옥기'는 신, 용, 봉황과 같은 수준으로 신성시되는 동물을 형상화한 것이다. 홍산문화에서 토템의 대상으로 숭배되었던 동물은 단연 곰이다. 동북아시아에서 곰토템은 상당히 광범위하게 퍼져 있었다. 또 홍산문화 여신묘에서 곰 아래턱뼈와 곰의 머리, 발톱으로 추정되는 진흙 소조상 파편이 함께 나와서 곰토템이 있었음을 알 수 있다. 엽서헌은 우하량유적 여신묘의 곰 머리뼈에 대해 다음과 같은 세 가지 해석이 가능하다고 주장한다. (1) 곰 머리뼈의 존재는 홍산인들이 숭배하는 곰신우상熊神偶像을 대표한다. (2) 씨족의 토템을 대표하여 곰이 부락의 조상이라는 혈연관념을 체현한다. (3) 대표적인 것은 곰신사자熊神使者로서 사람과 신을 소통시키는 중개물이다.[357]

도판 291 : 곰 발 소조, 현재 길이 14.5센티미터, 홍산문화, 우하량유적 제1지점 여신묘 출토, 요녕성박물관 소장.[358] 우하량유적 여신묘에서 나온 거대한 곰 발 소조는 곰이 당시 토템의 대상이었다는 사실을 말해 준다.

354 郭大順·洪殿旭, 앞의 책, 166쪽. 徐琳,「故宮博物院藏紅山文化動物形玉及人形玉研究(上)」, 田廣林·劉國祥 編, 앞의 책, 272쪽.

355 郭大順·洪殿旭, 앞의 책, 191쪽.

356 위의 책, 89-90쪽.

357 葉舒憲,『雄圖騰 : 中華祖先神話探源』, 41쪽.

358 遙寧省文物考古研究所,『遙寧省文物考古研究所藏 文物精華』, 14쪽.

셋째, 돼지는 인류가 가장 일찍 길들인 동물 중 하나로서 제사 제물과 무덤 속 부장품으로 다량 사용되었다. 흥륭와문화 유적에서도 돼지뼈가 많이 발굴되었고,[359] 홍산문화인들이 돼지를 사육한 흔적도 발견된다. 김선자는 그 머리 형태를 한 가지 동물로 규정짓는 것은 불가능해 보인다면서 가장 친연성을 가진 것 그리고 가장 많이 등장하는 것을 꼽으라면 돼지를 들 수 있다고 한다.[360] 하지만 돼지와 'ㄴ형 옥기'의 코, 입, 귀, 이빨의 형태가 다르다. 돼지를 가까이 하고 중시했다고 해도 곰과 돼지는 중요도의 차원이 다르다. 돼지 조각을 하는데 이렇게 크거나 품질이 좋은 옥을 사용했을 이유도 없고 그렇게 많이 만들 이유가 없다. 따라서 'ㄴ형 옥기'는 곰을 숭배하던 홍산문화 사람들이 곰을 조각한 것이고 가장 적절한 명칭은 'C형곰C-shaped Bear'이다

5. 용은 곰의 모습을 기초로 만들었다

홍산문화 사람들이 용을 만들 때 곰을 모델로 해서 만든 것으로 보인다. 상상의 동물인 용의 모습을 만들려면 현실에 존재하는 어떤 동물을 기초로 했을 것이다. 곰토템을 가진 홍산문화 사람들에게 하늘을 날 수 있는 신령한 동물을 만들면서 자연스럽게 곰을 모델로 했을 것이다. 곰을 숭상하던 홍산문화 사람들에게 '하늘을 날 수 있는 신령한 동물'은 곧 '하늘을 날 수 있는 곰'일 수밖에 없었을 것이다. 그것이 바로 용이다. 이를 뒷받침할 수 있는 홍산옥기는 C형용과 용옥패 두 가지이다. 첫째, C형용은 C형곰을 기초로 해서 만든 것이다. 도판 292 내지 295를 보면 그 사실을 이해하는 데 도움이 된다. 도판 292는 1978년 파림우기巴林右旗 파언한소목巴彦漢蘇木 나일사대那日斯臺 유적에서 발굴되어 파림우기박물관에 소장되어 있다. 도판 293은 도판 292와 유사한 형태로서 C형곰보다 귀가 작고 날개가 있다. 도판 294는 주둥이가 튀어 나오고 C형곰의 둥근 귀 대신 뾰

---

359 박진호·복기대, 앞의 책, 162쪽.

360 김선자, 앞의 논문, 183, 185쪽.

족한 귀가 있다. 도판 295는 머리는 C형곰과 닮았지만 주둥이가 튀어 나오고 귀가 작으며 몸통이 가늘다. 도판 296은 C형용의 형태를 갖추었지만 몸통이 비교적 두껍고 짧다. 둘째, 용옥패에서 양쪽 측면의 굽은 갈고리도 곰의 둥근 모습과 닮았다. 속칭 '수형문 옥패'의 아래를 향해 뻗은 부분은 곰의 이빨 생김새와 닮았다. 속칭 '구운형 옥패' 중에서도 이런 형태를 가진 것들이 있다. 돼지나 호랑이 등의 이빨은 이와 많이 다르다. 두 눈으로 정면을 보고 있는 동물은 눈이 둥글고 코와 가까이 있어서 곰과 닮았다.

도판 292 : 초기 C형용, 높이 5.5센티미터, 너비 4.9센티미터, 두께 1.0센티미터, 홍산문화, 파림우기박물관 소장. 사진 石陽 主編, 앞의 책, 42쪽. 중국학자들이나 파림우기박물관에서는 이 옥기를 새 형태라고 주장하지만 새가 아닌 C형용의 초기 모습이다.

파림우기박물관에서는 도판 292의 유물을 '새 형태의 고리 조각玉鳥形玦'이라고 하고 있다.[361] 진일민, 진앵은 이 옥기는 물론, 이와 유사한 개인 소장 옥기도 '새 모양의 조각玉鳥形器'이라고 소개하고 있다.[362] 중국학자들은 주로 같은 견해를 보인다.[363] 머리 앞부분이 새부리와 닮았고 몸체의 끝부분이 새의 꼬리와 닮았기 때문인 것 같다. 하지만 이는 새 조각이 아닌 C형용의 초기 모습이다. 홍산문화 사람들이 신성한 동물을 상상하면서 숭배의 대상인 곰이 날아가는 모습을 만들려고 한 것으로 보인다. 첫째, 도판 292와 닮은 홍산옥기는 파림우기박물관 소장품을 포함하여 몇 점밖에 발견되지 않았다. 만일 새 조각이라면 많이 발견되었어야 한다. 홍산옥기 중에 새 조각은 상대적으로 숫자가 많다. 둘째, 홍산문화에서 새 조각은 절대 다수가 정면 형태이다. 극히 예외적으로 옆모습인 경우

---

361 石陽 主編, 앞의 책, 42쪽.

362 陳逸民·陳鶯, 앞의 책, 59-60쪽, 도판번호 60.

363 呂軍, 앞의 논문, 108쪽.

도판 293 : 초기 C형용, 높이 9.99센티미터, 너비 7.08센티미터, 두께 3.39센티미터, 홍산문화, 한국요하문명연구소 소장. 전체적으로 C형곰의 형태이지만 머리 앞부분이 새부리와 닮았고 몸체의 끝부분이 새의 꼬리와 닮았다. C형곰이 하늘을 날아가는 모습을 조각하려고 한 것으로 보인다. 곰을 숭배하던 홍산문화 사람들은 곰의 모습을 기초로 신성한 동물인 용을 만들었을 것이다.

도판 294 : 초기 C형용, 높이 10.69센티미터, 너비 6.99센티미터, 두께 2.56센티미터, 홍산문화, 한국요하문명연구소 소장. 몸은 C형곰과 닮았지만 주둥이가 튀어 나오고 C형곰의 둥근 귀 대신 뾰족한 귀가 있다. C형곰과 C형용의 중간 단계로 보이는 이러한 조각은 드물게 발견된다.

도판 295 : 초기 C형용, 높이 9.86센티미터, 너비 6.27센티미터, 두께 1.63센티미터, 홍산문화, 한국요하문명연구소 소장. 머리는 C형곰과 닮았지만 주둥이가 튀어 나오고 귀가 작으며 몸통이 가늘다.

도판 296 : 초기 C형용, 높이 12.29센티미터, 너비 13.17센티미터, 두께 2.18센티미터, 홍산문화, 한국요하문명연구소 소장. 주둥이 부분이 튀어 나오고 휘날리는 머리채도 있는 등 C형용의 형태를 갖추었지만 짧고 통통한 몸통을 가지고 있다.

도판 293	도판 294
도판 295	도판 296

가 있기는 하지만 누가 보아도 새이며 이렇게 특별한 형태가 아니다. 셋째, 도판 294, 도판 295는 귀가 지나치게 커서 새라고 하기 어렵다.

중국의 손수도는 1984년 「삼성타랍에서 발견된 홍산문화 옥룡에 대한 연구」에서 저룡猪龍 또는 홍산문화의 수형옥기가 변해 옥룡이 나왔다고 주장했다. 손수도는 하남성 안양의 상나라유적인 부호묘에서 발굴된 옥룡, 이리두二里頭 문화 제2기 퇴적층에서 발견된 도편의 용무늬, 오한기 대전자大甸子 유적지 M317, M371묘에서 발굴된 도기에 나타난 용무늬와 삼성타랍에서 발견된 C형용을 비교했다.[364] 그후 '저룡'에서 '옥웅룡'이라고 입장을 바꾸고 '곰의 머리를 가진 용 옥기熊首龍形玉'라고 바꾸어 불렀다.[365] 곽대순은 1996년 홍산문화에서 용의 기원은 인간생활과 가장 밀접한 관계가 있는 돼지에서 나온 것이라고 주장했다가,[366] 곰에서 나왔다고 입장을 바꿨다.[367] 양건방은 손수도의 견해를 인용하면서 C형용은 내몽고 동부 지역에서 출토되는 유물로서 우하량유적의 말기에 해당하는 시기에 만들어진 것으로 본다.[368] 엽서헌도 용은 곰에서 나왔다고 보고 있다.[369] 엽서헌은 "곰토템의 재발견은 우리로 하여금 '용의 후손'이라는 유행어 배후에 더욱 심원하고 광활한 '곰의 후손'에 대한 신앙이 잠복해 있음을 재인식하게 하며, 우리로 하여금 유라시아 대륙이라는 거시적인 배경에서 중국문화의 뿌리를 새롭게 이해할 수 있도록 한다."고 했다.[370] 다만 손수도, 곽대순, 엽서헌은 C형곰을 단순한 '곰'이 아닌 '곰용' 또는 '돼지용'으로 보고 있는 점에서 내 주장과 차이가 있다. '곰용'은 '곰'과 분명히 다르다.

손수도는 1975년 파림우기 양장공사羊場公社에서 발굴된 귀가 뾰족한 C형곰과 1981

364 孫守道, 「三成他拉紅山文化玉龍考」, 179-183쪽.

365 孫守道, 「紅山文化 '玉潛神' 考」, 『孫守道考古文集』, 232-233쪽.

366 郭大順, 「猪龍與熊龍」, 275쪽.

367 郭大順, 『龍出遼河源』, 61쪽.

368 楊建芳, 앞의 논문, 179-180쪽.

369 葉舒憲, 『雄圖騰 : 中華祖先神話探源』, 209쪽.

370 葉舒憲, 『狼圖騰, 還是雄圖騰? 關於中華祖先圖騰神的辨析與反思』, 76-77쪽.

도판 297 : C형곰 한 쌍, 높이 9.88센티미터, 너비 6.75센티미터, 안지름 1.57센티미터, 두께 2.86센티미터(왼쪽), 높이 9.39센티미터, 너비 7.04센티미터, 안지름 1.48센티미터, 두께 2.75센티미터(오른쪽), 홍산문화, 한국요하문명연구소 소장. 서로 다른 형태의 C형곰이 동시에 제작되었다는 사실을 알 수 있다.

도판 298 : C형곰 한 쌍, 높이 7.55센티미터, 너비 5.44센티미터, 안지름 1.31센티미터, 두께 2.79센티미터(왼쪽), 높이 7.43센티미터, 너비 5.84센티미터, 안지름 1.47센티미터, 두께 2.43센티미터(오른쪽), 홍산문화, 한국요하문명연구소 소장. 귀가 뾰족한 C형곰과 귀가 둥근 C형곰이 한 쌍을 이룬다.

년 요녕성에서 발굴된 귀가 둥근 C형곰을 예를 들어 귀가 뾰족한 C형곰→귀가 둥근 C형곰→C형용으로 변화했다고 주장했다.[371] 주우신은 발굴된 C형곰들을 연대순으로 제시하고 있는데[372] 손수도의 주장과 큰 틀에서는 같다. 그러나 이들의 주장에 동의하기 어렵다. 첫째, 도판 297, 도판 298과 같이 귀가 뾰족한 C형곰과 귀가 둥근 C형곰이 한 쌍으로 발견된다. 변화 전 형태와 변화 후 형태가 한 쌍으로 만들어졌을 가능성은 낮다. 홍산옥기 중에서 한 쌍이 발견되는 경우는 주로 암수가 많고 이 옥기들도 그럴 가능성이 높다. 귀의 형태가 다르다고 해서 어느 하나가 다른 하나의 변화된 모습이라는 주장은 설득력이 약하다. 둘째, 홍산옥기 C형곰은 여러 형태로 수십 점 이상이 발굴되어 여러 박물관과 개인 소장가들에 의해 소장되어 있다. 그런데 그 중의 몇 개를 가지고 선후를 정한다는 것은 무리한 시도이고 그럴만한 근거도 약하다.

6. 용옥패도 곰의 형상을 기초로 했다

옥패는 홍산옥기를 대표할만한 유물로서 다른 시대와 뚜렷이 구별되고, 비교적 많이 발견된다. 곽대순은 옥패를 옥룡, 사구통형옥기와 함께 홍산옥기 중 대표성을 가지는 3대 유물로 꼽는다.[373] 곽대순이 옥룡이라고 부르는 옥기는 C형용과 C형곰이다. 홍산옥기들이 대부분 예술적으로 뛰어나지만 그 중에서도 옥패는 최고봉이라고 할 수 있다. 다른 옥기와 달리, 사실적이라기보다는 추상적이기 때문에 조형이 다양하고 자유로우며 홍산문화 사람들의 상상력을 엿볼 수 있다. 옥패는 전체적으로 얇고 그 중에는 큰 경우도 많은데 이렇게 만들려면 좋은 옥을 써야 하고 뛰어난 기술이 필요하다. 옥패는 주로 구름처럼 둥근 갈고리가 있는 경우가 대부분이어서 '구운형 옥패勾雲形 玉佩'라고 불린다. 구운형

371 孫守道, 「三成他拉紅山文化玉龍考」, 182쪽.

372 朱宇迅, 앞의 책, 41-43쪽.

373 郭大順, 「紅山文化勾雲形玉佩研究」, 96쪽.

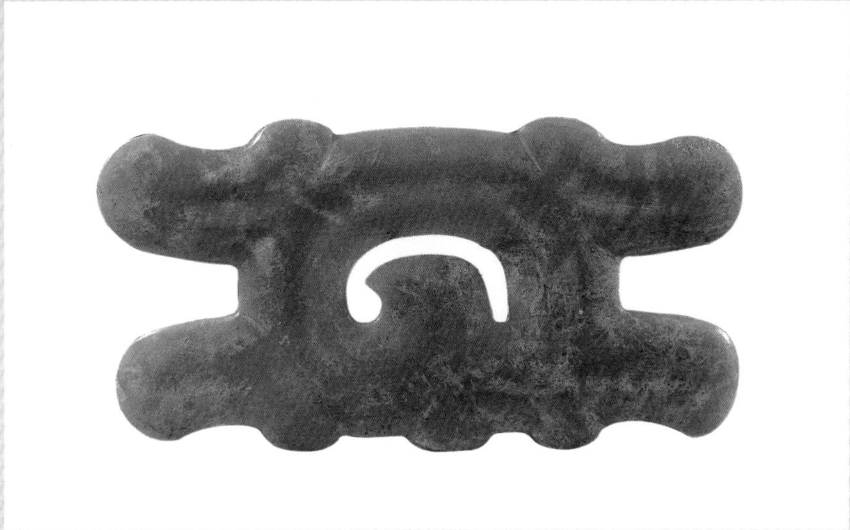

도판 299 : 속칭 '구운형 옥패', 길이 22.5센티미터, 너비 11.2센티미터, 두께 0.8센티미터, 홍산문화, 1979년 우하량유적 16지점 2호 무덤 출토, 요녕성박물관 소장. 사진 郭大順·洪殿旭, 앞의 책, 14쪽, 도판번호 15. 둥근 갈고리가 양쪽에 네 개 있고 중간 부분에도 있는 것이 전형적인 속칭 '구운형 옥패'이다.

도판 300 : 속칭 '구운형 옥패', 길이 11.8센티미터, 너비 6.4센티미터, 홍산문화, 이화원(颐和園) 구장, 수도박물관 소장. 사진 郭大順·洪殿旭, 앞의 책, 165쪽, 도판번호 18. 속칭 '구운형 옥패'는 홍산문화 사람들의 상상력이 충분히 발휘된 유물로서 다양한 형태가 있다.

도판 301 : 속칭 '수형문 옥패', 길이 11.4센티미터, 너비 4.3센티미터, 두께 0.15-0.3센티미터, 홍산문화, 2001년 풍상곽점춘추만기묘(風翔廓店春秋晩期墓) 출토, 풍상현(風翔縣)박물관 소장. 사진 郭大順·洪殿旭, 앞의 책, 73쪽, 도판번호 41. 밑부분에 동물의 이빨처럼 생긴 부분이 있고 가운데 동물의 눈처럼 보이는 부분이 있는 옥패를 '수형문 옥패'라고 부른다.

도판 302 : 속칭 '수형문 옥패', 길이 17.2센티미터, 홍산문화, 어윈 해리스(Erwin Harris) 구장, 아서 재클러미술관(Arthur M. Sackler Gallery) 소장. 사진 郭大順·洪殿旭, 앞의 책, 182쪽, 도판번호 38. 속칭 '수형문 옥패'는 속칭 '구운형 옥패'에 비해 형태가 다양하지 않다.

옥패 중에서 중간에 둥근 갈고리가 두 개 있어서 동물의 눈처럼 보이는 구멍이 있고 아랫부분에 동물의 이빨처럼 생긴 부분이 있는 옥패를 '수형문 옥패獸形紋 玉佩'라고 부른다. 여기서는 논의의 편의상 일단 '구운형 옥패'와 '수형문 옥패'라고 부르기로 한다.

속칭 '구운형 옥패'와 속칭 '수형문 옥패'가 무엇을 형상화한 것인지에 대해서는 여러 가지 학설들이 있다. 크게 ① 새라는 주장, ② 동물의 얼굴이라는 주장, ③ 새와 동물 등의 결합이라는 주장, ④ 구름이라는 주장, ⑤ 용이라는 주장으로 나눌 수 있다. 우선 ① 새라는 주장은 근거가 다양하다. 『중국옥기전집』에서는 옥패의 양쪽에 있는 네 개의 톱니바퀴처럼 생긴 부분에 주목한다. 양쪽에 네 개의 새 머리가 있고 새의 몸통은 굽은 형태이며 중간에 구름형 구멍이 있으며 새의 꼬리가 서로 만나고 새의 주둥이는 날카롭고 길다고 한다.[374] 우인덕은 거기에 더하여 좌우대칭기법은 새 두 마리를 나타내며 머리 위에 새 깃털의 관이 있다고 주장한다.[375] 등숙빈은 중간 부분의 말아 올린 갈고리와 두 개의 구멍에 주목하면서 그 구멍이 봉황의 눈이라고 주장한다.[376] ② 동물의 얼굴이라는 주장은 엘리자베스 차일즈 존슨Elizabeth Childs-Johnson에 의해 제기되었는데 존슨은 등숙빈의 주장을 인용하면서 두 눈으로 정면을 보고 있는 것은 동물의 얼굴이라고 주장했다. 그는 양쪽 측면의 둥글고 회전하는 굽은 갈고리가 홍산문화의 옥룡과 관련이 있다고 보았다.[377] ③ 새와 동물이 결합되어 있다는 주장은 토템신의 관점에서 분석하고 있다. 선과 각이 물신숭배와 관련이 있다고 본다. 네 개의 뿔과 굽은 갈고리는 새의 머리와 유사하고 새의 부리와 닮았다고 본다.[378] ④ 구름이 움직이는 모습이라는 주장은 갑골문에서 '云(**구름 운**)'은 원시종교 자연숭배를 의미하는 것이었다고 본다. '云'자는 감기고 말려 있는

374 楊伯達 主編, 『中國玉器全集 上 : 原始社會-春秋·戰國』, 河北美術出版社, 2005, 12쪽.

375 尤人德, 「兩件史前玉器硏究」, 『故宮博物月刊』 第114期, 1992年 ; 郭大順, 「紅山文化勾雲形玉佩硏究」, 101쪽에서 재인용.

376 鄧淑蘋, 「龍兮? 鳳兮?- 一由兩件新公布的紅山玉器談起」, 故宮博物月刊 第114期, 1992年 ; 郭大順, 「紅山文化勾雲形玉佩硏究」, 101쪽에서 재인용.

377 위의 논문.

378 陸思賢, 「勾雲形玉佩的形狀結構及寓意的思想內容」, 『內蒙古東部區考古學文化硏究文集』, 海洋出版社, 1991, 24-32쪽 ; 郭大順, 「紅山文化勾雲形玉佩硏究」, 101-102쪽에서 재인용.

뭉게구름을 본 뜬 글자이다.[379] 하늘에 둥실둥실 떠 있는 뭉게구름의 모습을 보고 구름이라고 표현했다. '云'자에 대하여 시라카와 시즈카는 허공을 떠도는 구름雲에는 정령이 있는데, 그것은 용龍 모습을 하였다고 말했다. '雲'자의 처음 글자는 '云'인데 云의 자형은 구름 기운이 감도는 아래에 용이 꼬리를 말고 있는 형태를 나타낸다고 하였다. ⑤ 용이라는 주장은 곽대순이 대표적이다. 곽대순은 사해문화 토기의 용무늬, 홍산문화 토기의 구운형무늬, 홍산문화 채도의 용무늬, 대전자 묘지에서 출토된 채회도기의 용무늬, 상나라 동접시 밑부분의 용무늬 등을 비교한 후 속칭 '구운형 옥패'의 중간 부분의 말아올린 부분은 용에서 온 것이라고 주장했다.[380] 곽대순에 따르면 속칭 '구운형 옥패'는 왕권의 상징, 군권 및 신권과 결합된 왕권의 상징, 장미꽃과 용의 결합 및 연속이라는 세 가지 의미를 가진다.[381] 양건방은 속칭 '구운형 옥패'를 사실적 구운형 옥패, 간략화된 구운형 옥패, 추상적 구운형 옥패로 나눈다. 사실적 구운형 옥패는 용의 위와 아래 턱, 긴 몸체, 굽은 꼬리, 네 개의 다리를 형상화한 것이고, 간략화된 구운형 옥패에는 용의 위턱과 굽은 꼬리와의 경계가 없어졌지만 위턱과 꼬리가 남아 있으며, 추상적 구운형 옥패는 용의 머리, 턱과 꼬리가 없어졌다고 한다.[382]

속칭 '구운형 옥패'와 속칭 '수형문 옥패' 모두 용을 형상화한 것이고 따라서 실체에 맞게 '용옥패'라고 부르는 것이 타당하다. 그 이유는 다음과 같다. 첫째, 속칭 '구운형 옥패'의 양쪽 측면의 둥근 갈고리와 중간 부분의 둥근 갈고리는 용의 주둥이, 꼬리를 닮았고 다른 부분은 용의 길고 굽이치는 몸체 등을 닮았다. 도판 285, 도판 286을 보면 용의 형태가 완연해서 좀더 명확하게 알 수 있다. 둘째, 옥패는 홍산옥기 중에서 가장 크면서도 가장 얇아서 좋은 옥을 사용했고 고도의 기술과 정성을 들여서 만들었다. 그 한 예로, 우하량유적 2지점 1호총 27호 무덤에서 발굴된 옥패는 길이 28.6센티미터, 두께

379 郭大順, 「紅山文化勾雲形玉佩硏究」, 102-103쪽.

380 위의 논문, 103-106쪽.

381 위의 논문, 109-110쪽.

382 楊建芳, 앞의 논문, 175-176쪽.

도판 303 : 용옥패, 길이 5.28센티미터, 너비 10.10센티미터, 두께 0.47센티미터, 홍산문화, 한국요하문명연구소 소장. 왼쪽과 오른쪽을 향해 용 두 마리가 있다. 속칭 '수형문 옥패'는 이런 형태에서 발전한 것으로 보인다.

0.6센티미터이다.[383] 그렇다면 옥패는 숭배의 대상을 형상화했을 가능성이 높다. 중국학자들이 이 옥패를 갈고리형의 구름 옥패勾雲形玉佩라고 부르는 이유는 갈고리, 구름과 닮았고, 구름은 농경문화에서 비를 가져오는 의미를 가졌기 때문일 것이다. 그런데 홍산문화 시기에 구름을 매우 중요하게 여겨졌다는 아무런 자료가 없다. 전체적으로 석제 농기구가 발달하지 않았고 경작지를 세작細作할 때 사용되는 삽이나 호미 등이 전혀 보이지 않는다. 수렵이나 목축에 견주어 상대적으로 농업이 발달하지 못한 단계의 사회로 추정된다.[384] 복기대는 기후 조건을 고려하면 홍산문화 시기에는 초지가 발달했을 것으로 보여서 목축이 가장 큰 기반이고 농사를 지을 수 있는 공구들이 발전하지 않아서 농사는 거주지 주변에서 필요한 만큼을 생산하는 데 주력하는 정도였을 것으로 본다.[385] 농경이 시작되었지만 농경이 주된 생산수단도 아니었기 때문에 비를 부르는 의미에서 구름

383 朱宇迅, 앞의 책, 91쪽.

384 한창균 엮음, 앞의 책, 270-271쪽.

385 복기대, 앞의 책, 335-336쪽.

을 형상화했다고 보기도 어렵고 만일 그렇다고 해도 이렇게 많이 만들 이유가 없다. 셋째, 속칭 '구운형 옥패'는 우하량유적에서 보듯이 중심대묘 등에서 피장자의 가슴 부위 또는 머리맡에서 발견된다. 이는 옥패가 강력한 권력자가 소유하던 중요한 유물이라는 것을 의미한다. 구름은 물론, 새가 그 정도의 중요성을 가진다고 보기 어렵다.

그런데 속칭 '수형문 옥패'는 물론, 속칭 일부 '구운형 옥패'의 이빨 부분은 곰의 이빨을 닮았다. 즉, 홍산문화에서 용은 곰을 모델로 했다는 사실을 알 수 있다. 속칭 '수형문 옥패'의 아래를 향해 뻗은 부분은 곰의 이빨 생김새와 닮았다. 돼지나 호랑이 등의 이빨은 이와 많이 다르다. 도판 303을 보면 속칭 '수형문 옥패'도 용의 형상을 하고 있다는 사실을 알 수 있다. 속칭 '구운형 옥패' 중에서도 이런 형태를 가진 것들이 있다. 두 눈으로 정면을 보고 있는 동물은 눈이 둥글고 코와 가까이 있어서 곰으로 보인다. 양쪽 측면의 굽은 갈고리도 곰의 둥근 모습과 닮았다.

7. 고대 한국에 곰토템이 있었다

우하량유적 여신묘에서 곰의 아래턱 뼈, 곰 머리와 곰 발로 보이는 소조상(**도판 42**)이 발견되었다. 곰의 뼈는 여신묘 아래에 있는 제사 구덩이에서 발견되었고 곰 소조상은 그 몸체가 클 뿐만 아니라 주실의 위쪽에 있었다. 이것으로 보아 홍산문화 시기에 곰토템이 있었음을 알 수 있다. 토테미즘은 사람과 자연 사이의 관계에 대한 믿음이다. 고대 곰토템은 북유럽, 시베리아, 동북아, 북아메리카의 아한대 지역 등 상당히 광범위하게 분포되어 있었다.[386] 곰은 지상에서 힘이 가장 세고 영리한 짐승이다. 한민족의 첫 국가로 여겨지는 고조선의 건국신화인 단군신화에는 곰이 변하여 사람이 되어 아이를 낳았고 그 아이가 성장해서 고조선을 건국했다는 이야기가 나온다. 고구려의 각저총벽화를 보면 단군신화가 고구려 당시에도 있었음을 알 수 있다. 고대 한국에 있어서 곰토템이 있던 것은

386 김일겸, 「곰 신화와 제의의 기원과 변화」, 이평래 외, 앞의 책, 19쪽.

분명하다. 주로 일반적으로 북반구에서 나타나는 곰 신화의 기본 모티프 중 하나는 인간과 곰의 결합이다. 한국의 곰 관련 설화는 이러한 인간과 곰의 결합이라는 곰 신화 일반의 모티프를 잘 보여 준다.[387] 한국 역사에서 단군신화는 단순한 문학작품이 아니라 사회학적인 기능을 따져볼 때 구축과 정합을 동시에 이뤄가는 정신적 산물이기도 하다.[388] 일제강점기를 전후한 시기와 같이 한민족은 위험에 처할 때마다 단군신화는 나름대로 항상 전체 민족을 단합하고 응집시키는 역할을 했다.

김미란은 곰이 토템의 대상이 된 이유로 겨울이 되면 동면하는 곰의 습성을 들고 있다. 즉, 곰이 '죽음과 재생'의 원형이라고 보는 것이다.[389] 신용하는 홍산문화의 주인공이 맥족이었고 맥족은 곰토템 부족이었으며 맥족은 곰을 토템으로 하면서 새를 부토템으로 애호하였고 주장한다.[390] 어원연구학자 김문창에 따르면 알타이어에서 '신', '국가'의 뜻을 나타내는 'kur'은 먼저 '干gan/君gun'을 나타내다가 후에 와서 '熊곰, gom'이라는 고정적인 뜻을 갖게 되었다. 일본어에서 '雄kama'도 그 어원을 따져보면 한국어의 '熊곰, gom'에서 온 것이며 일본어에서 '神신, kamisama'도 곰과 일정한 친연성을 가진다.[391] 양주동은 곰토템에서 '곰'의 단어가 왔는데 '왕'과 '신'(**神, 일본어 '가미'**)의 두 뜻을 가진 고대어라고 주장한다.[392]

중국의 신화학자 엽서헌은 중국에 곰토템이 있었다고 주장한다. 엽서헌은 『곰토템 : 중화조선신화탐원』에서 중국의 전설 속의 황제를 곰토템 집단으로 보았다. 홍산문화 유적지에서 발굴된 구부러진 형태의 옥기를 '옥웅룡玉雄龍'이라고 명명한 곽대순의 견해에

387 이용범, 앞의 논문, 62쪽.
388 김미란, 「홍산문화로 본 선사시기 동북아 지역 민족의 곰토템 연구」, 한국문학회, 한국문화논총 제66집, 2014, 7쪽.
389 위의 논문, 9쪽.
390 신용하, 『고조선문명의 사회사』, 지식산업사, 2018, 105-108쪽, 111-113쪽.
391 한국문화상징사전편집위원회, 앞의 책, 63쪽.
392 양주동, 『증정고가연구』, 일조각, 1969, 8-10쪽.

따라 엽서헌은 그것을 곰과 용이 합쳐진, 중국인을 대표할 수 있는 도상이라고 규정했다. 『곰토템 : 중국 시조신화의 근원 탐구』에서 온갖 문헌, 신화, 의례, 유물에 대한 해석을 통해 중국인이 곰의 후손이라고 주장했다. 동북아 지역 여러 민족의 전래 곰토템 신화는 중국인들의 공동 조상인 황제 집단에서 기원하며 단군신화는 중국 황제족의 곰토템 신화에서 나왔다는 것이다.[393] 엽서헌을 비롯한 중국 학계에서는 요하문명의 주도 세력이 한족의 조상이라는 전설적인 황제족이고, 따라서 만주 일대에서 발원하는 후대의 모든 소수민족은 황제족의 후예이며, 이 황제족 후예들이 이룩한 역사는 모두 중국사의 일부라는 논리를 만들어가고 있다. 중국 학계는 요하문명 발견 이후 1996년부터 이어지는 각종 역사 관련 공정을 통해서 그들의 상고사를 완전히 재편하고 있다.[394]

하지만 중국의 곰 관련 이야기는 곰을 자신들의 보호신이라고 생각하거나 곰과 혈연관계가 있다는 관념이 없다. 따라서 중국에 곰토템이 있었다는 것은 무리한 주장이다. 한 민족이 어떤 동물과 친족 관계를 가진다는 것은 토템의 기본이다. 김선자는 황제가 곰토템이라고 말할 수 있으려면 황제를 대표로 하는 이른바 '화하족'이 곰과 혈연관계가 있거나 혹은 곰을 자신들의 보호신이라고 생각하는 관념이 있어야 한다고 비판한다. 그런데 황제를 비롯한 화하족이 곰과 친족 관계에 있었다고 믿었거나 혹은 그들이 보호신으로 곰을 선택했다는 기록은 어디에도 없다는 것이다.[395] 또 황제는 신화상의 인물로서, 기원전 5세기 이후, 전국시대에 이르러 비로소 현실세계에 존재한 사람으로 변모했다. 또한 황제가 중국인의 국조國祖로 간주되기 시작한 것도 청 왕조의 몰락 후 민국시기의 일이다. 즉 황제는 실질적인 중국인의 시조가 아니며 따라서 그가 살았다는 기원전 3,000년이란 시간도 가공된 것이다.[396]

엽서헌은 2009년 9월 대한민국을 방문했을 때 "제 연구엔 어떠한 정치적 의도도 없

393 葉舒憲, 『雄圖騰 : 中華祖先神話探源』, 198쪽.

394 우실하, 『요하문명과 한반도』, 18-19쪽.

395 김선자, 앞의 논문, 187쪽.

396 김정열, 「홍산문화의 이해」, 한국고대사학회, 『우리 시대의 한국고대사 1』, 주류성, 2017, 183쪽.

습니다."라고 하면서 "3,000-5,000년 전의 신화를 현대의 국가·민족 관념으로 봐선 안 됩니다. 책에서 언급한 '황제시대'에는 '중국'이라는 나라조차 없었던 시기입니다. 당시 사람들은 수렵생활을 했고 자연스레 동물토템을 형성했을 뿐이죠. 그들에게 어떻게 현대의 국가와 민족 관념을 적용할 수 있습니까?"라고 말했다.[397] 하지만 이유진이 지적하듯이, 엽서헌처럼 요하문명이 중국문명의 일부임을 확신한다면 한국의 뿌리를 요하문명과 연관짓는 것은 결국 한국의 뿌리가 중국이라는 주장으로 귀결될 수밖에 없다.[398] 그러나 요하문명은 중원의 황하문명과는 상관없는 독자적인 문명이다.[399] 우실하는 만일 홍산문화의 곰토템이 황제 유웅씨와 관계된다면 결국 중화민족의 시조라는 황제족은 홍산문화를 주도한 곰족의 후예가 되는 것이라고 주장했다.[400]

8. 봉황은 한국의 긴꼬리닭을 모델로 만들었다

봉황도 홍산문화 옥기에서 비로소 오늘날 볼 수 있는 형태를 갖추었다. 2003년 9월 우하량유적 16지점 적석총 4호 무덤에서 너비 19.5센티미터, 길이 12.5센티미터, 두께 1.2센티미터의 큰 새 모양의 옥기가 출토되었다. 이 조각을 두고 백조 또는 고니天鵝라고 하는 등[401] 다른 동물로 해석하는 견해가 있으나 손수도, 곽대순, 진일민, 진앵 등 대부분의 학자들은 봉황이라고 본다. 다음과 같은 이유에서 봉황이 맞다. 첫째, 다른 새 조각과 비교할 수 없을 정도로 크다. 우하량유적에서 출토된 옥기(**도판 304**)는 너비 19.5센티미터, 길이 12.5센티미터이고 한국요하문명연구소 소장의 유사한 조각(**도판 112, 도판 113**)은 너비가 각각 23.7센티미터, 23.3센티미터에 달한다. 그런데 새 조각 중에서 큰

397 2009년 9월 19일자 『중앙일보』.

398 이유진, 「예수셴의 『곰토템』, 왜 문제적인가?」, 중국어문학연구회, 중국어문학논집 제77호, 2012, 563쪽.

399 우실하, 『고조선 문명의 기원과 요하문명』, 435쪽.

400 우실하, 『동북공정 너머 요하문명론』, 316-317쪽.

401 楊建芳, 앞의 논문, 180쪽.

도판 304

도판 305

도판 304 : 봉황, 너비 19.5센티미터, 길이 12.5센티미터, 두께 1.2센티미터, 홍산문화, 우하량유적 발굴, 요녕성문물고고연구소 소장. 사진 朱宇迅, 앞의 책, 105쪽. 이 옥기는 크기, 출토된 무덤의 크기, 출토 위치 등으로 보아 일반 새가 아닌 신성한 새를 조각한 것이다. 이와 닮은 새는 백제의 금동향로부터 조선의 상여 조각에서도 나타난다.

도판 305 : 용과 봉황 옥패, 길이 8.72센티미터, 너비 10.33센티미터, 두께 1.55센티미터, 홍산문화, 한국요하문명연구소 소장. 관의 유무, 머리의 모양, 주둥이의 길이로 보아 윗부분이 용이고, 아랫부분이 봉황이다. 뒷부분은 평평하다. 유사한 형태의 옥기가 우하량유적 2지점 1호총 23호 무덤에서 발굴되었다.

유물로 꼽히는 북경 국립고궁박물원 소장품(**도판 207**)이 길이 7.3센티미터, 너비 5.8센티미터이며,[402] 진단예술박물관 소장의 새머리 조각(**도판 210**)이 길이 11.0센티미터, 너비 4.0센티미터, 두께 2.4센티미터이다.[403] 한국요하문명연구소 소장 새 조각(**도판 60**)은 길이 9.78센티미터, 너비 10.63센티미터, 두께 2.25센티미터이다. 둘째, 일반적인 새 조각은 거의 대부분 정면 모습을 조각한 데 반해 이 조각은 측면 모습을 조각했다. 일반적인 새와는 다르다는 의미일 것이다. 셋째, 위 우하량유적 유물은 피장자의 머리 밑에 놓여 있었다. 이 무덤은 길이가 3.9미터, 폭이 3.1미터, 깊이가 5.0미터에 이르는, 우하량유적에서 가장 크고 긴 무덤 중 하나이다. 이 무덤에서 사구통형옥기가 함께 발견되었다. 따라서 이 조각은 홍산문화의 귀족 중에서도 특별한 사람만이 소장했고 그 중에서도 귀하게 여겨졌던 것이다. 넷째, 도판 305 내지 306에서 보듯이 이러한 형태의 동물이 용과 함께 하나의 조각을 이룬다. 그 형태도 용과 대칭을 이룬다. 따라서 용에 대응하는 새

402 震旦藝術博物館, 앞의 책, 136쪽. 도판 81번.

403 위의 책, 156-157쪽. 도판 102번.

도판 306

도판 307

도판 308

도판 306 : 용과 봉황 옥패 한 쌍, 길이 11.18센티미터, 너비 15.90센티미터, 두께 1.37센티미터(왼쪽), 길이 10.05센티미터, 너비 15.07센티미터, 두께 1.76센티미터(오른쪽), 홍산문화, 한국요하문명연구소 소장. 윗부분이 용, 아랫부분이 봉황이다. 용과 봉황이 대응하는 형태이다.

도판 307 : 용과 봉황 옥패, 길이 10.77센티미터, 너비 9.88센티미터, 두께 1.34센티미터, 홍산문화, 한국요하문명연구소 소장. 봉황 2마리와 용 1마리가 조각되었다. 왼쪽과 오른쪽 아래는 봉황, 오른쪽 위는 용이다.

도판 308 : 봉황 모양의 질그릇, 높이 9.1센티미터, 너비 18.0센티미터, 두께 10.0센티미터, 조보구문화, 2004년 옹우특기 수집, 적봉박물관 소장. 사진 刘冰 主編, 『赤峰博物館文物典藏』, 2007, 7쪽. 중국 최초의 봉황이라고 불리는 토기이다.

도판 309 : 긴꼬리닭 적갈색계. 사진 이희훈. 한국의 고유종을 복원한 것이다. 홍산옥기의 봉황 모습과 유사하다.

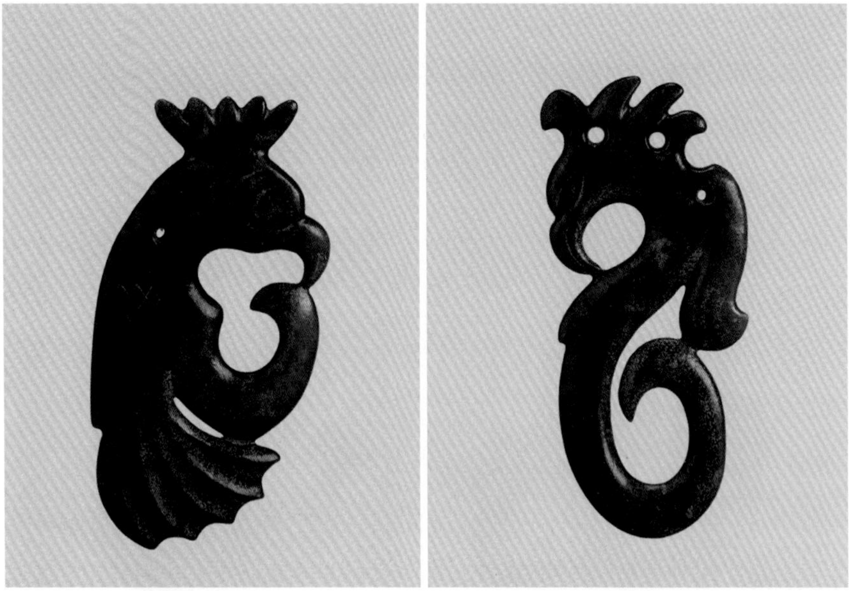

도판 310 : 봉황 한 쌍, 길이 15.04센티미터, 너비 7.49센티미터, 두께 1.08센티미터(왼쪽, 암컷), 길이 15.70센티미터, 너비 6.91센티미터, 두께 0.90센티미터(오른쪽, 수컷), 홍산문화, 한국요하문명연구소 소장. 봉황 수컷과 암컷이 한 쌍을 이룬다. 그 중 암컷이 긴꼬리닭의 모습과 좀더 가깝고 수컷은 용의 몸과 닮았다.

는 일반적인 새가 아니라 용에 대응하는 권위를 가져야 한다. 그럴만한 새는 봉황밖에 없다. 다섯째, 2004년 조보구문화에 속하는 봉황 형상의 질그릇(**도판 308**)이 발굴되었는데 높은 관을 쓰고 있는 모습이 유사하다. 여섯째, 후대에 나타나는 봉황의 모습과 닮았다. 『설문해자』에는 봉의 앞부분은 기러기, 뒤는 기린, 뱀의 목, 물고기의 꼬리, 황새의 이마, 원앙새의 깃, 용의 무늬, 호랑이의 등, 제비의 턱, 닭의 부리를 가졌으며, 오색五色을 갖추고 있다고 하였다. 『악집도樂汁圖』에는 닭의 머리와 제비의 부리, 뱀의 목과 용의 몸, 기린의 날개와 물고기의 꼬리를 가진 동물로 봉황의 모양을 묘사하고 있다. 국보 제287호인 백제의 금동대향로(**도판 311**)는 물론, 고려의 봉황무늬수막새(**도판 312**), 조선의 항아리(**도판 313**), 민화(**도판 314**), 자수(**도판 315**), 상여 조각(**도판 316**) 등에 나타나는 봉황과 같은 형태이다.

용이 곰의 모습을 기초로 만든 것이라면 봉황의 형태는 어떤 새를 모델로 해서 만들었을까? 지양미가 2016년에 주장했듯이[404] 한국 토종의 긴꼬리닭(**도판 309**)으로 보인다. 긴꼬리닭은 상고시대부터 현재까지 한국의 고유 특산품이다. 긴꼬리닭은 머리 위로 돌출한 벼슬, 나누어진 꼬리, 부리 밑의 고기수염, 열 개의 주 날개主翼 등이 특징이다. 고서에 긴꼬리닭에 대한 기록이 있다. 『후한서後漢書』「동이열전東夷列傳」 한韓조에 "마한馬韓에 꼬리가 긴 닭이 있는데 꼬리의 길이는 5척이나 된다馬韓 有長尾鷄, 尾長五."는 기록이 있고, 『삼국지三國志』「위서동이전魏書東夷傳」에도 "꼬리가 가늘고 긴 닭이 있는데 그 길이는 오 척쯤 된다出細尾鷄, 其尾皆長五尺餘."고 전한다. 한국 토종닭 복원에 일생을 바친 이희훈이 복원한 긴꼬리닭은 국립축산과학원에서 DNA 검사를 통해 고유종으로 인정되었는데 길이가 1미터 정도로서 문헌기록과 일치한다. 당시 도량형에 따르면 1척은 22센티미터이기 때문이다. 홍산옥기 중에서 봉황 한 쌍 조각이 발견되었는데 암컷이 수컷보다 긴꼬리닭과 더 가까운 형태이다.

『삼국사기』와 『삼국유사』에 신라의 시조인 혁거세와 왕비 알영의 탄생신화가 나온다. 알에서 태어난 혁거세 거서간을 맞이한 후 왕후를 구하고자 했을 때, 알영정 가에 계룡이 나타나 왼쪽 옆구리에서 여자 아이를 낳았다. 자태와 얼굴은 유달리 고왔으나 입술이 닭의 부리와 같았다. 월성 북쪽 냇가에 가서 목욕을 시키니 그것이 빠졌다는 내용이다. 여기서 말하는 계룡鷄龍이라는 것이 닭과 용이 합해진 모습을 말하니 봉황으로 보아야 한다. 고대 한민족의 계승에 노력했던 신라의 시조 왕후의 탄생신화에 봉황이 나타난다는 사실은 고대 한국의 토종인 긴꼬리닭을 보고 봉황을 만들었다는 사실과 더불어 고대 한민족과 홍산문화의 관련성을 인정할 수 있는 중요한 단서가 된다.

닭은 울음으로써 새벽을 알리는, 빛의 도래를 예고하는 존재이다. 날개를 가지고 있으면서도 지상에서 생활하는 방식은 어둠과 밝음을 경계하는 새벽의 존재로서의 상징성을 함축하고 있다. 닭은 희망찬 출발이나 상서로움의 상징이다. 닭은 태양의 새이다. 닭의 태

---

404 지양미, 「봉황과 긴꼬리닭의 역사성에 관한 연구」, 사단법인 인문사회과학기술융합학회 예술인문사회 융합 멀티미디어 논문지, 통권 17호, 2016, 397쪽.

도판 311 : 금동대향로, 높이 62.5센티미터, 최대 지름 19센티미터, 백제, 충남 부여군 출토, 국보 제287호, 국립부여박물관 소장. 홍산옥기의 봉황과 닮은 새가 향로 맨 위에 있다.

도판 312 : 봉황무늬수막새, 지름 14.8센티미터, 두께 2.2센티미터, 현재 길이 10.2센티미터, 고려, 국립중앙박물관 소장. 홍산옥기에 나타나는 봉황의 모습은 그 후의 한반도의 유물에서 계속 나타난다.

도판 313 : 백자 청화 동화 봉황무늬 항아리, 높이 21센티미터, 입지름 10.5센티미터, 바닥지름 10.2센티미터, 조선, 국립중앙박물관 소장.

도판 314 | 도판 315

도판 314 : 봉황도, 세로 100센티미터, 가로 36.0센티미터, 조선, 국립민속박물관 소장. 조선의 민화 속에서 자주 볼 수 있는 봉황은 홍산옥기의 봉황과 같은 모습이다.

도판 315 : 봉황자수, 가로 32.2센티미터, 세로 56.8센티미터, 조선, 국립고궁박물관 소장. 한 쌍의 봉황을 자수로 제작했다.

도판 316 : 봉황 상여장식, 높이 35.5센티미터, 너비 61.0센티미터, 조선, 통영시립미술관 소장. 봉황은 조선시대 상여장식에도 많이 사용되었는데 홍산옥기 봉황과 같은 형태이다.

양 관련 상징성은 그 자체 속에 신성성을 함축하고 있다.[405] 봉황은 태양에서 유래해 있다고 알려져 있는데 태양의 새인 닭을 모델로 만든 것은 우연이 아니다.

—

405 한국문화상징사전편집위원회, 앞의 책, 197쪽.

9. 결론

동아시아에서 용과 봉황의 최초 출현 시기는 요하문명이다. 홍산옥기 C형용과 C형곰을 비교해 보면 곰의 형상을 기초로 해서 용을 만들었다는 사실을 알 수 있다. 용옥패를 보아도 용은 곰을 기초로 만들었다는 사실이 확인된다. 곰을 숭배하던 홍산문화 사람들에게 '하늘을 날 수 있는 신령한 동물'인 용은 곧 '하늘을 날 수 있는 곰'일 수밖에 없었을 것이다. 통상 '옥저룡' 또는 '옥웅룡'이라고 불리는 홍산옥기는 '용', '곰용', '돼지용'이 아니라 '곰'을 조각한 것이다. 곰토템은 고대 한국을 비롯한 동북아시아에 널리 퍼져 있었다. 고조선의 건국신화인 단군신화에서도 한민족의 곰토템이 확인된다. 봉황의 암컷은 한국의 고유종인 긴꼬리닭을 모델로 만들었다. 봉황의 수컷은 머리는 긴꼬리닭을 모델로 만들었지만 몸체가 용과 비슷하다. 이는 박혁거세의 왕비 알영의 탄생신화에 나오는 '계룡'과 같은 것으로 보인다. 홍산문화에서 한민족의 토템 대상인 곰을 모델로 해서 용이 만들어졌고, 한국의 고유종인 긴꼬리닭을 모델로 해서 봉황이 만들어졌다는 사실은 홍산문화와 고대 한민족과의 관련성이 있다는 중요한 증거이다. 고고자료에 대한 이해는 역사적 맥락에서만 가능하고 다른 학문의 도움을 받을 필요가 있다. 앞으로 고고학, 역사학 뿐 아니라 고생물학, 기후학 등 다각도의 연구가 필요하다.

Ⅰ. 한글·동양어 문헌

1. 단행본

한글

고유섭, 진홍섭 엮음, 『구수한 큰 맛』, 디홀미디어, 2005.

고유섭, 『조선미술사 상 총론편』, 열화당, 2007.

고유섭, 『조선미술사 하 각론편』, 열화당, 2007.

구본진, 『어린아이 한국인』, 김영사, 2015.

국립가야문화재연구소, 『가야문헌사료편』, 2018.

국립가야문화재연구소, 『가야 일제강점기 자료편』, 2018.

국립가야문화재연구소, 『가야 발굴조사 자료편 Ⅰ』, 2018.

국립가야문화재연구소, 『가야 발굴조사 자료편 Ⅱ』, 2018.

국립가야문화재연구소, 『가야 발굴조사 자료편 Ⅲ』, 2018.

국립가야문화재연구소, 『가야 발굴조사 자료편 Ⅳ』, 2018.

국립가야문화재연구소, 『가야 논저 목록편』, 2018.

국립중앙박물관, 『가야 : 동아시아 교류와 네트워크의 중심지들』, 2019.

국립중앙박물관, 『고려시대를 가다』, 2009.

국립중앙박물관, 『고려·조선의 대외교류』, 2002.

국립부여박물관, 『백제 무왕』, 2011.

국립부여박물관, 『백제와전』, 2010.

국립중앙박물관, 『국립중앙박물관 기증유물 유창종 기증』, 2007.

국립중앙박물관, 『국립중앙박물관 기증유물 최영도 기증』, 2010.

국립중앙박물관, 『북녘의 문화유산』, 2006.

김부식, 이병도 역주, 『삼국사기』 상·하, 을유문화사, 초판, 1996.

김선주, 『홍산문화』, 상생출판, 2011.

김성보 외, 『북한의 역사』 1·2, 역사비평사, 2011.

김수태, 『백제의 전쟁』, 주류성, 2007.

김양동, 『한국 고대문화 원형의 상징과 해석』, 지식산업사, 2015.

김원룡, 『한국문화의 기원』, 개정판, 탐구당, 1984.

김원룡, 『한국미의 탐구』, 개정판, 열화당, 1996.
김원룡, 『한국의 고분』, 제2판, 세종대왕기념사업회, 1999.
김원룡·안휘준, 『한국미술사』, 서울대학교출판부, 1993.
노태돈 편, 『단군과 고조선사』, 사계절, 2000.
단군학회 편, 『단군과 고조선 연구』, 지식산업사, 2006.
리지린, 『고조선 연구』, 열사람, 1989.
박은식, 김승일 옮김, 『한국통사』, 범우사, 2011.
박종기, 『새로 쓴 5백년 고려사』, 푸른역사, 2008.
박진호·복기대, 『요서 지역 초기 신석기문화 연구』, 주류성, 2016.
박창범, 『하늘에 새긴 우리 역사』, 김영사, 2011.
박천수, 『가야토기』, 진인진, 2010.
복기대, 『중국 요서 지역의 신석기문화와 초기 청동기시대 연관성 연구』, 두솔, 2013.
복기대, 『홍산문화의 이해』, 우리역사연구재단, 2019.
복천박물관, 『옥의 세계』, 2003.
북애, 고동영 옮김, 『규원사화』, 한뿌리, 2011.
사회과학원 력사연구소, 『조선전사 1 : 원시편』, 과학·백과사전출판사, 1979.
성보문화재단, 『호림미술관소장품선집(토기)』, 1985.
성삼제, 『고조선, 사라진 역사』, 동아일보사, 2005.
성호경, 『신라향가연구』, 태학사, 2008.
송동건, 『고구려와 흉노』, 증보판, 흰두루, 2012.
신종원 편, 『일본인들의 단군 연구』, 민속원, 2009.
신대현, 『옥기공예』, 혜안, 2007.
신용하, 『고조선문명의 사회사』, 지식산업사, 2018.
신채호, 박기봉 옮김, 『조선상고사』, 비봉출판사, 2011.
신채호, 박기봉 옮김, 『조선상고문화사 (외)』, 비봉출판사, 2011.
송호정, 『단군, 만들어진 신화』, 산처럼, 2004.
윤내현, 『고조선 연구』, 일지사, 1994.
우실하, 『동북공정 너머 요하문명론』, 소나무, 2007.
우실하, 『3수 분화의 세계관』, 소나무, 2012.
우실하, 『고조선 문명의 기원과 요하문명』, 지식산업사, 2018.
우실하, 『요하문명과 한반도』, 살림출판사, 2019.
울산암각화박물관, 『한국의 암각화 : 부산, 경남, 전라, 제주편』, 2011.

울산암각화박물관, 『한국의 암각화 : 대구, 경북편』, 2012.
유득공, 송기호 옮김, 『발해고』, 개정판, 홍익출판사, 2011.
유창종, 『와당으로 본 한국 고대사의 쟁점들』, 경인문화사, 2016.
이기백·김용선, 『고려사 병지 역주』, 일조각, 2011.
이기백, 『한국사신론』, 일조각, 2001.
이덕일·김병기, 『고구려는 천자의 제국이었다』, 역사의 아침, 2007.
이덕일·김병기, 『고조선은 대륙의 지배자였다』, 역사의 아침, 2011.
이벤허, 『중국인의 생활과 문화』, 김영사, 1994.
이승휴, 김경수 역주, 『제왕운기』, 역락, 1999.
이종선, 『고신라왕릉연구』, 학연문화사, 2000.
이종욱, 『신라인 이야기』, 김영사, 2000.
이종호·이형석, 『고조선, 신화에서 역사로』, 우리책, 2009.
이찬구, 『홍산문화의 인류학적 조명』, 개벽사, 2018.
이충렬, 『혜곡 최순우, 한국미의 순례자』, 김영사, 2012.
이평래 외, 『동북아 곰 신화와 중화주의 신화론 비판』, 동북아역사재단, 2009.
이한상, 『황금의 나라 신라』, 김영사, 2004.
이형구, 『발해연안에서 찾은 한국 고대문화의 비밀』, 김영사, 2004.
이형구 외, 『코리안 루트를 찾아서』, 성안당, 2010.
이홍규, 『한국인의 기원』, 우리역사연구재단, 2010.
이희수, 『세계문화기행』, 개정판, 일빛, 2003.
일연, 이병주 편역, 『삼국유사』, 명문당, 2000.
임승국 옮김, 『한단고기』, 정신세계사, 2011.
임영주, 『한국의 전통문양』, 대원사, 2004.
정건재, 『한민족의 옥문화』, 상생출판, 2015.
정약용, 정해겸 역주, 『아방강역고』, 현대실학사, 2001.
정연규, 『언어로 풀어보는 한민족의 뿌리와 역사』, 한국문화사, 1997.
정인보, 『오천년간 조선의 얼』, 문성재 역주, 『조선사연구』 상, 우리역사연구재단, 2012.
조선유적유물도감편찬위원회, 『조선유적유물도감』, 동광출판사, 1990.
최남선, 정재승·이주현 역주, 『불함문화론』, 우리역사연구재단, 2008.
최남선, 『조선상식문답』, 기파랑, 2011.
최순우, 『나는 내 것이 아름답다』, 학고재, 2002.
최순우, 『무량수전 배흘림기둥에 기대서서』, 보급판, 학고재, 2002.

최인호, 『왕도의 비밀』 1~3, 샘터, 1995.
최준식, 『한국미 그 자유분방함의 미학』, 효형출판, 2000.
한국고대사학회, 『우리 시대의 한국고대사 1』, 주류성, 2017.
한국고문서학회, 『의식주, 살아있는 조선의 풍경』, 역사비평사, 2006.
한국문화상징사전편집위원회, 『한국문화상징사전』, 동아출판사, 1992.
한국문화예술회관연합회, 『벽화에 담긴 고구려의 기상 그 찬란한 문화전』, 2019.
한국역사민속학회, 『한국의 암각화』, 한길사, 1996.
한국역사연구회, 『삼국시대 사람들은 어떻게 살았을까』, 청년사, 1998.
한병삼 외, 『토기』, 중앙일보사, 제5판, 1988.
한창균 엮음, 『요하문명과 고조선』, 지식산업사, 2015.
허균, 『전통문양』, 대원사, 1995.

한글 번역서

곽대순 주편, 이종숙 옮김, 『홍산문화』, 동북아역사재단, 2007.
권오엽 역주, 『고사기』 중권, 충남대학교출판부, 2000.
김대문, 이종욱 역주해, 『화랑세기』, 소나무, 2005.
리쩌허우, 권호 옮김, 『화하미학』, 공문선, 1990.
리쩌허우, 정병석 옮김, 『중국 고대사상사론』, 한길사, 2005.
마이클 브린, 김기만 옮김, 『한국인을 말한다』, 홍익출판사, 1999.
미셸 푸코, 이정우 옮김, 『지식의 고고학』, 민음사, 2009.
벤자민 슈월츠, 나성 옮김, 『중국 고대사상의 세계』, 살림, 1996.
사마천, 김원중 옮김, 『사기』, 민음사, 2011.
스티븐 제이 굴드, 김동광 옮김, 『인간에 대한 오해』, 사회평론, 2003.
스펜서 웰스, 홍수연 옮김, 『최초의 남자』, 사이언스북스, 2007.
스펜서 웰스, 채은진 옮김, 『인류의 조상을 찾아서』, 말·글빛냄, 2007.
시안 존스, 이준정·한건수 옮김, 『민족주의와 고고학』, 사회평론, 2008.
시안시문물보호고고학연구소, 중국문물전문번역팀 옮김, 『옥기』, 한국학술정보, 2016.
쑨룽지, 이유진 옮김, 『신세계사 1』, 흐름출판, 2020.
아르놀트 하우저, 백낙청 옮김, 『문학과 예술의 사회사』, 창비, 2000.
아더 헨더슨 스미스, 민경삼 옮김, 『중국인의 특성』, 경향미디어, 2006.
야나기 무네요시, 이길진 옮김, 『조선과 그 예술』, 신구문화사, 1994.
와타나베 소슈, 유덕조 옮김, 『중국고대문양』, 법인문화사, 2000.

엠마누엘 아나티, 이승재 옮김, 『예술의 기원』, 바다출판사, 2008.
에른스트 카시러, 심철민 옮김, 『상징형식의 철학 II』, 도서출판b, 2012.
에카르트, 권영필 옮김, 『에카르트의 조선미술사』, 열화당, 2003.
엘리엇 골드핑거, 안영진 옮김, 『미술가를 위한 동물해부학』, 비즈엔비즈, 2013.
요시미즈 츠네오, 오근영 옮김, 『로마문화 왕국, 신라』, 씨앗을 뿌리는 사람들, 2002.
유 엠 부찐, 이항재·이병두 옮김, 『고조선 역사 : 고고학적 개요』, 소나무, 1990.
위앤커, 김희영 역주, 『중국고대신화』, 육문사, 2001.
이중텐, 박경숙 옮김, 『이중텐 중국인을 말하다』, 은행나무, 2008.
장 페이페이 외, 김승일 옮김, 『한중관계사』, 범우, 2005.
전용신 옮김, 『완역 일본서기』, 일지사, 1989.
조빈복, 최무장 옮김, 『중국동북신석기문화』, 집문당, 1996.
제레드 다이아몬드, 김진준 옮김, 『총, 균, 쇠』, 문학사상사, 1998.
존 카터 코벨, 김유경 옮김, 『한국문화의 뿌리를 찾아 : 무속에서 통일신라 불교가 꽃피기까지』, 학고재, 1999.
콜린 렌프류·폴 반, 이희준 옮김, 『현대 고고학의 이해』, 사회평론, 2006.
콩젠, 최선임 옮김, 『한권으로 읽는 중국인의 실체』, 지식여행, 2008.
풍우란, 박성규 옮김, 『중국철학사』 상·하, 까치, 1999.
프랑수와 줄리앙, 박희영 옮김, 『사물의 성향』, 한울, 2009.
하야시 미나오, 이남규 옮김, 『고대 중국인 이야기』, 솔, 1998.
헤로도토스, 박광순 옮김, 『역사』, 범우사, 1996.
C. W. 세람, 안경숙 옮김, 『낭만적인 고고학 산책』, 대원사, 1984.
J. G. 헤르더, 강성호 옮김, 『인류의 역사철학에 대한 이념』, 책세상, 2002.

중문

郭大順, 『郭大順考古文集 上』, 遙寧人民出版社, 2017.
郭大順, 『郭大順考古文集 下』, 遙寧人民出版社, 2017.
郭大順, 『龍出遼河源』, 百花文藝出版社, 2006.
郭大順·洪殿旭, 『紅山文化玉器鑑賞』, 文物出版社, 2014.
金開誠, 『良渚文化的玉器』, 吉林出版集團有限責任公司 吉林文史出版社, 2010.
柳冬青, 『紅山文化』, 內蒙古大學出版社, 2002.
刘冰 主編, 『赤峰博物館文物典藏』, 2007.
柏岳, 『玉海拾珍』, 新華出版社, 2007.

北京文物精粹大系編委會 北京市文物局, 『北京文物精粹大系 : 玉器卷』, 北京出版社, 2002.

徐强, 『紅山文化古玉鑑定』, 華藝出版社, 2007.

石陽 主編, 『文物載千秋 : 巴林右旗博物館文物精品 萃』, 內蒙古人民出版社, 2012.

孫守道, 『孫守道考古文集』, 遙寧人民出版社, 2017.

楊伯達 主編, 『中國玉器全集 上 : 原始社會-春秋·戰國』, 河北美術出版社, 2005.

杨天佑·程龍保, 『紅山文化玉記』, 武漢理工大學出版社, 2018.

杨天佑·程龍保, 『黑皮玉及其文字』, 武漢理工大學出版社, 2018.

葉舒憲, 『狼圖騰, 還是雄圖騰? 關於中華祖先圖騰神的辨析與反思』, 中國圖書評論, 2006.

葉舒憲, 『雄圖騰 : 中華祖先神話探源』, 上海錦繡文化出版社, 2007.

嗚棠海, 『玉見設計 : 中國古玉形紋設計特展』, 震旦藝術博物館, 2018.

嗚棠海, 『認識古玉新方法』, 上海書畫出版社, 2010.

嗚棠海, 『中國古代玉器』, 科學出版社, 2012.

敖漢文物精華 編輯委員會, 『敖漢文物精華』, 2004.

王時麒 外, 『中國岫岩玉』, 科學出版社, 2007.

遙寧省文物考古研究所, 『遙寧省文物考古研究所藏 文物精華』, 科學出版社, 2012.

遙寧省文物考古研究所, 『牛河梁遺址』, 學苑出版社, 2004.

遙寧省文物研究所, 『牛河梁 紅山文化遺址發掘報告 上』, 文物出版社, 2012.

遙寧省文物研究所, 『牛河梁 紅山文化遺址發掘報告 中』, 文物出版社, 2012.

遙寧省文物研究所, 『牛河梁 紅山文化遺址發掘報告 下』, 文物出版社, 2012.

遙寧省博物館 編, 『遙寧省博物館 學術論文集』, 第1輯(1949-1984), 遙寧省博物館, 1985.

于建設, 『紅山玉器』, 遠方出版社, 2004.

牛河梁國家考古遺址公園 編輯委員會, 『牛河梁』, 學苑出版社, 2014.

尹國興, 『紅山密碼』, 齊魯書社, 2014.

林惠祥, 『中國民族史 上』, 臺灣商務印書館, 1936.

田廣林·劉國祥 編, 『紅山文化 論著粹編 玉器研究券』, 遙寧師範大學出版社, 2015.

朱宇迅, 『紅山文化 玉器研究』, 中國書店出版社, 2012.

震旦文物教基金會 編, 『紅山玉器』, 上海書畫出版社, 2010.

震旦藝術博物館, 『古玉選粹 1』, 2003.

震旦藝術博物館, 『唐宋元明清玉器』, 2012.

震旦藝術博物館, 『商代玉器』, 2010.

震旦藝術博物館, 『西周玉器』, 2005.

震旦藝術博物館, 『戰國玉器』, 2007.

震旦藝術博物館, 『春秋玉器』, 2008.

震旦藝術博物館, 『漢代玉器』, 2005.

震旦藝術博物館, 『紅山玉器』, 2007.

陳逸民·陳鶯, 『紅山玉器圖鑑』, 上海文化出版社, 2006.

巴林右旗博物館, 內蒙古巴林右旗那斯臺遺址調查, 『中國考古集成』(東北4劵), 北京出版社, 1997.

일문

東京国立博物館, 『日本国寶展』, 2000.

東京国立博物館, 『誕生! 中国文明』, 2010.

篠原昭·島亨 編, 『神々の発光 : 中国新石器時代 紅山文化玉器造形(1924-37年 収集)』, 言叢社, 2013.

愛新覺羅 烏拉熙春·吉本道雅, 『韓半島から眺めた 契丹·女眞』, 京都大學學術出判會, 2011.

2. 논문

한글

강동익, 「삼국초기 '말갈'의 실체」, 동국대학교 석사학위 논문, 2010.

강성원, 「삼국 및 통일신라시대 반역의 역사적 성격 : 『삼국사기』를 중심으로」, 이화여자대학교 석사학위 논문, 1983.

고광의, 「고구려 고분벽화에 나타난 서사 관련 내용 검토」, 한국고대사연구 34호, 한국고대사학회, 2004.

김미란, 「홍산문화로 본 선사시기 동북아 지역 민족의 곰토템 연구」, 한국문학회, 한국문화논총 제66집, 2014.

김양기, 「동이와 회이 서융 대하여(속·완)」, 동방학지 제2호, 1955.

김옥순, 「5세기 영남 지역 토기문양의 변화와 교류맥락」, 한국상고사학보, 제71호, 2011.

김우순, 「발해국 멸망 후의 발해인 : 고려와의 관계를 중심으로」, 서강대학교 석사학위 논문, 2012.

김정배, 「예맥족에 관한 연구」, 백산학보 제5호, 1968.

김정학, 「고고학상으로 본 한국민족」, 백산학보 제1호, 1966.

김정학, 「한국민족형성사」, 『한국문화사대계』1, 고려대학교 민족문화연구소, 1964.

김조윤, 「백제 직구단경호의 변천」, 전남대학교 석사학위 논문, 2010.

나세진, 「한국민족의 체질인류학적 연구」, 『한국문화사대계』1, 고려대학교 민족문제연구소, 1964.

노태천, 「한국 고대 야금기술사 연구」, 한국학중앙연구원 박사학위 논문, 2000.

문명대, 「천전리 암각화 발견 의미와 도상의 재해석」, 2010.

박선미, 「기원전 3-2세기 요동 지역의 고조선문화와 명도전유적」, 선사와 고대 14호, 2000.
박선화, 「고대 한국의 기하학 문양의 기원과 유형 탐색」, 인하대학교 석사학위 논문, 2018.
박영희, 「울주 천전리 암각화의 제작 시기에 대하여」, 이화여자대학교 석사학위 논문, 1984.
백종오, 「고구려 기와 연구」, 단국대학교 박사학위 논문, 2005.
송공선, 「삼국시대 호남 지역 발형토기 고찰」, 전남대학교 석사학위 논문, 2008.
안창현, 「고구려 고분벽화에 나타난 기하학문양에 대한 연구」, 서울여자대학교 대학원, 학술저널, 1999.
유재만, 「가야·신라 동물형 토기에 관한 연구」, 단국대학교 석사학위 논문, 1990.
윤내현, 「한민족의 형성과 출현」, 사학집 27집, 단국대학교 사학회, 1994.
이금연, 「백제토기 옹관에 관한 연구」, 단국대학교 석사학위 논문, 1992.
이미경, 「김생 서예 연구」, 서예학연구 제12호, 한국서예학회, 2008.
이순자, 「백제 〈무녕왕릉지석〉의 서예미 연구」, 경기대학교 석사학위 논문, 2011.
이순태, 「신라 〈영일냉수리비〉서풍 연구」, 원광대학교 석사학위 논문, 2010.
이유진, 「예수센의 '곰토템', 왜 문제적인가?」, 중국어문학연구회, 중국어문학논집 제77호, 2012.
이재화, 「신라토기 문양의 변천 연구」, 동아대학교 교육대학원 석사학위 논문, 1993.
이해문, 「말갈의 실체 연구」, 단국대학교 석사학위 논문, 2001.
임상택, 「빗살무늬토기문화의 지역적 전개-중서부 지역과 강원영동 지역을 대상으로-」, 한국신석기연구 창간호, 2001.
임승경, 「중국 요서지구 신석기시대 옥기」, 성균관대학교 석사학위 논문, 1998.
임승경, 「선사시대 옥기의 성격 및 그 제작 기술에 관한 일고찰」, 사림 제20호, 수선사학회, 2003.
정건재, 「신석기시대 옥기문화와 고대왕권의 등장」, 전문기술연구 제21집, 2011.
지양미, 「봉황과 긴꼬리닭의 역사성에 관한 연구」, 사단법인 인문사회과학기술융합학회 예술인문사회 융합 멀티미디어 논문지, 통권 17호, 2016.
최명희, 「화순 용강리유적 토기문양 연구」, 목포대학교 석사학위 논문, 2013.
한순미, 「언어문화적 상상력으로 읽어 본 〈천전리 암각화〉」, 국어국문학 147호, 국어국문학회, 2007.
홍승희, 「4-6세기 신라고분 출토 유물에 나타난 북방요소」, 숙명여자대학교 석사학위 논문, 1999.

중문

朱乃姓, 「紅山文化獸面玦形玉飾研究」, 考古學報, 2008.

일문

田中俊明, 「三世紀東北アジアの 國際關係」, 朝鮮學報 230집, 2014.

II. 영문 문헌

단행본

Fuerle, Richard D. *Erectus Walks Amongst Us.* Spooner Press. 2008.

Gould, Stephen Jay. *Ontogeny and Phylogeny.* The Belknap Press of Harvard University Press. 1977.

Grossinger, Richard. *Embryogenesis : Species, Gender and Identity.* North Atlantic Books. 2000.

Klein, Richard G. *Human Career* : *Human Biological and Cultural Origins.* University Of Chicago Press. 1999.

Nelson, Sarah M. *The Hongshan Papers : Collected studies on the archaeology of Northern China.* BAR International Series 2618. 2014.

Throckmorton Fine Art. *Hongshan : ca. 4700-2920 BCE Chinese Jades of Hongshan Culture.* 2005.

Throckmorton Fine Art. *Hongshan : Late Neolithic Jades.* 2013.

Wade, Nicholas. *Before the Dawn : Recovering the Lost History of Our Ancestors.* Penguin Press. 2006.

Zhongshi, Ouyang and Wen C. Fong. *Chinese Calligraphy.* Yale University Press. 2008.

한민족과 홍산문화

초판 1쇄 발행 2020년 6월 6일

글 구본진
발행인 김윤태
교정 김창현
북디자인 화이트노트
발행처 도서출판 선

등록번호 제15-201
등록일자 1995년 3월 27일

주소 서울시 종로구 삼일대로 30길 21 종로오피스텔 1218호
전화 02-762-3335
전송 02-762-3371

값 33,000원
ISBN 978-89-6312-598-5 03910